PRATIQUES & PASSIONS

l'escalade
et l'alpinisme

LE GUIDE COMPLET

PRATIQUES & PASSIONS

l'escalade et l'alpinisme

LE GUIDE COMPLET

Garth Hattingh

ARTÉMIS ÉDITIONS

Ouvrage publié pour la première fois en 1998
sous le titre *The Climber's Handbook*
New Holland (Publishers) LTD, 1998
Londres • Le Cap • Sydney • Singapour

24 Nutford Place
Londres WH1 6DQ
Royaume-Uni

80 McKenzie Street
Le Cap 8001
Afrique du Sud

3/2 Aquatic Drive
Frenchs Forest, NSW 2086
Australie

Suivi éditorial pour l'édition française :
Myriam Weber
Consultant français : Jean-Pierre Frachon
Illustrations : Annette Busse, Steven Felmore
et Chip Snaddon
Traduction-adaptation :
Fadwa Miadi, Florence Olivares

ISBN : 2-84416-048-4
N° d'éditeur : 84416
Dépôt légal : mai 2000
Achevé d'imprimer : avril 2000
Imprimé en UE - Graficas Estella (Espagne)

Sur le terrain, vous êtes d'abord responsable
de vous-même et des autres !
L'auteur et les éditeurs ne pouvant
légitimement garantir l'absence d'erreurs
exceptionnelles et involontaires,
sachez faire preuve de discernement
et de prudence en toutes circonstances.

Remerciements

Je voudrais remercier Keith, mon équipier et mentor, pour les nombreux moments agréables passés en montagne. Il m'a empêché de commettre bien des imprudences et m'a beaucoup encouragé à poursuivre dans ma voie. J'aimerais également manifester ma reconnaissance à mes nombreux amis et élèves qui m'ont accompagné, au fil des ans, et qui ont contribué à faire de la montagne un lieu à part regorgeant de beauté et d'aventures. Merci à Martin qui a participé à la création et à la relecture d'une bonne partie de cet ouvrage, dans des conditions difficiles. Enfin, merci aux éditeurs et concepteurs qui se sont montrés patients, Anouska, Simon et Trinity, pour leur délicatesse et leur professionnalisme.

Les montagnes sont les moyens, l'homme est la fin.
Il s'agit d'améliorer l'homme et non d'atteindre les sommets. L'escalade ne prend tout son sens que si l'on considère l'homme. Walter Bonatti, *À mes montagnes.*

AVANT-PROPOS

La plus grande découverte de ma vie, c'est l'escalade. C'était il y a quarante-cinq ans. J'aime l'escalade. C'est devenu une passion qui ne m'a jamais quitté. Le premier jour, c'est un ami de mes parents qui m'emmena à Harrison's Rocks, un rocher en grès au sud de Londres. Ce jour-là, j'ai découvert une activité qui offre une infinité de possibilités d'exploration et pour laquelle j'avais un don naturel. À l'époque, j'étais encore étudiant à Londres mais dès que j'en avais l'occasion je me rendais à Snowdonia ou en Écosse en stop, à l'assaut des pentes et des joies de l'alpinisme dans l'île de Skye, le défi hivernal en Écosse. Plus tard, j'élargis mon expérience aux horizons plus vastes des Alpes et de l'Himalaya.

Au cours de cette période, cette activité, qui ne se limite pas à une simple discipline sportive, a connu un véritable essor. Elle devient très vite une obsession, une façon de vivre et une source de joies. L'escalade développe un sens toujours plus aigu de la conscience. Au départ, je disposais de chaussures à clous, d'une corde en chanvre d'occasion et de deux ou trois sangles tubulaires avec des mousquetons. Au début des années 50, ce qu'il y avait de mieux se situait autour du 6e degré. Joe Brown et Don Whillans venaient à peine de lancer leur campagne promouvant l'escalade qui allait révolutionner la grimpe en Grande-Bretagne. Pour moi, ils faisaient partie d'une lointaine rumeur bien que j'aie commencé à emprunter leurs itinéraires en 1953, n'ayant parfois aucun prédécesseur sinon eux.

Il est facile de se laisser gagner par la nostalgie, mais je dois reconnaître que c'était une époque formidable. Les régions n'étaient pas aussi peuplées et l'escalade était si simple… Il importait peu de tomber lorsque vous étiez en tête de cordée avec seulement deux dégaines habituellement composées de sangles passées autour de feuillets ou de pierres enfouies dans des fissures.

Aujourd'hui, j'utilise les derniers dispositifs, des dégaines, des coinceurs, des friends et de la magnésie, ce qui m'a permis de conserver une bonne qualité d'escalade, VI B les bons jours, sans prendre trop de risques. Un frisson me parcourt l'échine lorsque je pense aux endroits vertigineux où je me suis aventuré dans ma jeunesse insouciante. Bien sûr, je fais de l'escalade sportive sur les murs, ce qui m'amuse, mais je reste profondément convaincu que cette activité n'a rien à voir avec l'escalade sur rocher. L'escalade protégée est une pâle imitation de la véritable activité car c'est la présence du risque qui fait tout le charme de la grimpe. Une fois le rocher complètement équipé, les hommes (et les femmes) auront non seulement imposé leur présence dans la nature mais auront en plus éliminé le défi fondamental qui consiste à accepter la protection naturelle qu'offre le rocher.

Alors, que me procure cette activité ? Beaucoup de choses… Je reprendrais les sensations qu'évoque Garth Hattingh dans ce guide. Il y a la satisfaction physique d'escalader un bout de rocher, un plaisir d'athlète en somme. Mais les choses deviennent intéressantes lorsque le risque entre en jeu, lorsqu'on met sa vie en danger et qu'on est le seul juge. Il y a la joie de la découverte de ses propres limites mais aussi le plaisir de conquérir des sites jamais explorés. Il y a les merveilles que réserve la montagne, la force des amitiés, lorsque votre vie est littéralement entre les mains de votre partenaire de grimpe. Bien sûr, l'esprit de compétition n'est pas absent, même en escalade traditionnelle. Le sentiment de réussite qu'éprouve celui qui, le premier, franchit un bloc de pierre, qui fraie une nouvelle voie sous les yeux de ses pairs, qui accède le premier à un sommet jamais atteint. Rester en vie et apprécier les montagnes, c'est trouver un équilibre.

J'espère que cet ouvrage superbement illustré vous permettra de découvrir les joies de l'escalade.

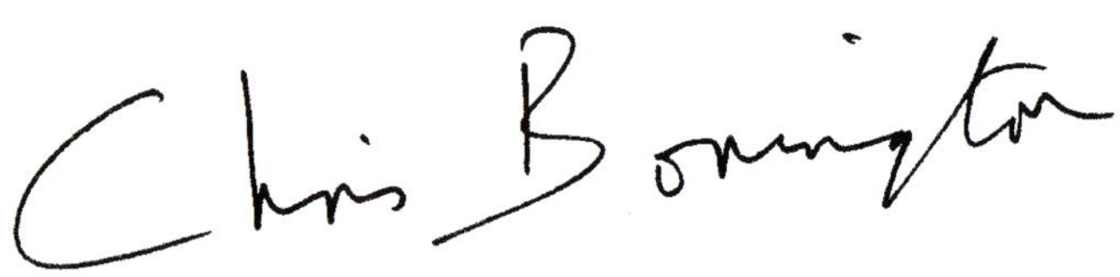

SOMMAIRE

CHAÎNE DE BROOKS
CHAÎNE D'ALASKA
MONTAGNES ROCHEUSES
SIERRA NEVADA
APPALACHES
MONTS GRAMPIAN
PYRÉNÉES
ATLAS
OCÉAN ATLANTIQUE
OCÉAN PACIFIQUE
CORDILLÈRE DES ANDES
SOMMETS BRÉSILIENS
PRINCIPAUX SITES D'ESCALADE DANS LE MONDE
Escalade sportive
Escalade traditionnelle
Escalade de neige
Alpinisme
Escalade artificielle et Big Walls
Expéditions

NE SCANDINAVE
MONTS OURAL
MONTS STANOVOÏ
MONTS SAÏAN
PES
CAUCASE
ALPES JAPONAISES
TIEN-CHAN
KARAKORUM
MONTS ZAGROS
HIMALAYA
SOMMETS ÉTHIOPIENS
OCÉAN
INDIEN
MONTS MACDONNELL
CORDILLÈRE AUSTRALIENNE
DRAKENSBERG
ALPES DU SUD
OCÉAN ARCTIQUE

INTRODUCTION

L'essence de l'escalade

L'escalade est de plus en plus populaire. Il suffit de jeter un coup d'œil aux nombreuses revues spécialisées pour s'en convaincre. En 1996, l'escalade faisait partie des disciplines dont l'essor était le plus fulgurant dans le monde entier. Les raisons qui expliquent cet engouement sont aussi diverses que les différentes formes d'escalade. Le solo intégral sur un haut rocher en plein soleil n'a rien à voir avec une expédition internationale de 20 personnes passant des jours et des nuits glacials sur un sommet de 8000 m.

Pourquoi gravir des montagnes ? À cette question, George Mallory, qui fit l'ascension de l'Everest, répondait : « Parce qu'elles sont là ! » Cette réplique célèbre pourrait justifier les expéditions britanniques effectuées dans les années 20, mais la curiosité que suscite « ce qui se trouve au sommet » (ou sur l'autre versant) motive bien des générations de grimpeurs. Le désir de se lancer des défis, de mettre son courage à l'épreuve ou l'aspiration à la notoriété sont autant de motivations raisonnables et courantes.

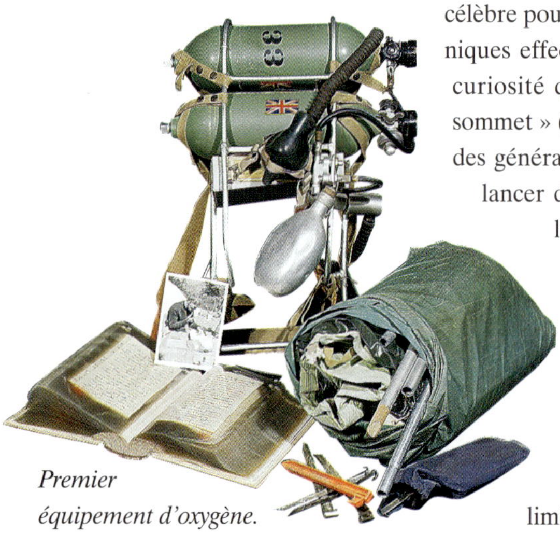

Premier équipement d'oxygène.

Toutefois, l'une des raisons principales (souvent avouée) est la concentration extrême qu'exige cette activité. À mesure que le grimpeur approche de ses propres limites, son attention croît et ses sens (vue, ouïe et toucher) s'aiguisent. Les soucis de la vie quotidienne cèdent la place à un état de concentration intense. « Si j'étais un rayon laser, j'aurais percé le rocher », résume un grimpeur. Cette fuite de la réalité quotidienne vers un degré élevé de concentration, qui s'accompagne de lentes et continuelles poussées d'adrénaline assorties de crises de

Un grimpeur savoure son exploit au milieu de la beauté pittoresque du Jardin des Dieux, Colorado, États-Unis.

panique et d'accès de joie, est souvent la véritable motivation. Tous les grimpeurs, mais aussi tous les randonneurs perdus dans la brume, connaissent l'étrange tristesse qui accompagne le retour à la vie quotidienne.

Correctement appréhendée, c'est-à-dire en maîtrisant le matériel et les techniques, l'escalade n'est pas aussi dangereuse qu'on le prétend. Un bon équipement et des techniques appropriées perfectionnées ont transformé des voies autrefois risquées en courses relativement sûres. De nombreux itinéraires autrefois réputés difficiles sont aujourd'hui empruntés dans la plus grande décontraction par des grimpeurs de niveau moyen. Les défis d'aujourd'hui

Le sherpa Tenzing sur le sommet de l'Everest, le 29 mai 1953.

REINHOLD MESSNER

Reinhold n'avait que 5 ans lorsqu'il commença l'escalade. Adolescent, en compagnie de son frère, il escaladait le Tyrol, dans le sud de l'Italie. À 20 ans, il fit l'ascension de l'éperon Walker des Grandes Jorasses (chaîne du Mont-Blanc).

En 1975, Reinhold Messner et son inséparable compagnon, Peter Habeler, vinrent à bout de la face nord de l'Eiger en moins de dix heures, ce qui constitue un véritable exploit. Puis ils réussirent l'ascension du sommet de Gasherbrum I (8 068 m) dans le Karakorum. Messner entreprit la conquête de presque toutes les grandes montagnes du monde, parfois en solo comme pour le Nanga Parbat (Himalaya) et la face nord de l'Everest. Il réalisa sa première de l'Everest sans oxygène en compagnie de Peter Habeler en mai 1978. Ce fut le premier homme à gravir les 14 sommets de plus 8 000 m de la planète. Loquace et connu pour son franc-parler, Messner fait figure de « gourou » dans le monde de la montagne.

composeront les aventures faciles de demain, mais cela ne diminue en rien la valeur des pionniers.

Toutefois, il ne faut pas croire que l'escalade est une activité exempte de risques. Voici un extrait du récit du célèbre alpiniste Paul Preuss :

« Nous savons trop que le destin peut transformer un perdant en gagnant. Seuls ceux qui ne saisissent pas cela mettront leur vie en danger. Ceux qui comprennent que c'est la règle du jeu, et l'affirment tout haut, ne doivent pas se sentir diminués. »

Cette vérité est valable tant pour le premier de cordée lors de l'ascension d'une falaise en bord de mer que pour celui qui se lance à l'assaut de l'Everest. Les accidents font intrinsèquement partie des activités d'aventure, en dépit des précautions prises. En outre, le risque explique souvent l'engouement pour cette activité. N'allez pas croire pour autant que les alpinistes prennent des risques inutilement.

Reinhold Messner, l'un des plus grands alpinistes du monde, qui a constamment répété que l'une de ses priorités était de « maintenir ses jours hors des griffes de la mort », a affirmé :

« La fiction et la réalité, le succès et l'échec, la vie et la mort, sont proches tout comme le froid et le chaud, le soleil et la tempête, le rocher et la glace. Se lancer dans des situations limites au mépris des conséquences n'a rien d'héroïque. En alpinisme, un héros ne survit pas longtemps. Ignorer la peur peut signifier ne jamais revenir. »

Évoluer en toute sécurité sans altérer les joies du défi et de l'escalade est probablement l'ultime but de tout grimpeur. Ce livre regorge d'informations pratiques qui seront utiles non seulement aux néophytes mais aussi aux grimpeurs chevronnés. Si vous êtes débutant et que la sécurité figure en tête de vos préoccupations (et ce devrait être le cas), ne vous aventurez pas seul.

Rejoignez des grimpeurs compétents, prenez des cours d'escalade, trouvez un club local et participez aux activités proposées. La simple lecture de ce guide ne vous permettra pas d'entreprendre l'ascension d'un petit rocher en toute sécurité et encore moins de vous lancer à la conquête du K2 en tête de cordée !

LES 14 SOMMETS DE PLUS DE 8 000 M

SOMMET	HAUTEUR (M)	1RE ASCENSION	EXPÉDITION
Everest	8 848	1953	britannique
K2	8 611	1954	italienne
Kangchenjunga	8 585	1955	britannique
Lhotse	8 516	1956	suisse
Makalu	8 463	1955	française
Cho Oyu	8 201	1954	autrichienne
Dhaulagiri	8 167	1960	suisse
Manaslu	8 163	1956	japonaise
Nanga Parbat	8 125	1953	allemande
Annapurna	8 078	1950	française
Gasherbrum I	8 068	1958	américaine
Broad Peak	8 047	1957	autrichienne
Shisha Pangma	8 046	1964	chinoise
Gasherbrum II	8 035	1956	autrichienne

LES PRINCIPALES ASCENSIONS

Mont Blanc (France)	4 807 m	M. Paccard, J. Balmat	1786
Cervin (Suisse)	4 478 m	Whymper, Croz, Douglas, Hudson, Taugwalder	1865
Kilimandjaro (Tanzanie)	5 895 m	H. Meyer, L. Purtscheller	1889
Mont Kenya (Kenya)	5 199 m	H. Mackinder	1889
Aconcagua (Argentine)	6 959 m	E. Zurbriggen	1897
Illimani (Bolivie)	6 462 m	M. Conway, A. Maquignaz, A. Escobar	1898
McKinley (Alaska)	6 194 m	H. Stuck, R. Tatum, W. Harper	1913
Logan (Canada)	6 050 m	Expédition américo-canadienne	1925
Pic du Communisme (Russie)	7 485 m	E. Abalakov	1933
Annapurna (Népal)	8 078 m	M. Herzog, L. Lachenal	1950
Nanga Parbat (Pakistan)	8 125 m	H. Buhl	1953
Everest (Népal)	8 848 m	E. Hillary, N. Tenzing	1953
K2 (Pakistan)	8 611 m	L. Lacedelli, A. Compagnoni	1954

BRÈVE HISTOIRE DE L'ALPINISME

L'aura mystique et l'esprit d'aventure que charrient les montagnes ont toujours fasciné. Incarnant la solitude, ces hauts lieux sont aussi le théâtre de prouesses.

Les montagnes ont toujours été associées aux grandes religions, à la philosophie, à l'art, à la sagesse et à la science. D'aucuns croient encore que certaines montagnes sont sacrées, leurs sommets étant hors d'atteinte. Il en est ainsi des sommets himalayens suivants: Kangchenjunga (8 585 m), Machapuchare (6 993 m) et Kailas (6 700 m) qui abriterait le trône de Shiva et le sanctuaire des bouddhistes et des hindous. Les Indiens d'Amérique considèrent les aiguilles du désert comme des lieux sacrés interdits aux grimpeurs. Ces croyances mystico-religieuses existent dans le monde entier. Le mont Olympe constituait la demeure des divinités grecques, le mont Kenya est sacré pour les Kikuyu et le mont Sinaï est associé aux Dix Commandements. Les lieux situés en hauteur sont souvent liés aux grandes et nobles idées de l'humanité.

Des alpinistes longeant une crevasse dans l'Everest, 1953.

Cet ouvrage s'intéresse davantage à l'aspect aventure de l'escalade. Toutefois, les exploits des aventuriers, des penseurs, des artistes et des mystiques sont intimement liés à l'histoire de l'escalade en tant que discipline sportive. L'attitude des hommes à l'égard de la montagne a évolué au fil des ans. La superstition (en 1690, l'évêque de Genève entreprit un voyage pour exorciser les glaciers de Chamonix) a cédé la place à une époque de romantisme et d'exploration jusqu'à ce qu'on assistât à l'avènement de l'âge de l'exploitation, puisque c'est ainsi que notre époque est cyniquement appelée.

Aujourd'hui, nous avons du mal à comprendre la peur superstitieuse de nos ancêtres à l'égard de ces sommets inaccessibles qu'ils pensaient peuplés d'esprits et de démons. Cela dit, ces croyances sont toujours vivaces parmi les Tibétains et d'autres montagnards.

Toute l'histoire de l'escalade ne saurait rendre justice aux pionniers méconnus des siècles précédents. Nul doute possible n'est permis quant à l'« ascension partielle » du mont Olympe, demeure de la mythologie grecque. Il en va de même de quantité d'autres sommets et cols de montagne. Ces ascensions n'ont pas été répertoriées et l'historien ne peut s'appuyer sur d'autres preuves que les écrits.

Le monde occidental attribuera probablement la première ascension du mont Blanc (1786) aux alpinistes de Chamonix, Michel Paccard (un scientifique) et Jacques Balmat (un chercheur de cristal). Cette expédition marque la naissance du « véritable alpinisme ». La supposée invincible Jungfrau aurait été gravie par les frères Meyer, de nationalité suisse, en 1821. La période marquée par la création du Club alpin en 1857 et la catastrophe du Cervin qui inspira la célèbre saga de Whymper, en 1865, correspond à l'âge d'or de l'alpinisme. Au cours de cette période, plus de 200 grands sommets européens furent gravis, notamment par des alpinistes britanniques accompagnés de guides alpins.

Ce n'est qu'une fois que l'alpinisme devint un loisir prisé de l'aristocratie britannique de la fin du XIXe siècle que la discipline sportive s'imposa véritablement. Le Club alpin, et sa cohorte de juges, professeurs et experts, accréditèrent la discipline d'une respectabilité immédiate mais, pendant de nombreuses années, les « études scientifiques » servirent de prétexte à l'alpinisme.

WHYMPER ET LE SOMMET DU CERVIN

Au milieu de l'année 1865, l'alpiniste britannique Edward Whymper battit son rival français Jean-Antoine Carrell en arrivant le premier au sommet du Cervin, alors considéré comme l'un des sommets les plus difficiles des Alpes. Whymper quitta Zermatt au mois de juillet en compagnie de trois guides (Michel Croz, Peter Taugwalder et son fils), de Charles Hudson, Douglas Hadow et lord Francis Douglas. Ils savaient que Carrell, parti du côté italien, tentait d'atteindre le premier le sommet. Ils réussissent avant lui, le 14 juillet, à 13 h 40.
Cependant, lors de la descente, Hadow glissa et entraîna Croz, Hudson et Douglas. La corde les reliant aux autres se rompit et ils trouvèrent la mort dans les abîmes de la face nord. Cet accident suscita une polémique. Pourquoi Hadow, qui était inexpérimenté, faisait-il partie de l'expédition ? Et pourquoi la corde utilisée était-elle aussi fine ? Ce fut là la première tragédie du monde de l'alpinisme.

L'ÉCHELLE DES SPITS DE MAESTRI

Cerro Torre, tour élancée (3 133 m) balayée par la tempête et recouverte de glace s'élevant au sud de la Patagonie, figure encore parmi les aiguilles les plus dangereuses.

En 1959, Cesare Maestri, célèbre alpiniste italien, prétendit avoir atteint le sommet en compagnie de Toni Egger, mais des doutes subsistent quant à la véracité de cet exploit. Egger trouva la mort au cours de la descente et Maestri garda peu de souvenirs de l'ascension ou du sommet.

En 1968, une équipe britannique tenta l'ascension depuis le sud-est mais s'arrêta avant le sommet. Maestri entreprit alors une seconde fois la conquête de l'aiguille en suivant l'itinéraire de l'expédition britannique. Pour atteindre le sommet, il utilisa un étrier mis en place avec une perceuse à compression.

L'utilisation de ce matériel souleva un tollé, d'autant qu'une équipe réussit l'année suivante à suivre la même voie en ne s'aidant que des pitons préalablement fixés. Ce n'est qu'en 1974 que le sommet fut atteint en utilisant uniquement les prises naturelles.

Rapidement, des ascensions furent réalisées sur des sommets déjà escaladés mais en recourant à des voies nouvelles et plus difficiles. La Guggi-Route sur la Jungfrau fut tentée par Rev. George, l'éperon de la Brenva dans le Mont-Blanc fut escaladé par les Britanniques Adolphus Moore, Horace et Francis Walker (père et fils), George Mathews et les guides locaux Melchior et Jakob Anderegg. Citons les itinéraires audacieux et imaginatifs du Britannique Albert Mummery qui constituèrent les premières « autres » voies. L'Europe s'illustra grâce au Français Michel Croz et au Suisse Alexander Burgener, précurseurs des guides alpins actuels hautement qualifiés, qui perpétuent encore la tradition consistant à inaugurer de nouvelles voies à chaque saison. Achille Ratti participa à la première (à la descente) de la voie normale italienne du Mont Blanc (dite « route du Pape »), juste avant de devenir pape (Pie XI). En 1808, Marie Paradis, une Française, fut la première femme à gravir le mont Blanc. L'engouement de la gent féminine pour la montagne grandit.

L'attrait de l'escalade gagna le monde entier. Le révérend américain William Coolidge a inscrit à son palmarès 600 « grandes courses » (terme usité alors pour désigner les voies alpines reconnues). En Suisse, les frères Franz et Joseph Lochmatter se sont également illustrés. L'escalade devint un véritable phénomène de mode. De remarquables itinéraires furent inaugurés par des grimpeurs comme Humphrey Jones, Geoffrey Winthrop-Young, Armand, Georges et Jean Charlet, George Mallory. Citons également Laurent Croux, Jules et Maurice Simond et le compagnon et guide de Winthrop-Young, Joseph Knubel. Ces escalades se déroulaient en Grande-Bretagne, en Amérique, en Australie, en Afrique du Sud, en Nouvelle-Zélande et en Amérique du Sud.

Aux États-Unis, le Colorado faisait déjà figure de haut lieu de l'escalade. Les Rocheuses offrent toute une panoplie d'escalades possibles (de l'escalade de bloc à l'alpinisme en passant par d'immenses murs). L'idée de se lancer à l'assaut de voies plus difficiles « juste pour le plaisir » commençait à percer et la zone du Boulder, comprenant Hallet's Peak, Estes Peak et Long's Peak (baptisé le Cervin américain en raison de sa face est raide et impitoyable), devint le rendez-vous des grimpeurs.

Toutefois, les Alpes étaient toujours considérées comme le véritable terrain d'essais. L'ouverture de

Les sherpas ont toujours rendu de grands services aux expéditions himalayennes.

nouvelles voies est liée aux destins héroïques de grands alpinistes. Certains noms sont restés dans les annales, tel l'Italien Riccardo Cassin qui brilla par la remarquable ascension, réputée dangereuse, de l'éperon Walker de la face nord des Grandes Jorasses en 1938. La première ascension de la face nord de l'Eiger par une équipe germano-autrichienne composée de Anderl Heckmair, Ludwig Vörg, Heinrich Harrer et Fritz Kasparek eut lieu cette même année. En 1955, Walter Bonatti partit en solo à l'assaut du Dru pendant six jours.

En 1954, deux grands noms de l'alpinisme, les Britanniques Don Whillans et l'incroyable Joe Brown, se lancèrent dans les Alpes et inaugurèrent de nombreuses voies remarquables. Les grimpeurs britanniques, Chris Bonington, Ian Clough, Don Whillans et Jan Duglosz tentèrent leur chance sur le pilier central du Frêney, dans le massif du Mont-Blanc, en 1961.

Les Américains également explorèrent les Alpes au milieu des années 60. John Harlin, Gary Hemming et Royal Robbins inaugurèrent alors de nouvelles voies, telle la directe américaine, dans le Dru.

Aux États-Unis, les grimpeurs du cru s'attaquèrent aux sommets du Boulder, dans le Colorado, ainsi qu'aux murs du Yosemite. Véritables défis, ces formations géologiques relevèrent les standards alors en vigueur et attirèrent des grimpeurs du monde entier. Des voies aux noms révélateurs tels que The Naked Edge (l'arête nue) suscitent encore un respect mêlé de crainte en raison de leur inhospitalité et de leur grande difficulté.

Les hauts lieux de l'escalade en Europe et en Amérique devenant de plus en plus fréquentés, les grimpeurs renommés s'en détournèrent pour s'aventurer dans les chaînes montagneuses d'autres régions du monde. Pendant des années, les regards furent rivés sur les sommets de plus de 8000 m, et notamment l'Everest. Au début du XXe siècle, les Britanniques, grâce à leurs relations privilégiées avec l'Inde, commencèrent à escalader la Chomolungma, la déesse mère des Montagnes (nom que les Chinois donnent également à l'Everest). Ce n'est qu'en 1953 qu'Edmund Hillary et Sherpa Tenzing atteignirent le sommet.

Par la suite, les expéditions se succédèrent dans l'Himalaya, jusqu'à ce que tous les sommets de 8000 m fussent atteints. On inaugura alors de nouvelles voies, et l'Himalaya fut affublé du titre de Super Alpes. Les ascensions sans oxygène, les sorties alpines à la journée, les itinéraires hivernaux et autres variantes de plus en plus ardues font actuellement partie du jeu himalayen. Des itinéraires toujours plus rapides et audacieux remplacent l'exploration de nouvelles voies.

Dans les années 70 et 80, l'Amérique du Sud et notamment la Patagonie, le sud du Chili et l'Argentine attirèrent les « hommes durs ». Les autres se dirigèrent vers les sommets boliviens et péruviens, plus accessibles. De nombreuses nouvelles voies audacieuses furent inaugurées, notamment la voie surprotégée de la Cerro Torre, au sud de la Patagonie. Équipée par l'Italien Cesare Maestri, elle fit l'objet de bien des polémiques.

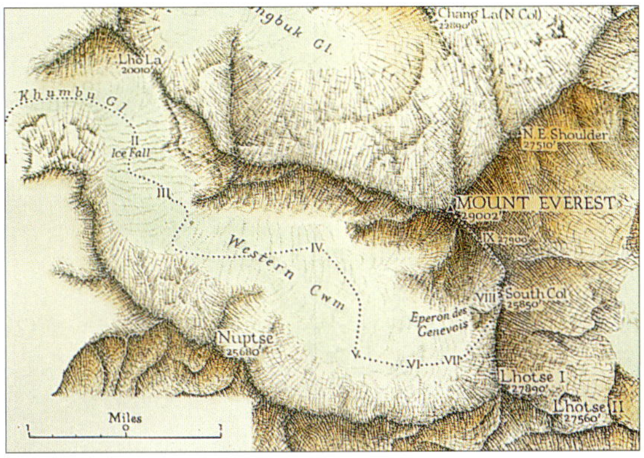

Cette carte ancienne (1953) de la région de l'Everest est étonnamment précise, compte tenu des moyens limités alors disponibles.

Parmi les destinations actuelles, citons les montagnes glaciales balayées par les vents comme celles de la Patagonie, de l'Antarctique et de l'arrière-pays canadien. L'isolement et la difficulté d'accès en font de véritables défis pour les aventuriers d'aujourd'hui. Il faudra probablement attendre plusieurs décennies pour que tous ces sommets soient explorés. Les grimpeurs à l'âme de pionnier se réjouissent probablement de savoir que tous les sommets n'ont pas été atteints.

L'histoire contemporaine de l'escalade ne peut être dissociée du progrès dont a profité le matériel. Les cordes, le matériel de protection, les vêtements, les chaussures, les kits de bivouac et de survie ont connu une révolution au cours des vingt-cinq dernières années. Tout en facilitant par certains aspects l'escalade, ceux en quête de défis à relever se sont tournés vers des voies plus difficiles, ou ont choisi de les tenter dans des conditions hivernales. Autrement dit, la devise est d'« élever le handicap ».

Sachez que l'escalade n'est rien de plus qu'un jeu doté de règles et d'une éthique, de handicaps et d'une étiquette. Les conséquences d'un « mauvais jeu » peuvent être graves mais l'escalade n'en reste pas moins une activité ludique.

Montagnes ou murs de barrage, les grimpeurs trouvent toujours le moyen de se livrer à leur activité favorite.

LES RÈGLES DU JEU

Gravir un rocher entièrement nu et en solo constitue sans doute la forme la plus pure d'escalade, mais celui qui tente pareille expérience finira probablement en prison. Entreprendre l'ascension d'une voie alpine facile à l'aide de cordes fixes et d'échelles, de spits et d'un équipement de protection est tout simplement ridicule. Un grimpeur qui effectue le même itinéraire en utilisant un équipement standard place l'exercice dans des conditions acceptables. L'incertitude quant à l'issue de toute escalade est l'objectif ultime du véritable aventurier. Les règles s'ajustent à la situation afin de laisser une place à l'incertitude. Dans une certaine mesure, la montagne doit avoir sa chance ! L'escalade peut être comparée aux différentes parties d'un jeu. Un grimpeur peut très bien choisir un itinéraire agréable et court, peu exigeant en termes d'efforts et de talents, ou opter pour un parcours plus impressionnant consistant à ouvrir une voie, partir en solo ou en hiver ou encore se lancer à l'assaut du K2.

L'escalade diffère des autres disciplines sportives dans la mesure où ses règles sont flexibles et s'ajustent à la nature du défi, de l'ambition et des aptitudes du grimpeur. Généralement, plus l'enjeu est élevé, plus les règles sont réduites. Elles sont inutiles puisque la montagne impose les siennes, dont la violation peut provoquer un drame.

Moins l'enjeu est grand, plus les règles sont nombreuses afin de faire du succès de l'escalade une

réalisation digne de ce nom. Seule l'escalade de compétition, récemment créée, possède des règles fixes et écrites. Passons en revue les différentes disciplines.

La compétition

Ce sont des structures artificielles qui constituent les espaces de compétition. Il s'agit de réaliser l'ascension de voies de difficulté croissante selon une technique spécifique et dans un temps donné. Cette activité est très prisée. Passant pour l'une des disciplines sportives qui compte le plus d'adeptes, c'est aussi la forme d'escalade la plus sûre. Elle comporte peu de risques d'accidents graves (toutefois, un mauvais assurage ou des mousquetons défaillants peuvent causer des blessures sérieuses). Parmi les grandes compétitions, citons la Coupe mondiale qui se déroule en Europe, la Serre-Chevalier en France, l'Arco en Italie et les *Extreme Games* qu'organisent les États-Unis. La section junior a connu une croissance exponentielle. Il existe des rencontres internationales et régionales, à l'instar de la Coupe mondiale qui reçoit les cadets (minimes, moins de 13 ans) jusqu'aux juniors (moins de 19 ans).

Les compétitions se déroulent sous l'autorité du CICE (Comité international des compétitions d'escalade), sous-comité de la toute-puissante UIAA (Union internationale des associations d'alpinisme), l'organe régulant et surveillant l'escalade.

Les murs intérieurs gagnent rapidement en popularité. Ils offrent un excellent « terrain » d'entraînement, indépendamment des conditions météorologiques.

Les murs intérieurs

Bien que ces murs aient au départ servi pour l'entraînement à l'escalade de bloc et aux compétitions, leur prolifération a donné naissance à une nouvelle discipline et certains grimpeurs ne s'arrachent jamais de ces murs. Les règles peuvent être assez restrictives. Par exemple, interdiction de s'aider des prises jaunes ou de « franchir telle ligne ». Très accessible, cette discipline requiert peu de matériel et d'expérience et constitue une excellente façon de démarrer. Cette activité apporte une grande satisfaction. La récompense est immédiate et fréquente, et l'aspect social de l'activité n'est pas à négliger. La plupart des grandes villes disposent de murs, mais vous en trouverez plus particulièrement en Belgique, au Royaume-Uni et aux États-Unis.

Comme pour les deux disciplines suivantes, le plus grand risque lié à cette pratique est une lésion du tendon. Les débutants doivent procéder de manière progressive, en se constituant au fur et à mesure la musculature nécessaire (reportez-vous à la page 70 pour des conseils pratiques).

Avec en toile de fond les graffitis d'un mur de Los Angeles, les grimpeurs urbains se perfectionnent.

***À droite** L'escalade de bloc est l'une des formes les plus sociales de l'escalade.*
***Ci-dessous** Les tufas (stalactites) thaïlandaises sont idéales pour l'escalade de bloc.*

L'ESCALADE DE BLOC

Lorsqu'on se retrouve dans la nature, l'escalade de bloc s'impose comme étant l'option la plus simple. Il s'agit de gravir un beau rocher jusqu'au sommet, de sauter en cours de route en cas de pépin et de tenter de nouveau sa chance. Cependant, de nombreuses règles, non répertoriées mais respectées au sein de la communauté des grimpeurs, définissent la pratique. L'utilisation de points d'ancrage ou d'une corde fixée au sommet n'est pas autorisée. Dans certaines régions, l'usage de la magnésie est malvenu. De même, votre partenaire n'est pas supposé vous aider. Les rochers peuvent mesurer de 50 cm à 10 m, voire plus.

Le bloc est né à Fontainebleau où escalader les nombreux affleurements gréseux de cet ancien domaine royal, situé au sud de Paris, devint le passe-temps des grimpeurs français tel Jacky Godoffe, l'un des pionniers.

L'escalade de bloc requiert un sac à magnésie (carbonate de magnésium léger). On y plonge les doigts pour les sécher et améliorer la prise. Il convient également de disposer de chaussons en gomme résinée. Le bloc est la meilleure école des grimpeurs en herbe, et il ne nécesite pas d'investissement important.

Pour beaucoup, l'escalade de bloc constitue une passion dévorante. Ils passent leurs hivers à s'entraîner dans la « cave » (mur installé à l'intérieur) et les saisons plus sèches à répéter des séquences de mouvements sur des surplombs extrêmement raides et courts jusqu'à en venir à bout. Activité très gymnique, l'escalade de bloc exige une force certaine, au niveau des doigts notamment. Arêtes quasi invisibles et gestes à angles difficiles sont à l'ordre du jour. Le

***À droite** Le solo intégral offre une grande liberté mais n'est pas dénué de risques.*

bloc a son propre système de cotation (reportez-vous au tableau page 152).

Variations sur le thème de l'escalade de bloc :

Escalade en solo intégral

Elle comprend l'escalade de tout bloc allant d'un massif de taille standard à d'énormes falaises où la chute peut être dangereuse, voire fatale. Parmi les illustres adeptes de l'escalade en solo intégral, citons l'Américain John Bachar et surtout le Français Alain Robert qui escalade les plus hauts immeubles des grandes capitales.

Lorsque le climat, l'itinéraire et la condition physique et psychique du grimpeur s'y prêtent, le solo intégral est la forme la plus épurée de l'escalade. Toutefois, ce n'est pas une discipline à envisager à la légère.

Solo en eau profonde

Dans les calanques du sud de la France, et en quelques endroits de la côte britannique, de nombreux passages et ascensions pittoresques vous attendent. Tomber signifie se mouiller ou effectuer quelques brasses, mais guère plus. Gravir sans cordes tente de nombreuses personnes, notamment par les chaudes journées d'été. À quand la commercialisation d'un sac à magnésie imperméable ?

Ci-dessus, à gauche, et ci-dessous *Le solo intégral en eau profonde ne présente pas de danger, à condition de savoir nager. Certaines voies engageantes vous entraînent toutefois à des altitudes bien risquées.*

L'escalade en moulinette

Ce jeu présente peu de risques tout en étant assez amusant puisqu'on atteint une hauteur non négligeable à l'aide d'une corde solidement fixée au sommet de la voie.

Ce procédé est prisé des débutants mais de nombreux grimpeurs y recourent habituellement, voire exclusivement. Cette technique convient aux grimpeurs désireux de goûter à l'ivresse de l'escalade sans mettre leurs jours en danger. Dans de nombreuses régions, notamment sur les falaises qui s'élèvent au sud de Londres ou dans le désert américain, c'est l'unique méthode d'escalade autorisée, le solo mis à part.

Les célèbres gorges du Verdon accueillent des grimpeurs qui pratiquent la moulinette sur des falaises en calcaire à l'aide de cordes mesurant 300 m. En cas de chute du grimpeur, la corde lui garantit un allongement de 30 à 40 m à plusieurs mètres d'une falaise en surplomb !

Les règles de la moulinette peuvent être strictes : pas de « corde tendue » (avec un support), pas d'appui sur les sangles ou tout autre point d'aide, pas de repos en cours de route, etc. Mais le code peut aussi être très souple lors d'une excursion familiale ou entre amis.

L'escalade sportive

Inventée récemment, l'escalade sportive est née dans les Alpes françaises où les guides se sont mis à fixer des pitons (voir page 72) dans des régions vallonnées pour un meilleur guidage et la formation de grimpeurs en herbe. L'avènement des perceuses à piles et la mise au point de résines époxy de haute technologie ont accru le nombre de parois équipées. Les trous sont percés dans le massif rocheux le long d'une voie d'escalade adéquate. Les chevilles sont collées ou serrées à l'aide de plaquettes, aptes à recevoir des mousquetons et fermées au niveau de l'extrémité saillante (voir page 73).

Cependant, la pose de chevilles fait l'objet de controverses dans diverses parties du monde. Souvent considérée comme une profanation de la paroi rocheuse, la pose de chevilles a suscité de violentes polémiques. En même temps, sur certains types de roche, ce procédé constitue l'unique façon de faire de l'escalade en toute sécurité, notamment sur le calcaire ou le granite. Les grimpeurs peuvent monter des faces raides sans courir de risques, en fixant leur corde au fur et à mesure.

L'escalade sportive a rehaussé les niveaux de l'escalade. Des grimpeurs ont dépassé leurs limites physiques sans prendre trop de risques. Il est très probable que les ascensions extrêmes modernes dans les chaînes de montagne dérivent directement des techniques et talents de l'escalade sportive. En tant que fin en soi, l'escalade sportive est stimulante, exigeante et très satisfaisante. En réalité, c'est de l'escalade de bloc de haut niveau, requérant la même approche gymnique et la même passion que toute activité sportive de pointe. Elle a permis à des milliers de personnes qui, pour des raisons diverses, n'auraient jamais été tentées par l'équipement traditionnel de faire de l'escalade en toute sécurité.

L'ESCALADE TRADITIONNELLE

C'est ainsi que le plus grand nombre conçoit l'escalade : une personne « mène » une ascension, traînant une corde et plaçant diverses protections ou « matériel » dans les fissures afin de se protéger et d'aider ses coéquipiers en cas de chute. C'est la manière traditionnelle mais aussi la plus en vogue.

Souvent appelée escalade « traditionnelle » ou escalade « d'aventure », ses règles varient en fonction du milieu. L'escalade traditionnelle peut se pratiquer dans les petits rochers ou sur les aiguilles des Alpes ou de l'Himalaya. Placer une protection sur un petit rocher local serait « inacceptable », mais utiliser cette même technique sur le dernier tronçon des tours Trango dans le Korakorum après une ascension de cinq jours sous la tempête serait probablement jugé « acceptable ».

L'escalade traditionnelle comprend :

La petite falaise

Ce type d'escalade se pratique dans les plus petits sites, de 20 à 100 m de hauteur, et ne comportant que 1, 2 ou 3 longueurs. L'objectif est de les escalader en libre, c'est-à-dire sans recourir à aucune aide artificielle. Cette discipline est la plus prisée au Royaume-Uni, en Europe, aux États-Unis ainsi qu'en Afrique du Sud et en Australie.

La haute falaise

Ce type d'escalade se pratique sur des parois plus longues, mesurant plus de 100 m. Parmi les sites prisés, citons les États-Unis, la France et les Dolomites européennes. On peut s'aider de matériel. Le grimpeur tire, par exemple, sur une sangle ou sur un piton. La principale règle concerne la durée de l'ascension, qui peut être d'une journée.

L'escalade des Big Walls

L'objectif est de faire gravir toute une équipe au sommet d'une longue face, tels El Capitan dans le Yosemite ou une face des Dolomites, par des « moyens plus ou moins autorisés ». La nature de l'ascension impose l'utilisation de matériel. Les grimpeurs peuvent soit installer des pitons supplémentaires, soit utiliser ceux déjà mis en place.

Un seul membre de l'équipe grimpe à la fois, les autres utilisent un jumar ou font un nœud autobloquant sur les cordes derrière le meneur (voir page 92) pour gagner du temps et de l'énergie. Évidemment, il convient de transporter des vivres, du matériel et des bivouacs.

L'ALPINISME ET L'ÉTHIQUE

L'éthique de l'escalade est déterminée par le consensus en vigueur au sein de la communauté des grimpeurs. Souvent issue d'un long processus d'osmose, l'éthique peut varier d'une situation à l'autre. Se rendre dans certaines régions sans être conscient de cet état de fait peut créer des problèmes. Ainsi, mieux vaut savoir qu'il est interdit de placer des protections dans les tours en grès de Slovaquie ou dans les Bowles Rocks, non loin de Londres, et qu'à Fontainebleau on utilise de la magnésie, une résine, plutôt que de la craie.

Escalader dans le respect de ces règles revient à escalader avec style. Le mépris de ces usages est « incorrect » et « contraire à l'éthique ».

Les grimpeurs sont généralement respectueux de l'environnement et du club d'escalade local. Ils tiennent compte de la saison de nidification des oiseaux et des convictions religieuses. Cependant, ils sont également réputés pour montrer peu d'estime à l'égard des institutions sacrées comme par exemple la demande préalable d'un permis ou le paiement par avance de « frais de secours » exorbitants dans certains parcs nationaux.

Gardez à l'esprit qu'en votre qualité de grimpeur votre attitude peut avoir d'énormes répercussions sur l'ensemble des grimpeurs. Un comportement insouciant ou le non-respect des règles et réglementations peuvent entraîner la fermeture d'une zone d'escalade pendant de nombreuses années.

En cas de doute, contactez toujours les clubs d'escalade locaux, les plus à même de vous renseigner.

Ci-contre à gauche *La moulinette permet de développer la technique en toute sécurité.*
À droite *Quel que soit le niveau, l'escalade est grisante.*

BOMBAY

L'ESCALADE ALPINE – L'ESCALADE DE NEIGE ET DE GLACE

Cette discipline permet aux grimpeurs de connaître la montagne sous ses divers aspects : crevasses, avalanches, températures extrêmes, intempéries, rochers délités et contraintes météorologiques. En escalade alpine, la rapidité est vitale pour profiter de bonnes conditions d'enneigement, d'une bonne glace ou des accalmies. Les règles sont moins rigoureuses et le recours au matériel n'est pas malvenu. Le succès est souvent synonyme de survie (voir page 132).

À l'extrême gauche *Une bonne planification est le secret d'expéditions réussies. Ici, celle de 1953 effectuée dans l'Everest.*

Ci-contre *L'escalade d'une arête de l'Ancohuma, dans les Andes. Les grimpeurs sont sensiblement éloignés de l'arête.*

LES EXPÉDITIONS

Les expéditions à destination des principaux sommets, ceux s'élevant à plus de 8 000 m et ceux un peu moins élevés mais tout aussi difficiles, constituent, à maints égards, l'apogée de l'escalade. Les règles sont simples, l'essentiel étant de revenir vivant. Pourtant, l'expédition s'est peu à peu forgée ses règles. Ainsi, certaines ascensions sont effectuées sans oxygène, d'autres sans sherpas tandis que les expéditions super-alpines consistent à tenir compte de la rapidité lors des ascensions de grands sommets comme la face sud de l'Aconcagua, dans les Andes argentines (le plus grand sommet d'Amérique du Sud), ou même dans l'Everest. Chacune de ces complications rehausse l'enjeu, complique le défi et rend l'issue moins certaine.

CATHERINE DESTIVELLE

Catherine Destivelle a réussi à se faire une place parmi les meilleurs alpinistes et grimpeurs du monde, sphère traditionnellement considérée comme masculine.

Née en Algérie en 1960, elle est dès son enfance fascinée par les rochers de Fontainebleau où elle accompagnait son père. Elle le harcela jusqu'à ce qu'il consentît à l'initier. À 16 ans, elle était déjà reconnue comme un prodige de l'escalade. Elle menait des cordées à Chamonix, dont la directe américaine du Petit Dru. Catherine s'orienta ensuite vers le sport et l'escalade de compétition. Elle remporta le prestigieux Bardoneccia deux années consécutives et le titre de championne du monde à quatre reprises. Peu après ces victoires, elle abandonna la compétition pour se lancer sur les rochers naturels.

Citons parmi ses exploits la difficile ascension de la lointaine tour Sans Nom dans le Karakorum en compagnie de Jeff Lowe, une escalade en solo de la face nord de l'Eiger en plein hiver en un temps presque record de quinze heures, mais aussi celle du pilier Bonatti dans le Dru en quatre heures ainsi que la voie Bonatti, au Cervin, gravie en solo hivernal. Elle a effectué de nombreuses autres escalades sur les rochers et dans les montagnes.

***À droite** Catherine Destivelle menant une cordée sur le Point Perpendicular, Nouvelle-Galles du Sud, Australie.*

LES FEMMES ET L'ESCALADE

Les femmes sont encore rares dans le monde de l'alpinisme. Les raisons en sont nombreuses, la première est l'image « macho » associée à l'escalade. Dans de nombreuses disciplines sportives, la gent féminine a été étiquetée « incapable » de réalisations exceptionnelles et l'alpinisme ne fait, hélas, pas exception.

On avance des raisons physiologiques pour expliquer le faible nombre de femmes inscrites dans l'histoire de l'alpinisme comparé à leurs homologues masculins. Mentionnons, cependant, les exploits de personnalités comme la Française Catherine Destivelle, qui fit un solo dans le Dru, la Britannique Alison Hargreaves qui collectionna les records dans l'Himalaya avant de mourir prématurément. Citons également l'expédition des femmes chinoises dans l'Everest et celle d'une équipe féminine américaine à l'assaut de l'Annapurna dans l'Himalaya. Elles ont toutes prouvé que les femmes étaient aussi capables que les hommes.

Entre 1911 et 1944, la Française Alexandra David-Neel effectua l'ascension de sommets et cols en haute altitude au Tibet. Voyageant seule, elle se déguisait en mendiante. Au début du XXe siècle, les Américaines Fanny Bullock et Annie Peck se lancèrent à l'assaut de montagnes élevées. Âgée de 58 ans, cette dernière escalada le point culminant du Pérou, le Huascarán (6 656 m), un record américain, en 1908.

En 1934, Hettie Dyhrenfurth, une Suisso-Américaine, gravit le Baltoro Kangri et le Sia Kangri dans le Karakorum, au nord du Cachemire, et enregistra un record féminin d'altitude. Les femmes partirent à l'assaut des sommets de plus de 8 000 m à partir de 1974 lorsque trois membres d'une expédition féminine japonaise escaladèrent le sommet népalais de Manaslu (8 163 m). En 1975, Wanda Rutkiewicz et Alison Chadwick-Onyskiewicz menèrent une expédition polonaise mixte au sommet du Gasherbrum III dans l'Himalaya, alors le plus haut sommet du monde jamais atteint. En même temps, Anna Okopinska et Halina Syromska escaladèrent le Gasherbrum II. Pour la première fois, des femmes seules escaladaient une montagne de plus de 8 000 m. Récemment, les femmes se sont imposées dans diverses disciplines de l'escalade.

Ci-dessus Lynn Hill, en plein effort, à la Berkeley World Cup.

À gauche Robyn Erbesfield illustre le style qui lui a permis de remporter le titre de championne du monde à quatre reprises.

CHAPITRE DEUX

L'ENVIRONNEMENT

Son avenir est entre nos mains

« La montagne d'un homme n'est que la colline d'un autre. » C'est encore plus vrai aujourd'hui que par le passé, à mesure que les grimpeurs explorent les possibilités inhérentes à une vaste gamme d'environnements. Le rocher du coin constituera l'Everest du citadin invétéré et son ascension équivaudra à une entreprise risquée. L'habitué de l'Himalaya ne jettera pas plus d'un coup d'œil aux falaises voisines, qui pourtant en défient beaucoup.

Tandis que l'alpinisme est souvent considéré comme une activité dangereuse, notamment du point de vue de l'assurage, la plupart des ascensions (dans la région ou dans les montagnes éloignées) présentent moins de risques que la grande artère de votre ville. Quelle que soit leur taille, les montagnes ont des points communs. Le principal est la sensibilité de leur écosystème, robuste en apparence, à l'impact de la présence humaine.

En Amérique du Sud, les lamas sont utilisés pour transporter le matériel.

Les montagnes, qui ont l'air d'être éternelles, sont probablement davantage menacées par les grimpeurs que l'inverse. Les adeptes de l'escalade devraient accorder autant de considération à l'environnement dans lequel ils évoluent qu'à leur préparation et à leur matériel s'ils souhaitent préserver la beauté et l'intégrité de ces régions mais aussi conserver leur accès.

LA FAUNE

Les montagnes abritent des espèces uniques qui se réfugient sur leurs faces inaccessibles.

Les joies de la solitude dans les Arthur Range, au sud-ouest de la Tasmanie.

Les rares Lampranthus maximiliani *poussent en altitude sur des couches de rochers en grès.*

Citons les minuscules grenouilles, qui vivent sur les pentes de cette montagne urbaine qu'est Table Mountain, au Cap. Il y a aussi le furtif léopard des neiges qui rôde dans l'Himalaya.

Les montagnes sont des endroits rudes. Aussi, les plantes et les animaux qui y vivent sont adaptés à cette rigueur car ils doivent supporter des températures extrêmes, des vents violents et des niveaux d'oxygène bas.

Des espèces uniques se sont adaptées, par exemple, à une faible luminosité. Elles ont développé un camouflage blanc pour se fondre dans la neige et survivent avec peu d'oxygène. Certains vautours des Andes disposent d'une hémoglobine particulière dotée d'une capacité de transport d'oxygène exceptionnelle. Quant à l'assurance du chamois, elle mérite bien un coup d'œil.

L'apparente robustesse des montagnes est trompeuse car leur écosystème peut être extrêmement fragile. La couche de terre est souvent fine, adhérant de façon ténue à un substrat dur sur des angles critiques. Peu d'endroits se prêtent au développement d'une végétation luxuriante. En outre, les changements de saison créent des conditions de survie assez rudes. Les espèces animales et végétales sont souvent de taille modeste et une modification aussi minime soit-elle de leur habitat peut se révéler désastreuse.

En raison de la fréquentation et de la pollution croissantes des régions montagneuses, cet écosystème fragile est menacé et les espèces disparaissent à une vitesse effrayante.

Il est important que les grimpeurs s'en rendent compte et adoptent un comportement responsable. On parle beaucoup des détritus abandonnés par les membres des expéditions sur les grands sommets et cette médiatisation a eu un impact positif. Mais il convient également de prendre en compte un certain nombre de considérations.

Quelques effets négatifs

- Les répercussions du grand nombre de touristes et de grimpeurs sur la végétation montagneuse. Des forêts entières ont été abattues pour faire du feu.
- La présence humaine constante raccourcit la période de chasse des prédateurs, entraînant une surpopulation de leurs proies qui détruisent alors la végétation et dénudent les flancs des collines.
- De vastes étendues de végétation naturelle sont remplacées par des cultures vivrières destinées à nourrir les « visiteurs ». De même, les animaux domestiques se substituent à la chasse locale.
- L'argent et le travail de portage que génèrent les grimpeurs, parallèlement aux meilleurs soins médicaux, ont

La pollution humaine n'épargne aucun site, comme le prouve l'abondance des détritus abandonnés par les grimpeurs aux alentours de nombreux camps.

entraîné une poussée démographique dans de nombreuses chaînes montagneuses. Cet accroissement pèse également sur l'équilibre écologique, déjà précaire.

• On ne peut passer sous silence la dégradation du sol au pied de certains petits rochers très fréquentés. Les chemins sont profondément érodés. Des régions entières ont perdu leur végétation. Il se peut effectivement que seuls de rares sites soient touchés et que la majeure partie de l'environnement soit encore intacte mais, avec l'augmentation rapide du nombre de grimpeurs, de plus en plus de zones seront affectées si aucune disposition n'est prise. La fermeture récente de régions entières à l'escalade en Allemagne devrait servir de leçon.

• De nombreux grimpeurs ne se préoccupent guère de la flore d'altitude. Pourtant, sur les rochers les plus élevés du monde, de minuscules colonies de lichens, associées de manière unique à des algues et à des champignons, ont été découvertes.

La sensibilisation à ces problèmes et la mise en place de mesures en vue de minimiser l'effet de l'activité humaine permettront de préserver les montagnes et les créatures fragiles qu'elles abritent pour les transmettre aux générations futures tout en garantissant que les grimpeurs aient toujours accès à leurs terrains de jeux.

L'escalade respecte l'environnement

• La flore et la faune ne doivent pas être perturbées, qu'il s'agisse des plantes minuscules et fragiles poussant sur un rocher local ou des chèvres des montagnes de l'Himalaya.

• Davantage de réserves « fermées » doivent être créées pour les plantes et les animaux afin de n'autoriser qu'une intervention humaine minimale. L'inviolabilité des sanctuaires de montagne doit être respectée.

• Les interdictions d'escalader dans des régions écologiquement importantes ou les interdictions temporaires en raison des nidifications et autres motifs d'ordre écologique doivent être respectées.

• Les grimpeurs doivent apporter leurs vivres et remporter les détritus occasionnés.

• L'autonomie accrue des grimpeurs réduira la pression actuellement générée par les centaines de porteurs dans les principales chaînes montagneuses.

• Une politique de gestion intégrale des parois devrait être exigée par les grimpeurs.

• Les grimpeurs doivent respecter les désirs des propriétaires terriens.

• Les grimpeurs doivent se conformer à l'éthique locale en matière de pose de pitons, de l'« éclatement » et du « nettoyage » des parois rocheuses.

ALTÉRATION DE LA ROCHE NATURELLE

Une des questions les plus controversées actuellement concerne l'« amélioration » de la roche naturelle pour rehausser la qualité des ascensions ou rendre possible l'ascension de tronçons qui autrement ne pourraient pas être grimpés. Dans une certaine mesure, les grimpeurs ont toujours « amélioré » la roche, en ôtant les écailles ou les pierres qui se détachent pour sécuriser les passages. La tendance actuelle, notamment chez les adeptes de l'escalade sportive de pointe (qui sont en quête de voies de plus en plus difficiles sur des étendues rocheuses limitées), consiste à procéder à l'éclatement des prises dans des sections vierges ou à les coller sur des pierres (voire sur des prises artificielles) pour rendre la voie accessible. On parle alors de nettoyage (dans le premier cas) ou de « substitution de sections manquantes » dans le second ! Cette pratique risque de susciter des polémiques pendant les années à venir.

Ci-dessus *Un rocher privé de sa végétation littéralement pris d'assaut par les grimpeurs dans la vallée de Chamonix.*

À gauche *De nombreux Boliviens continuent à vivre de manière traditionnelle en dépit de l'afflux de touristes et de grimpeurs.*

LES POPULATIONS LOCALES

Il est intéressant d'étudier les répercussions de la venue des grimpeurs sur les populations locales. Dans les régions développées, l'escalade génère des revenus pour les guides, les hôtels, le commerce et l'industrie. L'affluence en haute saison et une certaine perte de charme mis à part, l'engouement pour l'escalade n'a pas eu d'effets négatifs sur les habitants de sites comme Chamonix, en France.

En revanche, dans les montagnes de pays moins développés, les conséquences sont importantes. Les autochtones entrent en contact avec les « riches » grimpeurs occidentaux et leur civilisation symbolisée par des objets de consommation hors de portée des gens du cru. D'où une certaine envie et même une rancœur conduisant parfois à une altération du tissu social.

Les visiteurs occidentaux apportent en même temps leur conception de l'éducation, de la religion, du divertissement et de la médecine. Les modifications en résultant – surpopulation, disparition des traditions et de l'unité de la famille – sont souvent négligées.

Les agences de trekking et d'escalade ainsi que les gouvernements des pays concernés devraient examiner cette question de manière objective afin d'atténuer les effets néfastes de changements trop rapides. Il n'est bien sûr pas question d'empêcher une culture ou une population de progresser, mais le système actuel reposant sur l'aumône ne constitue pas les bases d'un développement sain. De même, un système de soins contribuant à l'augmentation du nombre d'enfants, bouches supplémentaires à nourrir, accédant à l'âge adulte dans une société qui n'offre ni emploi ni toit, n'est peut-être pas aussi parfait qu'il semble paraître.

Ci-contre à droite *Les lamas peuvent se montrer capricieux. Le matériel fragile doit être emballé avec soin afin de résister à leurs humeurs.*

À gauche *Des enfants boliviens observent un grimpeur préparant son repas. La curiosité suscitée par les aliments et les produits occidentaux perturbe souvent la façon de vivre traditionnelle.*

Le climat en montagne

Le temps change rapidement en montagne. Les versants des montagnes détournent le vent, favorisant la formation de nuages et les chutes de pluie dans les alentours. Pendant la journée, alors que l'air chauffe, il s'étend et souffle sur les pentes, c'est ce qu'on appelle la brise de vallée. Lorsque l'air s'élève, il se refroidit de 1 °C tous les 100 m. L'air qui s'élève à une grande vitesse se refroidit de manière adiabatique (refroidissement par expansion résultant d'une baisse de pression). Cette baisse de la température entraîne souvent la formation de nuages à mesure que la pression de la vapeur d'eau se modifie et se condense.

À la fin de la journée, l'air se refroidit davantage et se déplace vers le bas, donnant naissance à la brise de montagne.

Les instabilités à court terme provoquent souvent des pluies torrentielles inattendues. Et les météorologues font, à juste titre, preuve de circonspection lorsqu'ils prévoient le temps qu'il fera à court terme dans les montagnes locales. Les sommets, tel l'Eiger en Suisse, qui s'élèvent à l'extrémité d'une chaîne ont leur propre caractère climatique qui varie à la vitesse de l'éclair. Diverses régions sont également affectées par des mouvements d'air à long terme qui s'accompagnent de hausses et de baisses de pression tendant à migrer vers le nord ou le sud selon les saisons. Ainsi, l'anticyclone des Açores, qui détermine le temps qu'il fait en été en Europe centrale, produit une pression élevée semi-permanente. Cela génère des cycles où alternent dix à douze jours de beau temps suivis de quelques journées orageuses en raison de l'interaction entre la basse pression prédominant en Europe occidentale et en Asie. Généralement, le temps se stabilise pendant près d'un mois en septembre ou en octobre. Des cycles « identiques » peuvent être identifiés dans la plupart des régions montagneuses et les grimpeurs seraient bien avisés d'en prendre connaissance avant de partir.

Un altimètre-baromètre permet de prévoir les conditions climatiques à court terme. Une fois à une altitude fixe, tout changement au cours des heures donne la tendance. Une baisse significative de la pression (exprimée par une hausse d'altitude) indique un mauvais temps. Plus la chute est rapide, plus l'orage risque d'être violent. Inversement, une hausse régulière de la pression (une baisse d'altitude) augure une amélioration du temps.

Un ciel clair est le rêve de tout grimpeur.

Les sommets élevés pénètrent le jet-stream, courant d'air se déplaçant rapidement à l'extrémité de l'atmosphère respirable. Cela signifie qu'il faut s'attendre à des vents soufflant à plus de 160 km/h. Le choix du moment optimal dans l'année en termes de vent et de climat déterminera le succès d'une expédition en montagne. C'est d'autant plus vrai pour les grandes chaînes comme les Andes ou l'Himalaya.

La foudre

Les montagnes subissent souvent des orages spectaculaires. Les sommets et les arêtes produisent des courants d'air ascendants verticaux et des nuages de pluie qui génèrent la foudre. Les grimpeurs se trouvent souvent dans la zone exposée.

Le potentiel électrique se forme dans les nuages de la même façon que lorsqu'on frotte deux morceaux de Nylon l'un contre l'autre dans un air sec. Les électrons vont d'une molécule à l'autre lorsque les masses d'air se croisent ou frôlent la terre. L'air est mauvais conducteur tandis que la terre, les arbres, les rochers et le corps humain sont de meilleurs conducteurs. Comme l'air n'est pas conducteur, un déséquilibre se crée au niveau des électrons et génère une différence de potentiel ou charge. Toute charge électrique obéit aux lois de la physique qui tendent à la neutraliser ou à l'équilibrer.

Les électrons accumulés, qui constituent la charge, trouveront le chemin le moins résistant afin de restaurer un équilibre électrique. En raison de la répulsion mutuelle entre deux charges différentes, les électrons tendent à aller vers un point de densité à l'extérieur d'une surface chargée, par exemple une tour en pierre, un arbre ou une tête humaine.

Un phénomène est parfois observé dans St Elmo's Fire : une couronne bleue accompagnée d'un bourdonnement ou d'un craquement. Les équipements métalliques se mettent souvent à « chanter » et les cheveux se hérissent. Même si ce phénomène n'indique pas que la foudre va tomber à l'endroit où vous vous trouvez, mieux vaut s'en éloigner. Elle générera suffisamment d'électrons libres pour en déplacer quelques milliards à travers vous. Un tel choc peut provoquer des troubles au niveau du cœur et du cerveau ou des brûlures.

En cas de risque de foudre, les grimpeurs doivent :

- Éviter les zones humides comme les ravins.
- S'asseoir ou s'accroupir sur des objets isolants, comme un sac ou une corde.
- Éviter les arêtes et les sommets.
- S'éloigner des surplombs et des petites grottes, la foudre peut y tomber.
- Sur un rebord, s'accroupir dans l'angle extérieur. S'accrocher à une corde courte.
- S'éloigner si possible des objets métalliques : ils n'attirent pas la foudre mais intensifient l'effet.

Si une personne est frappée par la foudre, commencez par un massage cardio-pulmonaire puis traitez les brûlures.

Ci-dessus ***Ci-dessus*** *Orage vu de haut.*

Page suivante *Un grimpeur consulte un livret qui répertorie le nombre de personnes parvenues au sommet du Spitskop, en Namibie. C'est une tradition vivace dans de nombreuses régions du monde.*

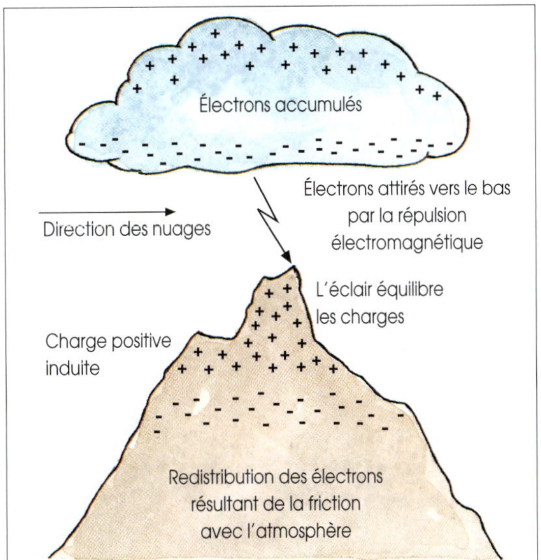

FORMATION DE L'ÉCLAIR

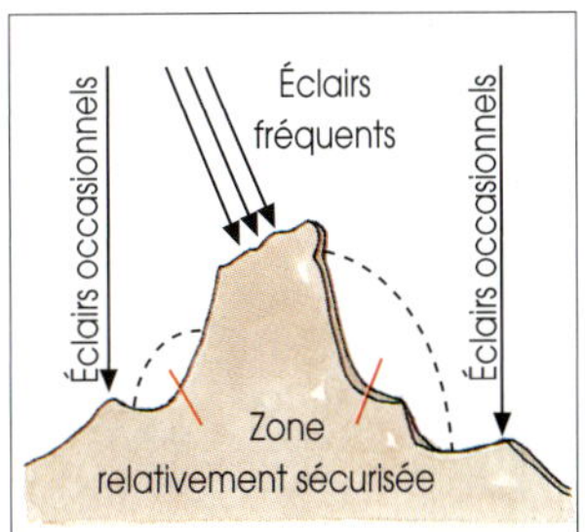

FRÉQUENCE DES ÉCLAIRS

Granite

Calcaire

Dolomite

Ardoise

Grès

La structure des montagnes

Chaque type de roche pose un problème spécifique.

Types de roche et types d'escalade associée

Granite : résultant des laves volcaniques, cette roche grenue et cristalline se présente sous différentes formes, solide et compacte dans le Half-Dome de la Yosemite, avec des grains plus rugueux dans les rochers alpins ou terriblement friables comme en Grèce ou au Malawi. Les ascensions sur du granite font appel à une friction au niveau des dalles (voir page 77), au moyen des cristaux de granite permettant l'adhérence ; ou bien, il faut recourir aux fissures, technique exigeant une bonne maîtrise des doigts, des pieds, des mains, voire du corps (voir pages 51-52).

Calcaire : composée à partir du squelette calcaire de créatures sous-marines, cette roche s'érode facilement sous l'action de l'eau et du gaz carbonique contenu dans l'air. Cela produit de petites poches allongées utiles aux grimpeurs du Verdon (France) et des formations de stalactites en Thaïlande. Placer des protections sur une paroi en calcaire est plutôt risqué car cette roche est tendre et souvent friable. La pose de spits est courante.

LES PRINCIPAUX RELIEFS MONTAGNEUX
Les lignes rouges représentent les voies typiques. Les carrés indiquent les camps de base ou les refuges. Les cercles correspondent aux camps avancés ou aux bivouacs.

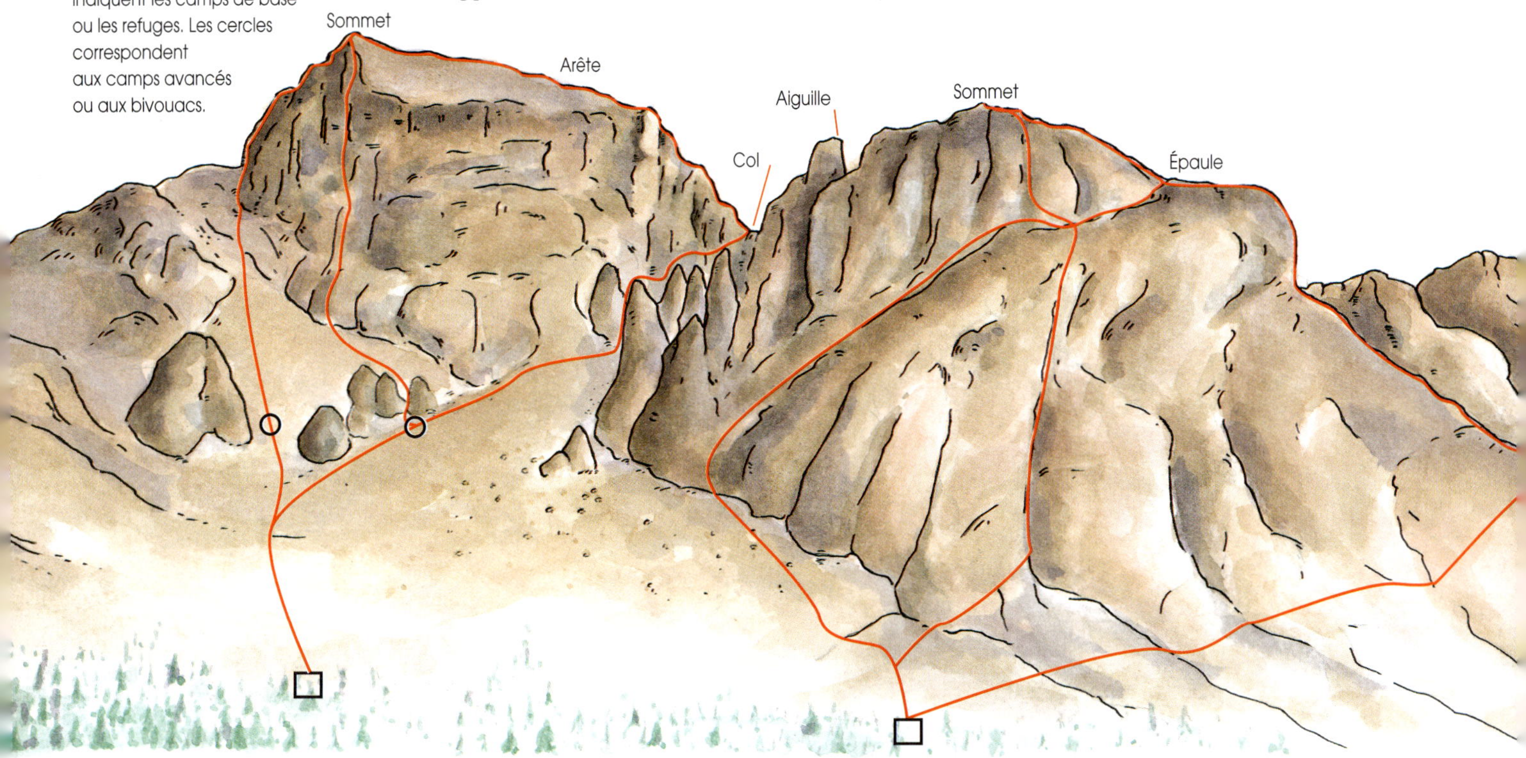

Quartz

Basalte

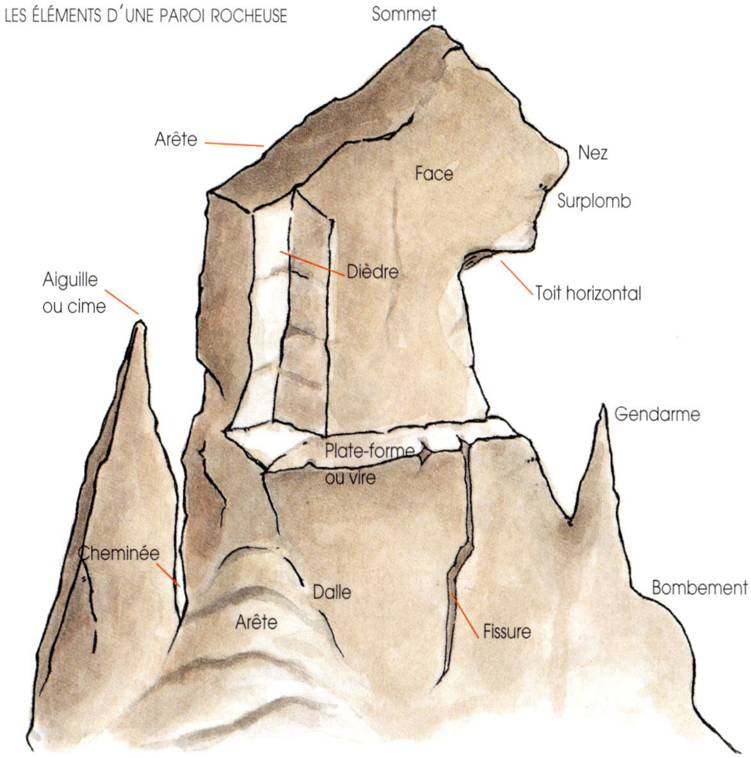

Dolomite : moins compacte que le calcaire, la dolomite se compose de couches ou d'aspérités permettant d'utiliser les protections naturelles plus facilement. Les tours et les faces impressionnantes des Alpes européennes ainsi que les Dolomites italiennes et autrichiennes sont typiques de cette formation rocheuse.

Ardoise : roche lisse et difficile à maîtriser, l'ardoise offre une ascension parfois déroutante car elle permet peu de prises et rend le placement de protections peu sûr. L'utilisation de spits n'est pas plus sécurisante car l'ardoise, par sa nature, se détache en bloc, emportant la protection et le grimpeur. Les fanatiques d'ardoise peuvent s'essayer dans les carrières du pays de Galles.

Grès : avec le granite, c'est probablement la roche la plus répandue. Elle se présente sous différentes textures et formes : douce et à grains fins comme dans le sud de l'Angleterre et en Allemagne, ou mélangée avec les grains grossiers du grès du Peak District en Grande-Bretagne ou encore sous forme plus compacte comme dans les aiguilles du désert américain, les formations du Cap en Afrique du Sud et les Blue Mountains d'Australie. En général, le grès offre une adhérence moyenne ainsi que des fissures, ce qui est parfait pour la pose des protections.

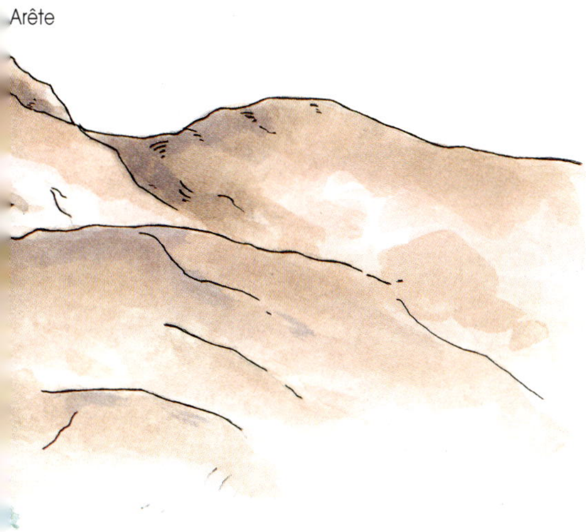

Quartz : forme plus solide de grès métamorphosé sous l'action des volcans. Cela donne de bons rails (fissures horizontales) ainsi que des fissures verticales. Cette roche offre également de bonnes conditions pour le placement de l'équipement traditionnel (voir page 82). Le quartz se trouve partout dans le monde. Les sites les plus prisés se situent en Espagne et sur la côte est de l'Amérique du Nord. En Australie, les Arapiles (Djurid) se composent d'un quartz dense et solide.

Basalte, schiste, gneiss : de texture rugueuse, ces roches métamorphosées formées d'agrégats poreux ne sont pas prisées des grimpeurs. Néanmoins, elles sont à la base de beaucoup de chaînes montagneuses, comme l'Himalaya et d'autres montagnes d'Amérique du Sud. Les gravir peut être intéressant, mais usant pour les nerfs !

À droite Il convient de se montrer prudent à l'approche des crevasses car elles sont souvent plus larges que ne le suggère l'entrée étroite. Ce grimpeur devrait s'encorder.

Ci-dessous Les glaciers modifient doucement mais sûrement la forme des rochers.

LA STRUCTURE DES GLACIERS

L'accumulation sur le long terme de neige non fondue donne naissance aux glaciers. Si l'angle de la pente est droit, elle se transforme en glace et se déplace lentement vers le bas. Par un processus appelé formation de névés, la glace remplie d'air se transforme en véritable glacier, dont la structure est si compacte qu'une infime quantité d'air reste à l'intérieur. À mesure que la glace fond et gèle de nouveau au fil des saisons, et à cause de la pression sur la glace, le glacier commence à avoir des consistances variables.

Tandis que des tonnes de glace s'accumulent chaque année sur un glacier, celle située à la base fond. La température de la vallée inférieure fait fondre et s'évaporer la glace recouvrant la surface du glacier. Un glacier a des propriétés thixotropes, autrement dit c'est un solide qui se comporte comme un liquide. Ainsi le noyau « s'écoule » plus vite que les arêtes qui sont en friction avec les rochers avoisinants. D'où la formation de crevasses dans les glaciers mouvants. La surface, subissant une pression moindre, est plus solide. À mesure que le glacier « se courbe » au niveau des convexités (renflements), des crevasses transversales se forment.

La première crevasse transversale qui se forme au niveau où le glacier se sépare de l'arête supérieure se nomme la rimaye. En général, c'est le premier ou le dernier problème d'une ascension car la traverser présente de réels dangers.

Certains glaciers du Groenland se déplacent de 20 m par jour, mais en règle générale la vitesse de déplacement oscille entre quelques centimètres et quelques mètres par jour.

Les glaciers sont responsables de la forme et de l'érosion des vallées dans l'histoire de la formation de la couche terrestre. Tout ce qui a trait aux glaciers (crevasses, moraines, rimaye, séracs, avalanches, etc.) suscite chez les alpinistes fascination et inquiétude.

Le nez de ce glacier d'Amérique du Sud offre aux grimpeurs d'agréables ascensions glaciaires.

CHAPITRE TROIS

NOTIONS DE BASE D'ESCALADE

Matériel nécessaire

L'équipement et les principes de base sont communs aux différentes formes d'escalade, de l'ascension rapide de rochers faciles aux longues voies alpines, en passant par les Big Walls.

Nous avons déjà précisé que l'escalade n'a rien d'une activité suicidaire. Aussi, escalader tout en évitant les accidents devrait être le but de toute personne responsable.

La disposition à escalader est vitale et s'articule en deux volets :

– la disposition personnelle qui concerne l'état mental et physique ;

– le matériel de qualité dont l'utilisation doit être maîtrisée.

La disposition personnelle signifie que le grimpeur a décidé d'effectuer tel ou tel type d'escalade. Si vous avez choisi de gravir la paroi d'El Capitan, dans le Yosemite, vous devez vous assurer que vous disposez des aptitudes et qualités requises : insensibilité au vertige, patience, bon jugement, entente avec votre compagnon et une détermination sans faille.

Sac à magnésie.

Vous devez aussi être familiarisé avec le matériel, maîtriser une large gamme de techniques d'escalade et être en parfaite forme physique. La prédisposition mentale est plus complexe. Elle s'acquiert avec la pratique.

« J'évite de prendre des risques. Je pense que c'est possible à chaque entraînement quotidien, qu'il soit technique ou psychologique », affirme l'alpiniste slovène Tomo Cesen.

Les voies longues requièrent souvent une quincaillerie impressionnante.

Sélection de cordes.

On parvient à une maîtrise du matériel grâce à une manipulation fréquente et à une bonne connaissance des avantages et des limites pratiques et théoriques de chaque pièce de la quincaillerie. Être familiarisé avec le matériel réduit le stress, vous appréciez donc mieux l'activité et réalisez de meilleures performances tout en augmentant votre sécurité.

Entraînez-vous à manipuler le matériel, à faire des nœuds, à placer et ôter des pièces, à les mousquetonner à votre harnais ou à votre baudrier quand vous êtes à la maison ou en tout endroit sûr avant de partir à l'assaut d'un intimidant rocher.

LE STRESS

Le corps humain est une machine complexe. Il est contrôlé par nos décisions conscientes et il subit les influences inconscientes émanant du système nerveux autonome et du système hormonal. Ces deux systèmes, interagissant en continu et de concert avec notre conscient (et l'information que nous recevons du monde extérieur), nous maintiennent en mouvement, en vie et en état d'alerte.

Le stress se réfère ici à la disposition psychologique et physique de l'organisme à répondre aux défis environnants, le « syndrome de la lutte ou de la fuite ». Le système nerveux autonome, en réponse à des émotions conscientes (peur, sensation forte), modifie l'équilibre de deux hormones, l'adrénaline et la noradrénaline.

Sécrétée en réponse à un stress, l'adrénaline provoque l'accélération des battements cardiaques et une respiration superficielle et plus rapide. Parallèlement, les capillaires s'ouvrent et la tension du muscle interne ainsi que le taux de glycémie croissent.

De telles réactions peuvent servir le grimpeur mais elles se traduisent par une diminution de la quantité d'oxygène dans les muscles à long terme, une diminution de l'acuité de la coordination motrice, une transpiration accrue (mains glissantes) et une perception exacerbée du présent qui réduit la faculté d'anticipation. Un stress excessif s'oppose à la technique et consomme l'énergie utile et les ressources mentales.

Les grimpeurs doivent apprendre à maîtriser leur stress, en se familiarisant avec l'activité (moins d'angoisse), en recourant à un contrôle conscient et en apprenant à se calmer. Par exemple, avant d'entamer une longueur, respirez profondément et doucement afin de visualiser calmement et en toute confiance vos premiers gestes.

LE DÉPART

Aujourd'hui, de plus en plus de grimpeurs commencent par suivre des cours. Ainsi, le néophyte apprend rapidement et de manière structurée. Parallèlement, beaucoup préfèrent se débrouiller seuls. Dans ce cas, recourir aux conseils d'une personne expérimentée est plus sage. Rejoindre un groupe de grimpeurs chevronnés complétera assez bien le présent ouvrage. Les grimpeurs sont plutôt sympathiques et seront prêts à vous conseiller.

***À gauche** Une voie longue et difficile dans les gorges du Verdon, en France, suscite un stress maximal.*

L'ÉQUIPEMENT DE BASE

LA CORDE

C'est l'élément commun à toutes les vraies ascensions, exception faite du bloc et des escalades en solo intégral. Des cordes en chanvre ou en manille, fragiles, lourdes et encombrantes, des débuts, les grimpeurs sont passés aux cordes en Nylon, qui offrent une meilleure protection au premier de cordée, et aux cordes en composites modernes.

Les premières cordes n'étaient qu'une protection pour le second de cordée ou servaient lors des descentes car elles ne pouvaient enrayer la chute du premier de cordée – il n'était pas supposé chuter !

Aujourd'hui, les grimpeurs ne jurent plus que par la corde en Nylon. Celle-ci se compose d'une âme de fibres élastiques protégées par une gaine étroitement tissée. Des brins, de Nylon, de Perlon ou d'un polyamide similaire, sont tissés en des structures différentes. Chaque fibre se prolonge tout le long de la corde et se compose de milliers de molécules à chaîne unique entrelacées. Chaque corde se caractérise par son élasticité, qui résulte de sa construction moléculaire, du Nylon et du tissage. C'est cette propriété qui donne à la corde sa capacité d'absorber les chocs en cas de chute.

L'absorption énergétique

Peu de grimpeurs sont conscients que l'action principale de la corde est d'absorber l'énergie (E) résultant d'une chute ou d'une descente en rappel. La formule :

$$E_{\text{potentiel}} = \text{masse x constance gravitationnelle x hauteur}$$

donne la quantité d'énergie à transformer en cas de vol ou de descente en rappel.

Une personne pesant 80 kg effectuant une descente en rappel de 10 m a une masse x constance gravitationnelle x distance = unités d'énergie, soit :

$$80 \text{ kg x } 9{,}8 \text{ m/s x } 10 \text{ m} = 7{,}8 \text{ kJ}$$

En cas de chute, cette formule devient :

$$E_{\text{cinétique}} = 1/2 \text{ masse x vélocité}^2$$

Cette énergie doit être libérée par le système (c'est-à-dire le grimpeur et tous les liens intervenants et les protections placées). La libération se fait sous forme calorifique, y compris la chaleur générée par la torsion et le déroulement des fibres à l'intérieur de la corde.

Dans cet exemple, 7,8 kJ augmenteraient la température d'un litre d'eau de quelque 2 °C, ou celle d'un dispositif de descente en rappel de quelques degrés, comme en atteste une main légèrement brûlée (voir la partie sur les facteurs de chute, page 62).

La corde absorbe l'énergie en s'allongeant et la quantité et la vitesse sont déterminées par l'interaction complexe entre la structure macromoléculaire et la structure de tressage. Selon le type de corde et le fabricant, les paramètres utilisés sont différents.

Achat d'une corde

Les paramètres importants à prendre en compte :

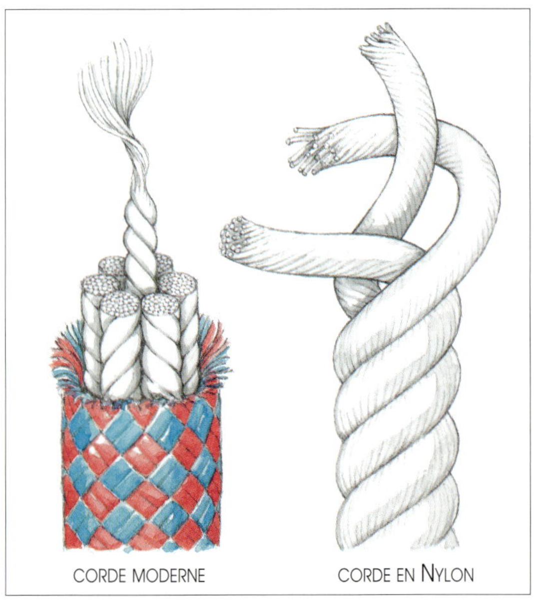

La longueur : il est possible d'acheter n'importe quelle longueur de corde (de quelques centimètres à quelques kilomètres). La longueur la plus courante pour les cordes à double est de 50 m. Celles mesurant 60 m sont de plus en plus utilisées dans les blocs sportifs.

Fibres de corde en Nylon.

Le diamètre : selon la norme UIAA, les cordes de 10,5 ou de 11 mm sont des cordes « pleines ». Elles peuvent être utilisées seules. Celles présentant un diamètre de 9 ou 8,5 mm sont des « demi-cordes ». Autrement dit, le grimpeur doit en employer deux pour une sécurité maximale. Ces deux types de cordes portent des étiquettes collées à leur extrémité mentionnant respectivement le label « 1 » ou « 1/2 ».

Les cordes ayant un diamètre plus petit, 6 ou 8 mm, sont utilisées pour faire des nœuds de Prussik (page 92), pour le transport des sacs ou comme cordes fixes sur des grands sommets où le poids est décisif.

Le type : excepté quelques variations minimes des spécifications des fabricants, les cordes en Nylon se présentent en deux catégories, les dynamiques et les statiques.

Les cordes dynamiques sont celles traditionnellement utilisées pour l'escalade. Elles absorbent les chocs. Elles ont généralement une âme blanche (la teinture réduit la résistance des fibres) et une gaine extérieure colorée afin de faciliter la localisation mais aussi pour amoindrir l'effet des ultraviolets et mieux montrer l'état d'usure de la corde.

Les cordes statiques sont conçues à partir d'un Nylon différent et sont souvent tressées différemment afin de donner une structure plus serrée. D'extension minimale, elles se prêtent aux descentes en rappel, à la spéléologie et aux ascensions. N'absorbant pas les chocs, elles sont déconseillées pour les cordées ou les moulinettes. La majorité des cordes statiques sont blanches avec des rayures colorées.

La maniabilité : c'est un équilibre entre la souplesse, la capacité à se nouer et l'enroulement. Une corde flexible et souple se manie mieux mais sa gaine étant moins serrée, elle s'use plus rapidement.

La résistance à l'abrasion : une gaine étroitement tissée offre une meilleure résistance à l'abrasion mais est plus lourde et moins maniable.

L'imperméabilité : l'eau n'endommage les cordes en aucune manière. Cependant, une fois mouillées, elles deviennent plus lourdes et donc moins maniables. L'eau absorbée risque de se transformer en glace. Les fibres des cordes Everdry sont recouvertes de silicone ou de Téflon afin de réduire leur perméabilité. Elles sont idéales par temps humide, neigeux ou glacial.

ATTENTION

Les cordes statiques ne garantissent pas la sécurité en cas de cordée ou de moulinette. Elles transmettent une tension insoutenable au harnais et au grimpeur en cas de chute.

Page de gauche *Le frottement contre des arêtes tranchantes élime la corde.*

Corde accessoire Spectra.

Corde accessoire.

Corde accessoire.

Corde accessoire plus épaisse.

Corde statique.

Corde de 9 mm — notez la mention « 1/2 ».

Corde de 9,5 mm.

Corde de 10 mm.

Corde de 11 mm — notez la mention « 1 ».

À gauche *Les cordes imperméables sont plus simples à manier dans la neige.*

Mousqueton coudé, mousquetons à doigt droit et à doigt courbé.

LES DÉGAINES

Les dégaines se composent de pièces placées dans la paroi rocheuse dans lesquelles le premier de cordée fixe la corde via un mousqueton à mesure qu'il escalade. Ce système assure à la fois le premier et le second de cordée en cas de chute.

Les mousquetons

Ils constituent les liens de la chaîne d'escalade, composée en général de deux grimpeurs reliés l'un à l'autre au moyen d'une corde qui peut être directement fixée à chacun d'entre eux. En règle générale, la chaîne est plus complexe dans la mesure où chaque grimpeur porte un harnais auquel la corde est accrochée ou mousquetonnée.

Les mousquetons servent à connecter une série de pièces, le grimpeur à une sangle, la sangle à une pièce fixée à la roche et ainsi de suite. Ils s'ouvrent et se ferment facilement. Extrêmement robustes, ce sont les composants vitaux de l'escalade moderne. Il existe une grande variété de formes et de tailles.

Les mousquetons à doigt courbé : ils ne sont pas dotés d'un mécanisme de verrouillage et sont utilisés pour les dégaines ou lorsque la corde ne peut sortir facilement du mousqueton. Ils présentent l'avantage d'être légers et pratiques, ce qui est utile pour un premier de cordée qui entreprend une voie difficile. Le risque est que la corde ne s'échappe, notamment lors des chutes, lorsque les vibrations peuvent entraîner l'ouverture du mousqueton sous la pression de la corde. Ce type d'incident arrive plus souvent qu'on ne l'imagine. Dans des situations extrêmes, un dispositif de verrouillage s'impose. L'alternative consiste à doubler les mousquetons, en inversant les doigts.

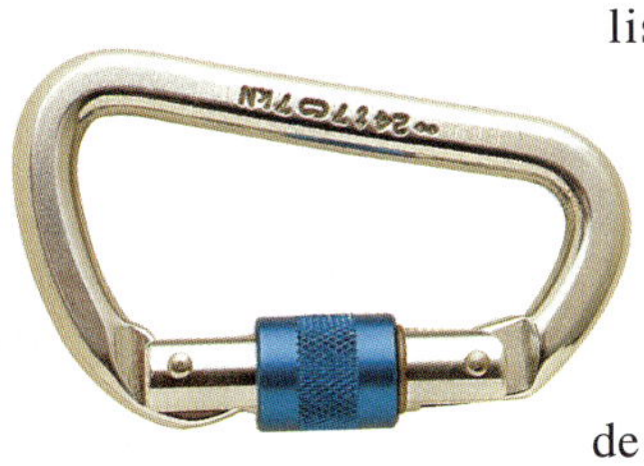

Mousqueton à vis.

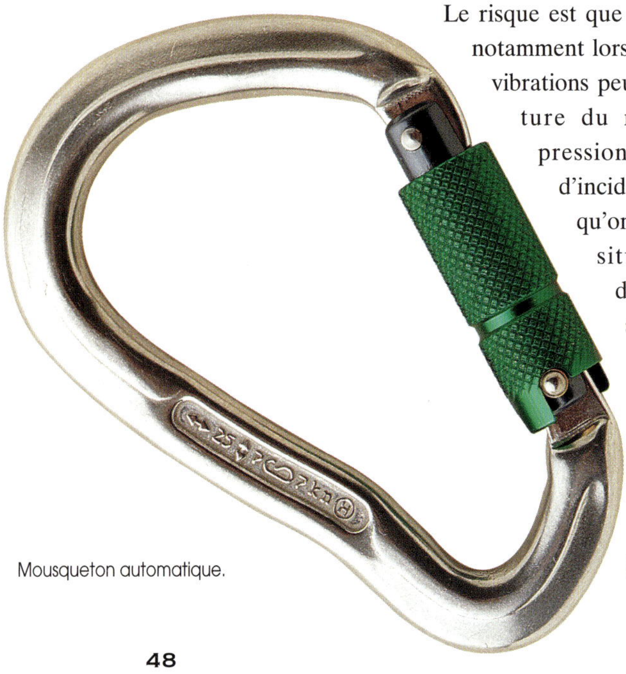

Mousqueton automatique.

Les mousquetons à vis : il existe plusieurs types de mousquetons à vis, disposant tous d'un mécanisme de verrouillage garantissant qu'ils ne s'ouvrent pas accidentellement. Ils sont souvent employés pour attacher la corde au grimpeur ou aux assureurs principaux.

Les mousquetons automatiques : de nouveaux verrouillages automatiques sont de plus en plus employés, notamment lors des formations afin d'éviter tout déverrouillage accidentel. Ils sont de plus en plus prisés des grimpeurs en raison de la sécurité accrue qu'ils offrent en contrepartie d'une faible perte en légèreté.

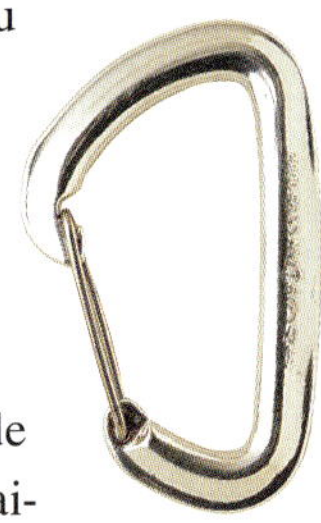

Mousqueton Spirit.

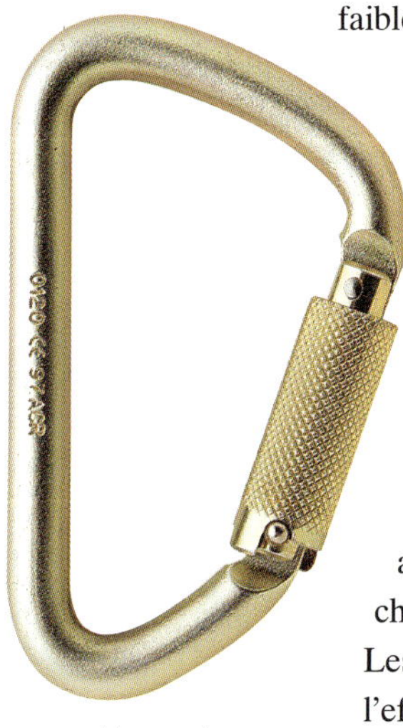

Mousqueton automatique.

La résistance des mousquetons

Les mousquetons sont conçus pour répartir la charge le long de leur axe principal ou de leur longueur. Un mousqueton supportant 20 kN (2 000 kg) lorsqu'il est fermé ne supporte que 6 kN lorsqu'il est ouvert. Le chargement à trois voies augmente les risques d'échec en cas de chute sévère.

Les mousquetons peuvent s'ouvrir sous l'effet de la roche ou des vibrations lors d'une chute. C'est un risque qu'il ne faut pas négliger. Les mousquetons à vis et les mousquetons automatiques permettent de l'éviter.

L'entretien des mousquetons

Pour que l'ouverture soit intégrale, les mousquetons doivent être nettoyés régulièrement à l'eau chaude savonneuse et à la brosse. Les parties mobiles doivent être traitées à la silicone (et non à l'huile, qui peut endommager d'autres pièces). De nombreux mousquetons en alliage léger sont sujets à la corrosion. Méfiez-vous d'un mousqueton qui a subi une chute sérieuse ou qui s'est heurté à une surface dure. Il peut présenter des déformations invisibles.

Mousqueton plein et mousqueton ovale à doigt courbé.

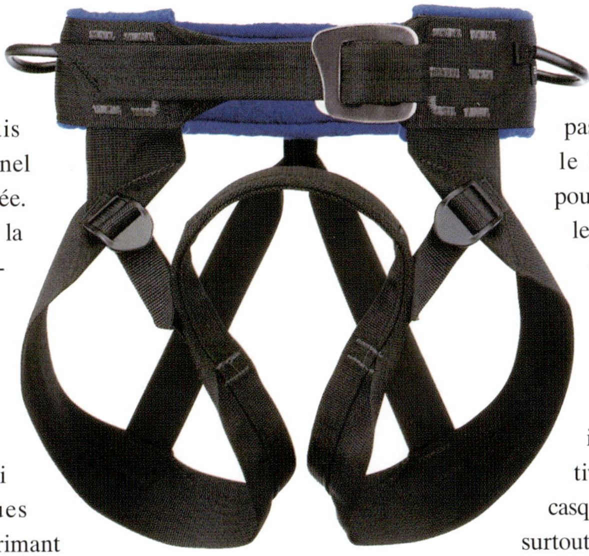
Harnais alpin.

LES HARNAIS

Le choix des harnais dépend du goût personnel et de la discipline pratiquée.

Les harnais légers ont la faveur des grimpeurs pratiquant l'escalade sportive et la compétition, où chaque gramme compte. Les harnais réglables et capitonnés sont prisés de ceux qui effectuent de longues ascensions, le confort primant alors sur le poids pour le choix des dégaines. Les harnais réglables au niveau des cuisses sont idéals en cas d'enneigement ou pour l'escalade alpine. De nombreux grimpeurs optent pour des harnais complets.

Les principes qui suivent sont valables pour tous les types de harnais.

Taille de la ceinture : elle doit être assez large de manière à laisser de la place pour une couche de vêtements supplémentaires, le cas échéant, mais assez petite pour être serrée lors des ascensions.

Taille des anneaux de cuisses : elle doit être suffisante pour permettre une liberté de mouvement des jambes.

Anneaux porte-matériel : ils doivent couvrir les besoins prévus, moins en escalade sportive qu'en escalade de neige ou de glace.

Capitonnage : les ceintures et les anneaux de cuisses doivent être capitonnés de manière à ne pas gêner la circulation sanguine si les conditions météorologiques imposent de passer un bon moment dans le harnais (par exemple, pour l'escalade artificielle ou les relais). La légèreté est sacrifiée au confort.

Harnais complet pour enfants.

LES CASQUES

Bien que considérés comme vieux jeu ou inutiles en escalade sportive ou en moulinette, les casques ont une fonction vitale surtout sur les rochers et les parcours plus longs mais aussi dans les montagnes, où les chutes de pierres ou de glace ne sont pas à négliger. Beaucoup de grimpeurs chevronnés ont trouvé la mort parce qu'ils ne portaient pas de casque. Les casques modernes sont de plus en plus légers et confortables sans perdre en résistance.

DURÉE DE VIE DE L'ÉQUIPEMENT

L'équipement se détériore au fil du temps même s'il n'est pas utilisé et reste à l'abri dans un placard sombre et sec. La corrosion travaille le métal insidieusement tandis que le plastique et le Nylon perdent en élasticité et en résistance. Toutes les pièces ont une durée de vie limitée.

Casque en fibre de carbone, léger et aéré.

Les objets métalliques de plus de dix ans doivent être manipulés avec précaution en raison des effets possibles de la corrosion (les mousquetons, les descendeurs en huit, les coinceurs et autres pièces en composites d'aluminium sont particulièrement exposés). Le Nylon, le Perlon, le plastique et autres matériaux similaires (utilisés pour fabriquer des cordes, des sangles, des harnais, des casques, etc.) de plus de cinq ans seront moins élastiques et résistants. Votre vieille corde et votre ancien harnais peuvent convenir pour faire de la moulinette sur le bloc du coin mais ne prenez pas le risque de mener une cordée avec un attirail pareil.

Plus une pièce a été utilisée, plus rapide sera sa détérioration. Les cordes et les sangles perdent en élasticité et donc en capacité d'absorption à une vitesse effrayante, même lorsqu'elles ne sont pas employées.

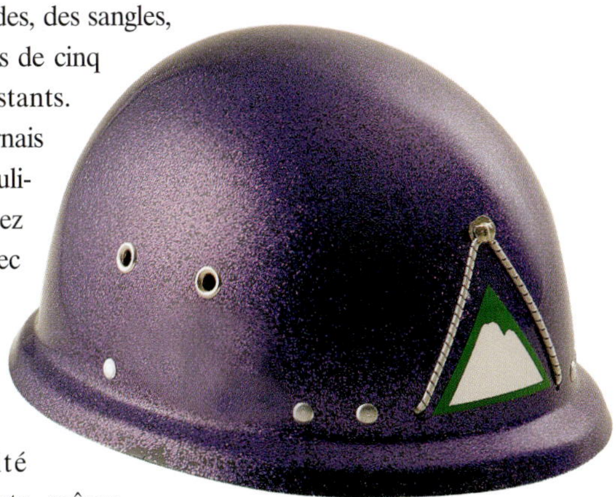
Casque moderne en fibre de verre.

ATTENTION

Pensez toujours à bloquer les boucles de serrage et de réglage par un retour de sangle. De nombreux grimpeurs ont été blessés car ils étaient distraits lorsqu'ils ont enfilé leur harnais et ont négligé de procéder au retour de sangle au niveau de la ceinture et des cuisses.

***À droite** De vieilles sangles utilisées pour la descente en rappel ne sont pas fiables. Renforcez-les à l'aide d'une sangle neuve.*

PLIAGE ALPIN

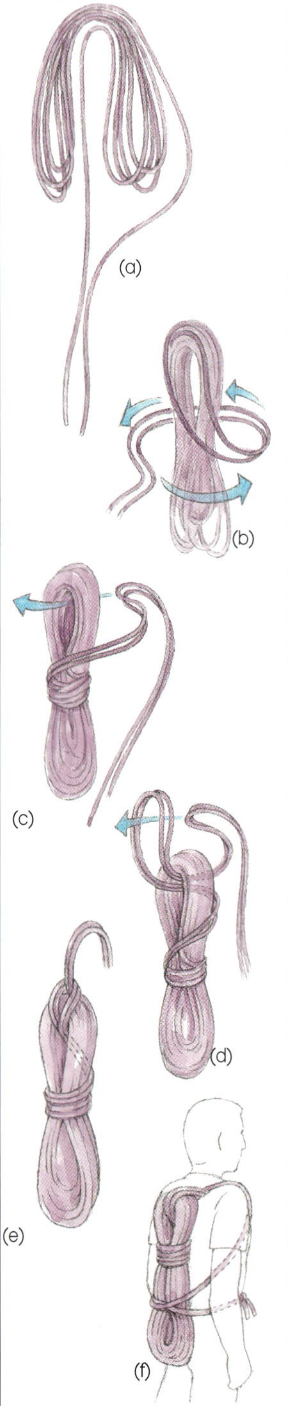

Utilisé pour porter les longues cordes.

NETTOYAGE ET ENTRETIEN DU MATÉRIEL

La majorité des pièces métalliques peuvent être nettoyées à l'eau ou avec un solvant doux (évitez ceux à base d'essence). Elles doivent être lavées à l'eau savonneuse puis bien rincées et séchées. L'utilisation d'air à haute pression pour ôter toute trace d'humidité est recommandée. Les pièces mobiles peuvent être lubrifiées à la silicone ou au Téflon, puis séchées.

Les cordes, les harnais et autre équipement similaire peuvent être nettoyés à l'eau tiède avec un détergent doux, de préférence naturel, dont le pH est compris entre 5,5 et 8. Rincez-les bien puis laissez-les sécher dans un endroit sec à l'abri du soleil. Le lavage des cordes est imposé par des raisons pratiques plus qu'esthétiques. Il s'agit d'enlever les petits grains de sable qui risquent d'endommager les fibres.

Mieux vaut conserver tout votre équipement d'escalade à l'abri de la lumière et de l'humidité. Une chaleur excessive durant une longue période accélère le vieillissement.

Bien que beaucoup de fibres et de métaux modernes soient résistants aux acides et aux alcalis, il est important d'éviter tout contact avec ces substances. Faites attention à l'acide de la batterie, à l'essence, à l'huile et autres produits chimiques. En cas de doute, jetez le matériel. Des vies humaines sont en jeu. Les rayons ultraviolets et la chaleur tuent l'équipement d'escalade, usant progressivement le Nylon et le plastique.

Évitez de laisser votre matériel au soleil. Méfiez-vous d'une sangle ou d'une pièce en Nylon ayant été exposée au soleil pendant plusieurs jours, par exemple les sangles et coinceurs fixés *in situ* sur la roche.

L'air marin est particulièrement corrosif et toutes les pièces, notamment celles en métal, doivent être lavées si elles ont été en contact avec le sel. Le sel incrusté peut endommager les sangles et les cordes.

Les cordes coûtent cher et requièrent un entretien spécial. Un sac à cordes se montrera précieux non seulement pour les conserver à l'abri, mais aussi pour éviter leur vrillage. Ne marchez pas sur les cordes, les particules de sable incrustées pourraient s'y enfoncer.

PLIAGE DE MONTAGNE

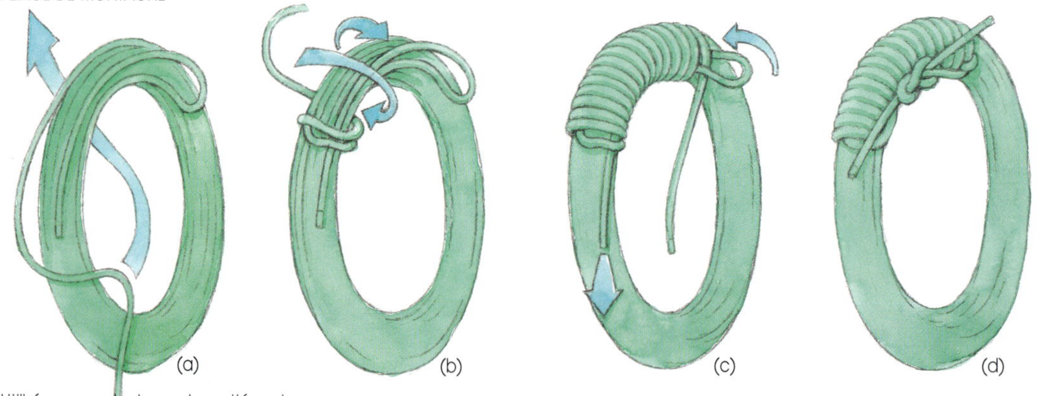

Utilisé pour porter la corde sur l'épaule.

TECHNIQUES ET APTITUDES

Les débutants sont souvent impressionnés par la facilité avec laquelle les grimpeurs chevronnés surmontent les difficultés.

« C'est en forgeant qu'on devient forgeron », ce proverbe est sans doute juste, mais la forme individuelle et la force jouent également un rôle considérable. L'aisance des grimpeurs expérimentés est due à la maîtrise des techniques et aussi à leur habitude des « séquences » requises pour exécuter certains mouvements.

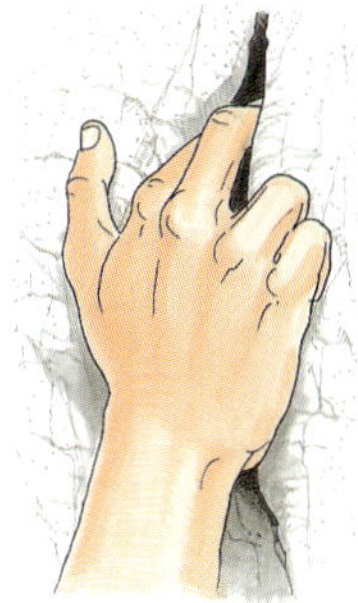

VERROUILLAGE DEUX DOIGTS

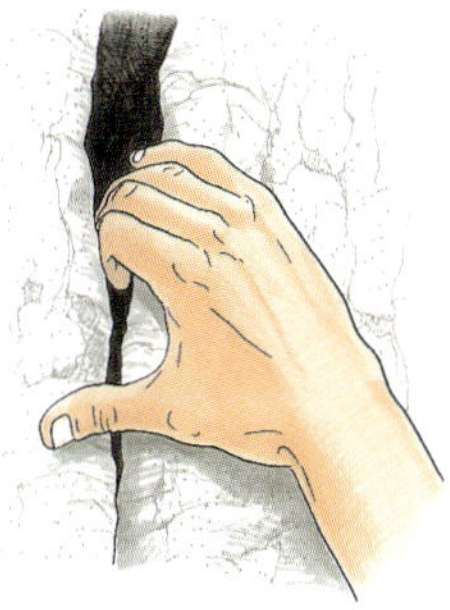

VERROUILLAGE DES DOIGTS utilisant le pouce pour une meilleure prise.

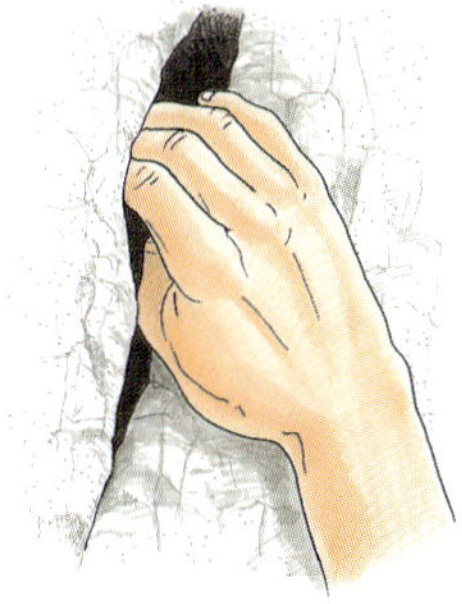

VERROUILLAGE DES DOIGTS renforcé lorsque le petit doigt se trouve en haut.

***Ci-dessus** Recouvrir les doigts de sparadrap permet d'éviter les blessures.*

***À gauche** Des doigts robustes sont nécessaires pour certains modes de préhension.*

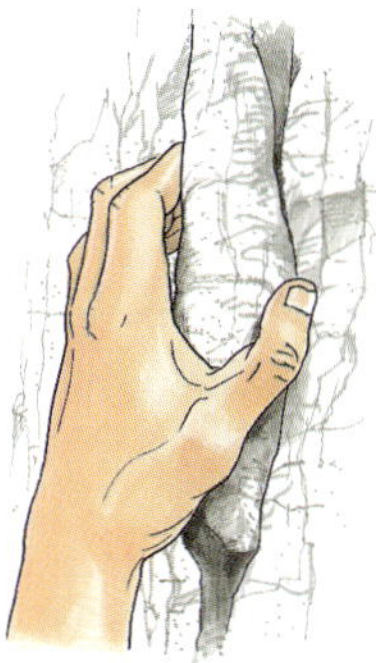

SAISIE EN PINCETTE

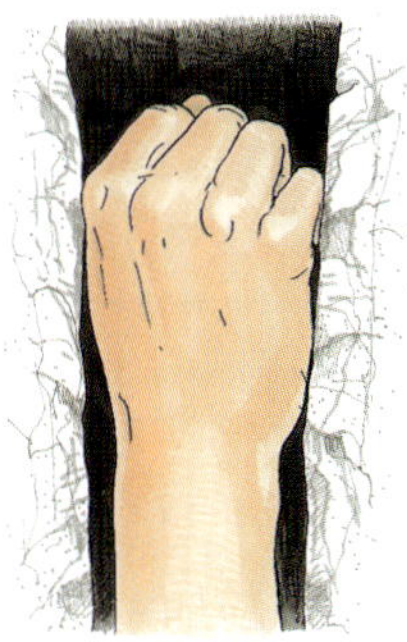

COINCEMENT DU POING FERMÉ

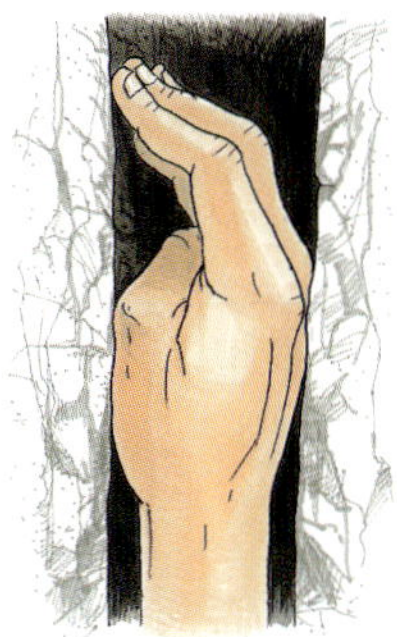

COINCEMENT DE LA MAIN

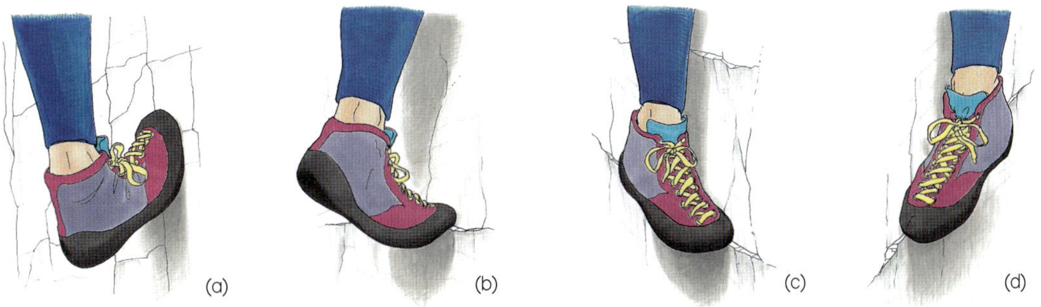

PRISES DE PIED

(a) Prise utilisant le dessous de la semelle.

(b) Calage utilisant l'orteil.

(c) Calage utilisant la bordure intérieure du chausson.

(d) Calage utilisant la bordure extérieure du chausson.

REMONTÉE AVEC APPUI DOS-PIEDS

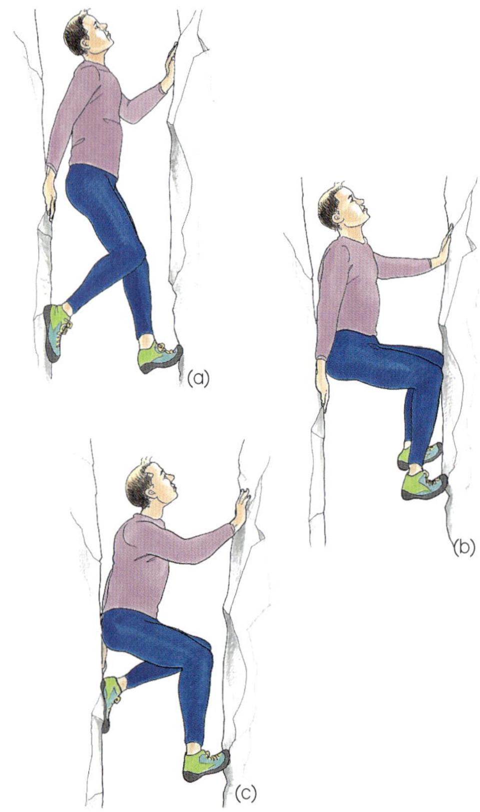

Optimisation du contact du corps et de la roche.

AUTRES REMONTÉES AVEC APPUI SUR LE DOS

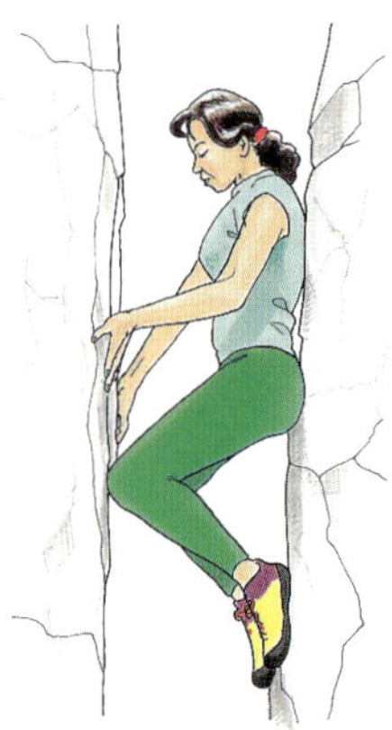

Une position cheminée maladroite peut être surmontée en utilisant les genoux et la pression.

Une fissure trop large pour bloquer les mains mais trop petite pour recevoir le corps.

À gauche *Un grimpeur fait du ramonage dans une cheminée…*

L'ÉQUILIBRE ET L'ART DE LA CHORÉGRAPHIE VERTICALE

De nombreux grimpeurs expérimentés économisent leur énergie et leur force en travaillant en « équilibre ». En vous tenant debout et droit, tout votre poids et la pression sont supportés par vos pieds. En vous penchant, vous diminuez la prise des pieds, et vous êtes en déséquilibre. Même en surplomb, une position corporelle correcte réduit l'énergie utilisée.

En vous agrippant trop aux prises (tendance typique des débutants), vous consommez trop d'énergie et fatiguez rapidement vos bras. Un bon entraînement au sol permet de se détendre une fois en hauteur et pendant des ascensions difficiles. L'escalade de bloc et les murs permettent de s'exercer en toute sécurité.

Certaines topographies appellent des techniques spécifiques:

Les fissures: préférez les blocages des doigts, des mains et des poignets ou du coincement bras-coude si la fissure est large.

Les dalles: ici, il s'agit de faire preuve de subtilité plutôt que de force. Toutefois, les dalles longues peuvent tourner à la torture en vous brûlant les mollets. L'équilibre est la qualité première pour grimper une dalle. Un long cou vous aidera car, à mesure que votre protection disparaît en dessous de vous, la « dalle à angle facile » semble défier la gravité et s'incline tandis que vous la gravissez.

Les cheminées: un art qui se perd dans la discipline de l'escalade sportive mais qui demeure essentiel. Des méthodes différentes se montrent plus ou moins efficaces selon la taille de la cheminée: du ramonage à l'élégante combinaison dos-pieds.

Les surplombs : une bonne quantité d'énergie peut être économisée en effectuant des placements efficaces du corps. S'accrocher par les talons ou verrouiller les pieds permet de soulager les bras, ce qui facilite les mouvements suivants. Les grimpeurs chevronnés économisent leur énergie en profitant au maximum de toute possibilité de repos avant d'entamer une série de mouvements exigeants.

***À droite** Les fissures accueillent très bien les pieds.*

POINT D'ASSURAGE EN MOULINETTE

Condition *sine qua non* de la moulinette, un accès facile et sans risque au sommet de la voie. La corde est fixée par un grimpeur qui atteint le sommet via une voie facile. Les grimpeurs chevronnés peuvent mener la cordée et assurer la corde au sommet. En général, ils descendent ensuite en rappel, à moins qu'ils ne procèdent en assurant (protégeant le second de cordée au moyen de la corde) depuis le sommet. Les points d'assurage peuvent être naturels : solide aiguille rocheuse, feuillet ou roche stable autour de laquelle on fixe une sangle ou une corde. On utilise un matériel traditionnel (une personne chevronnée peut placer des coinceurs adéquats, des pitons ou autres pièces) ou des spits, là où deux ou davantage de pitons à expansion offrent un point d'assurage en toute sécurité.

L'assureur peut effectuer l'attache au sommet de la course puis descendre en rappel ou bien la corde peut être descendue en double, avec un assureur agissant d'en bas, à proximité du grimpeur. Cette seconde méthode présente des avantages, surtout lorsqu'on grimpe avec des débutants, car il est possible de vérifier les nœuds et de donner des conseils.

Quelle que soit l'option choisie, souvenez-vous que :

- Au moins deux points d'ancrage doivent être utilisés pour assurer une corde ou un assureur.
- Il convient d'utiliser un mousqueton à vis, voire deux, ou un mousqueton à clip (voir page 58) avec des ouvertures inversées afin que la corde ne sorte pas accidentellement.
- La corde doit commencer au-dessous des rebords et ne doit pas toucher d'arête afin d'éviter tout risque d'abrasion.

Moulinette au-dessus de la False Bay, en Afrique du Sud. C'est une bonne méthode pour développer sa technique d'escalade sans prendre de risques.

Queue de vache. Peut être utilisée pour nouer le milieu de la corde.

Nœuds et attaches aux points d'assurage

Le nœud le plus courant pour attacher des harnais à l'extrémité d'une corde est le nœud en huit et, occasionnellement, le nœud de chaise. Vérifiez toujours que le nœud est bien serré, mais pas trop, car une part importante de l'absorption de choc lors de toute chute est réalisée par le serrage des nœuds.

Un nœud d'arrêt permet d'éviter que la corde ne se dénoue accidentellement (notamment avec les cordes de large diamètre). Les nœuds utilisés au milieu des cordes sont les nœuds en huit (une boucle dans la corde) ou la queue de vache. Pour faire des points d'assurage intermédiaires, un des nœuds précédemment mentionnés ou le nœud de cabestan peuvent être utilisés. Le nœud de cabestan fonctionne parfaitement lorsqu'on souhaite ajuster légèrement la longueur ou fixer plusieurs points d'assurage.

Lorsque l'assurage se fait par le bas ou par le premier de cordée, il convient d'utiliser au moins deux points d'assurage. Longueurs de corde, sangles et assureurs doivent être réglés de manière à optimiser la procédure.

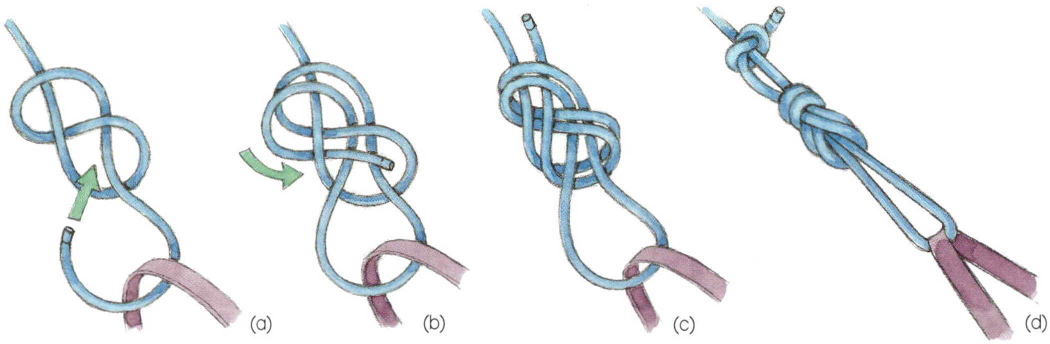

Nœud en huit. Courant pour s'encorder sur le harnais. Remarquez le nœud d'arrêt (d).

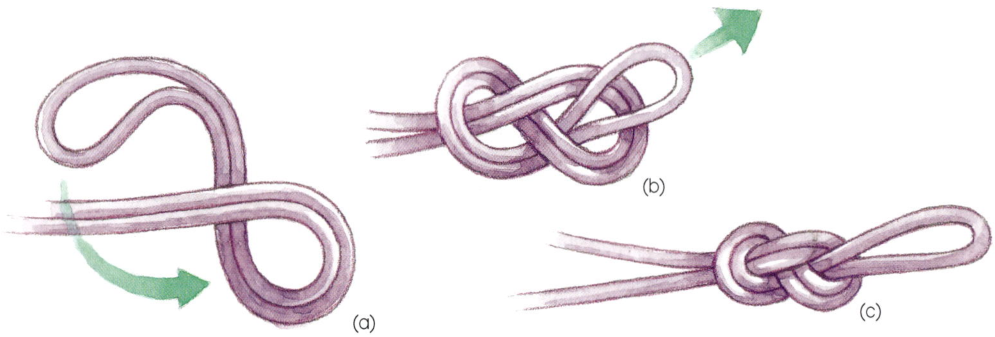

Nœud en huit. Effectué pour faire un nœud au milieu de la corde ou pour mousquetonner à l'extrémité.

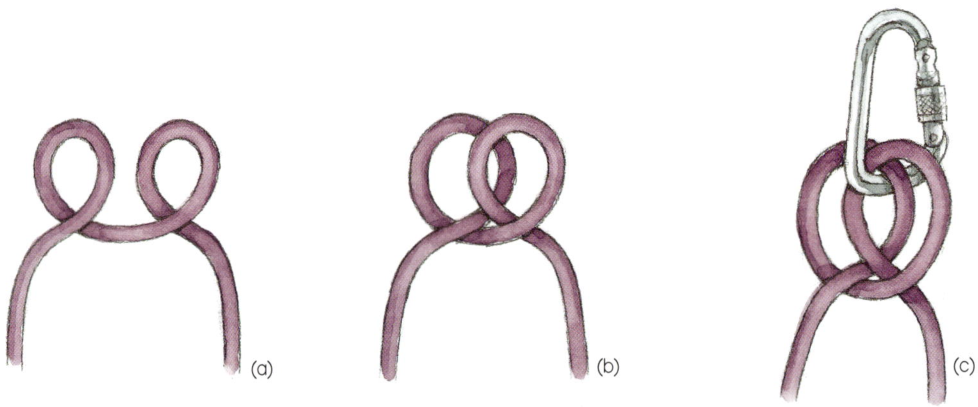

Nœud de cabestan. Permet d'ajuster la longueur de la corde ou de serrer sur un point d'assurage.

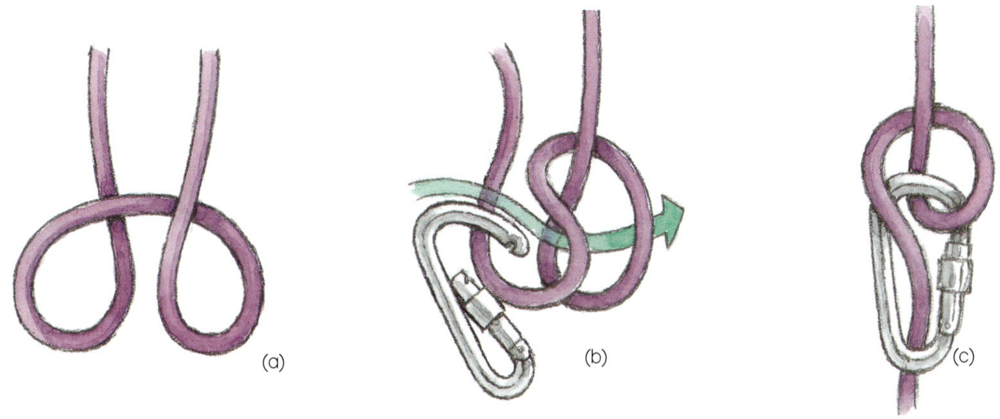

Nœud autobloquant. Remarquez que l'extrémité inférieure longe la partie fixe du mousqueton (c) et non au niveau de l'ouverture.

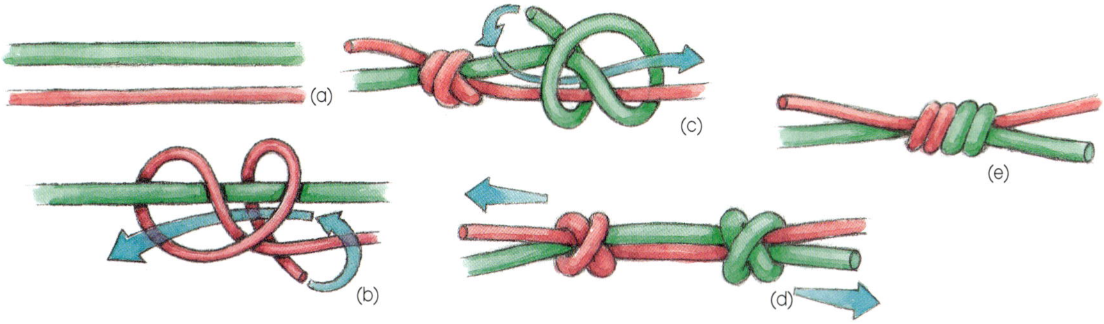

Nœud de pêcheur double. Utilisé pour relier deux cordes en double ou pour un autoassurage.

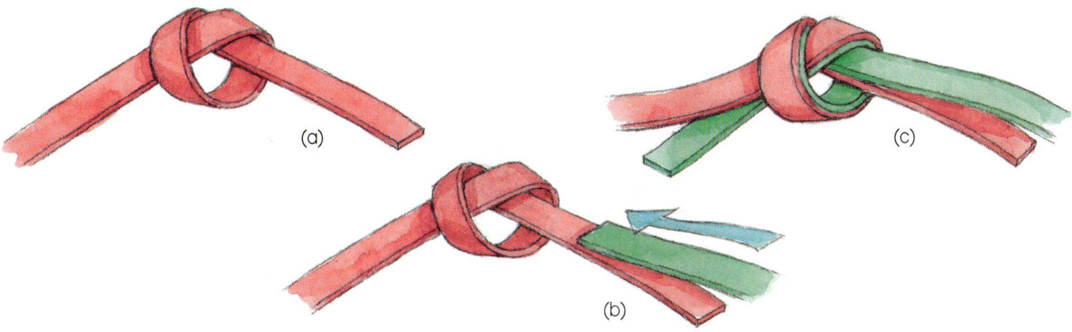

Nœud de sangle. L'unique façon sûre de nouer une sangle.

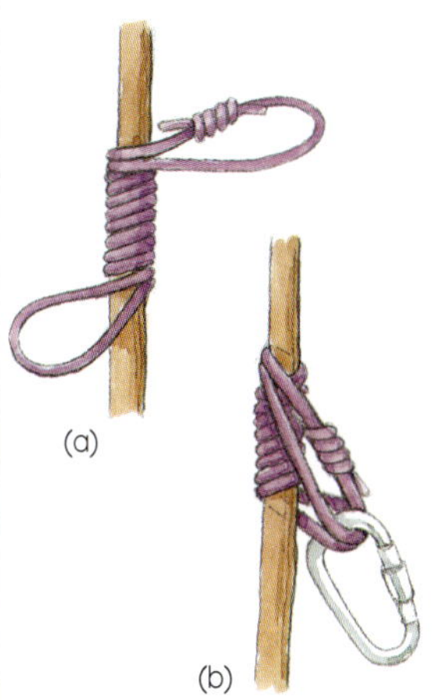

Nœud autobloquant à la française

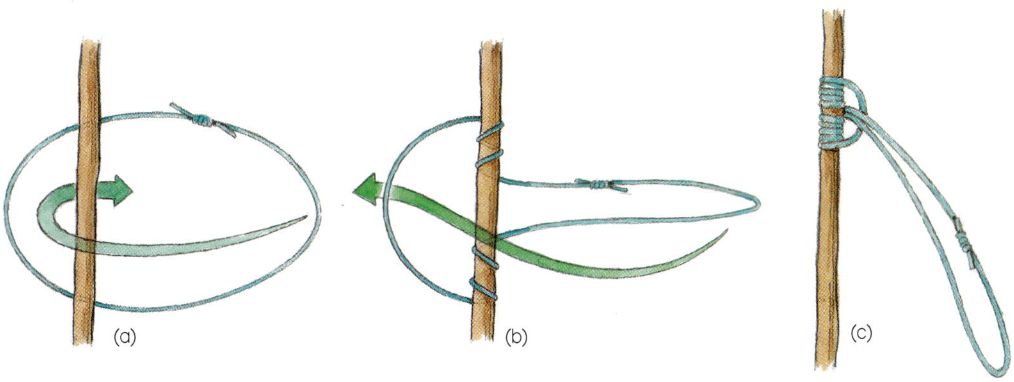

Nœud de Prussik. Le nœud doit être éloigné de la corde pour éviter tout glissement.

ATTENTION

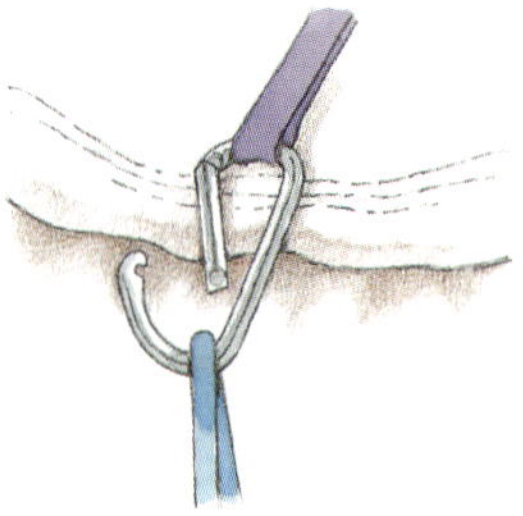

Tout mousqueton placé à proximité du rebord est susceptible de s'ouvrir, ce qui a de fâcheuses conséquences. Évitez cela en utilisant des sangles convenables.

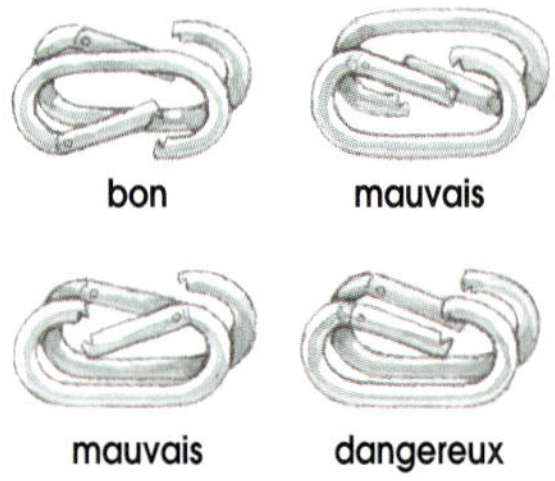

LES MOUSQUETONS JUMELÉS (ou à vis) doivent être utilisés pour pratiquer la moulinette.

À droite de haut en bas *Dégaines : Anka, Bug, Betterbrake, contrôleur variable, stoppeur cardiaque.*

Ci-dessous *Un contrôleur de corde simple est utile pour débuter car il se verrouille automatiquement.*

La moulinette et le démarrage

La moulinette constitue un bon moyen de débuter l'escalade et de développer des techniques en toute sécurité (voir également page 22). Il convient de savoir placer les dispositifs de protection car de nombreux sites fréquentés par les grimpeurs sont équipés de points d'assurage *in situ,* ou d'arbres ou de blocs. Cependant, il est vital de vérifier que le point d'assurage est fiable.

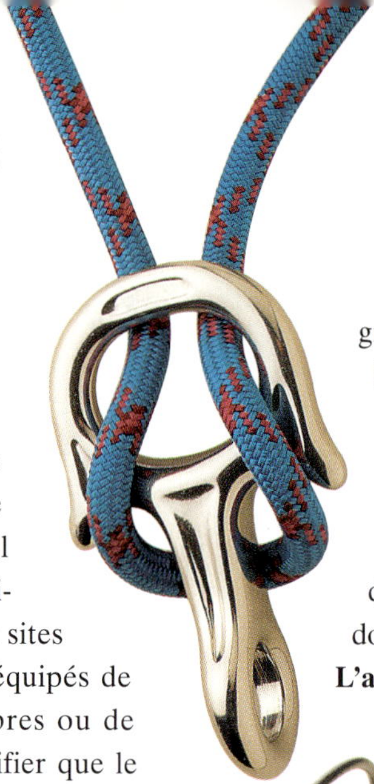

Vérifiez que le mousqueton par lequel la corde passe en dernier est un mousqueton à vis ou même un mousqueton à vis double avec l'un des deux renversés si le mousqueton est susceptible de s'ouvrir sous l'effet des mouvements de la corde. Les doigts à vis en acier valent l'investissement car leur poids permet de maintenir la corde en place et de prévenir l'usure due au contact avec la corde ou avec la roche. Vérifiez que la corde est éloignée des bords tranchants et que son mouvement n'est pas entravé.

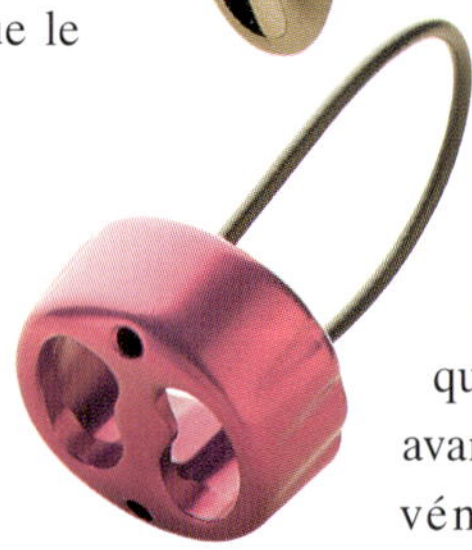

L'assurage

La sécurité du grimpeur encordé dépend de l'assurage. Historiquement, l'assurage commence par le premier de cordée qui atteint le sommet de la voie et tend la corde aux grimpeurs suivants. Poser la corde sur l'épaule se révèle plus efficace. Puis on commença à fixer les dégaines à la taille ou à un rocher.

L'assurage moderne recourt au nœud glissant ou à l'assureur fixé sur un mousqueton afin d'augmenter le frottement au point d'assurage pour freiner la chute.

L'assurage direct (voir ci-contre) s'exécute en mettant le frottement et la force de la corde directement dans le point d'assurage. Pour ce faire, il convient de fixer la corde mobile à travers un mousqueton, via une sangle, directement au point d'ancrage. Lorsque l'ancrage est direct, l'assureur est hors du relais et n'est pas entraîné par le grimpeur qui chute, ce qui facilite la tâche des grimpeurs assurant des partenaires plus lourds. L'avantage est que l'assureur peut se dégager rapidement du relais pour secourir ou aider son partenaire. L'inconvénient est que les forces générées par l'impact du vol se répercutent directement sur le point d'ancrage, qui doit être parfaitement solide.

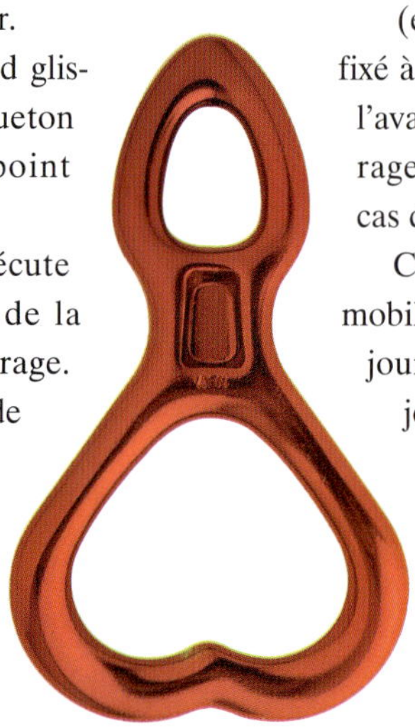

L'assurage indirect (voir ci-contre) est plus courant. Il implique que l'assureur se relie au point d'ancrage et place la corde à travers le système d'assurage fixé à son harnais. Toute force résultant de la chute du grimpeur est transmise via l'assureur au point d'ancrage, ce qui permet de dissiper le plus gros du choc avant d'arriver au point d'ancrage. L'inconvénient est que l'assureur est souvent entraîné et qu'il parvient difficilement à s'extirper du relais si besoin.

Méthodes d'assurage

L'autoassurage (voir page 122) se pratique peu aujourd'hui mais se montre utile dans des conditions de froid où le port de gants empêche de faire passer la corde glacée à travers l'assureur ou s'il convient d'agir rapidement et que le grimpeur ne risque pas de mauvaise chute. La corde passe autour du dos du grimpeur, audessus de toute attache à un point d'ancrage si l'assurage se fait du bas (et vice versa). Souvent, un mousqueton fixé à un point d'ancrage ou de préférence à l'avant du harnais évite que la corde d'assurage ne remonte ou ne descende trop en cas de chute.

Comme dans tout assurage, la corde mobile (celle qui freinera la chute) doit toujours être surveillée. L'assureur doit toujours veiller à l'avoir à portée de main. Il convient que la main qui freine puisse se déplacer vers l'arrière, remonter ou descendre pour freiner efficacement. Bien que crucial, le bon positionnement de la dégaine est souvent négligé.

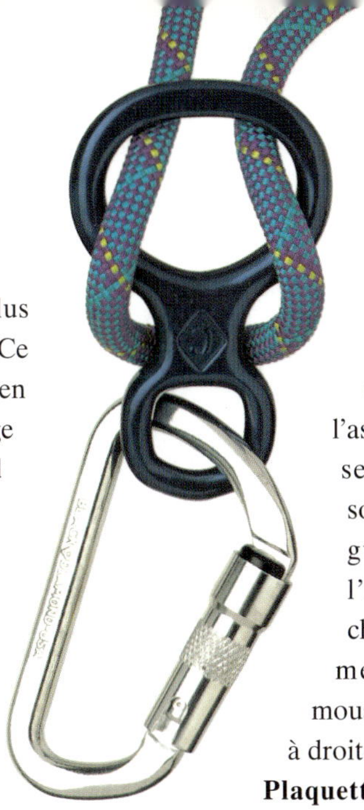

Descendeur en huit.

Nœud autobloquant : c'est le moyen le plus simple et le plus efficace pour l'assurage. Ce nœud requiert un mousqueton verrouillant en forme de poire. Il offre une force de freinage de 5 kN avec une pression manuelle standard d'environ 2 kN. Il est très utilisé par les guides alpins et de nombreux grimpeurs européens. Il peut être employé avec une corde ou éventuellement avec deux cordes mais un assureur doté de deux cordes augmente les risques de fonte de la gaine (ou pis) si, en cas de chute, les deux cordes évoluent à des vitesses différentes. Cela peut arriver lorsqu'on utilise deux cordes et que le premier de cordée effectue de longues traverses secondaires et ne fixe qu'une corde dans les protections jalonnant la voie afin d'éviter que la corde ne soit entraînée. L'autre corde, suivant une trajectoire plus directe, se déplacera donc à une vitesse différente en cas de vol du premier de cordée. Si les deux cordes sont soumises à une certaine pression et qu'elles sont adjacentes l'une par rapport à l'autre (par exemple, en cas de nœud autobloquant ou de dispositif d'assurage en huit), alors la friction corde à corde pourrait faire fondre la gaine, voire l'âme de la corde.

Descendeur en huit : conçu à l'origine pour les descentes en rappel, il peut être utilisé pour l'assurage (de préférence avec une seule corde). Cependant, il est souvent employé dans des configurations douteuses, comme l'assurage sportif. En cas de chute, la charge peut alors facilement entraîner l'ouverture du mousqueton (voir schéma ci-dessous à droite).

Plaquettes d'assurage : elles disposent généralement de deux trous conçus pour les cordes d'assurage en simple ou en double. Les mêmes règles que celles mentionnées plus haut s'appliquent mais une plus grande pratique est nécessaire pour manipuler deux cordes avec aisance.

Les dispositifs non dotés de ressorts tendent à coincer lorsque les cordes sont chargées trop vite. L'astuce consiste à clipper un petit mousqueton entre les cordes et le mousqueton assureur afin de faciliter l'évolution de la corde. Cela réduit légèrement le coefficient de freinage (voir à droite, schéma du milieu).

COMMENT PLACER UNE CORDE DANS UN DESCENDEUR EN HUIT

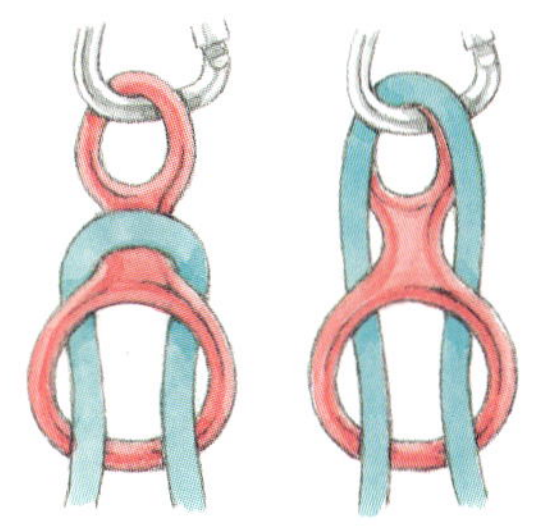

COMMENT PLACER UNE CORDE DANS UNE PLAQUETTE MÉCANIQUE

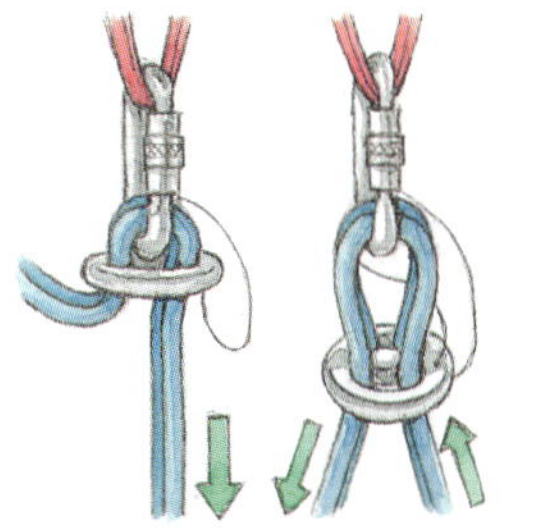

La corde mobile peut être tirée pour freiner une chute.

POSITIONNEMENT DU CORPS

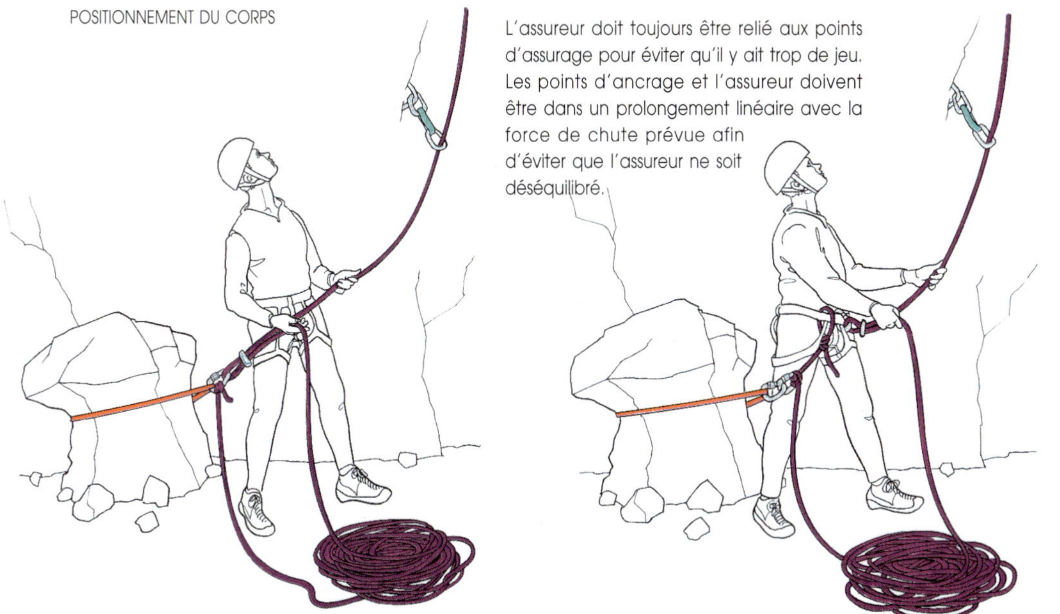

Une dégaine directe évite de relier l'assureur mais requiert un point d'assurage solide.

Une dégaine indirecte : l'assureur est relié afin d'éviter une traction vers le haut.

PLACER CORRECTEMENT UN ASSUREUR DESCENDEUR

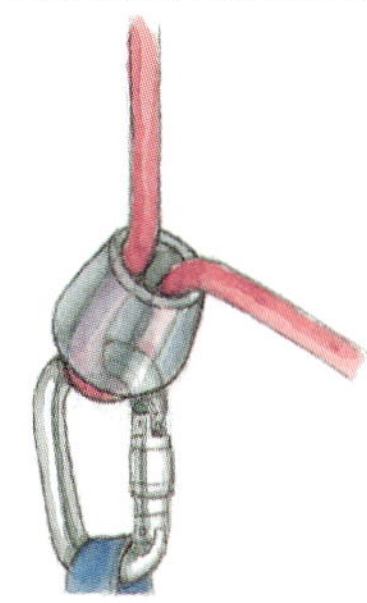

Ci-dessus **Ci-dessus** *Une fissure abordée avec une progression en Dülfer.*

À droite *Illustration d'une bonne gestion de la corde à Zing Needle, aux États-Unis.*

Ci-dessous *De nombreuses dégaines protègent ce grimpeur.*

DISPOSITIF	CORDE À SIMPLE/À DOUBLE	FREINAGE	REMARQUES
Descendeur en huit	Simple : tout diamètre	Faible : attention < 3 kN	Encore très prisé
Plaquette mécanique	Simple ou double : 2 x 9 mm ou similaire	Modéré : fait avancer la corde indépendamment 3-4 kN	Considéré comme le plus pratique pour l'assurage avec des cordes à double
Assureur descendeur	Simple ou double : 2 x 9 mm ou similaire	Légèrement supérieur à la plupart des plaquettes d'assurage	Le plus pratique pour l'assurage avec des cordes à double
Assureur automatique et contrôleur de corde en simple	Corde simple, dont le diamètre est de 10 ou 11 mm. Remarque : il est dangereux d'utiliser des assureurs automatiques sur des cordes de moins de 10 mm car la corde pourrait glisser	S'il est correctement utilisé, convient pour l'assurage sportif. Se verrouille automatiquement	Les assureurs automatiques se verrouillent rapidement et transfèrent les charges excessives aux points d'ancrage

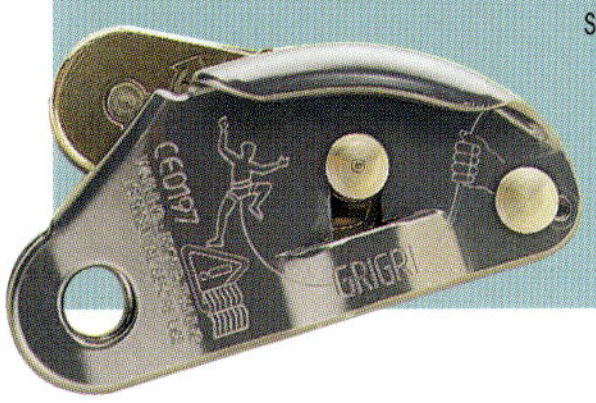

Techniques d'assurage et gestion de la corde

Si vous pratiquez l'escalade, il est évident qu'un jour ou l'autre vous vous en remettrez totalement à la chaîne de sécurité de protection préinstallée composée de cordes, sangles, harnais, points de protection, mousquetons et dispositifs d'assurage de votre partenaire. Souvent, le lien le plus faible est l'homme, car l'inattention ou l'erreur dans la pose des dispositifs peut se révéler tragique.

Chaque dispositif d'assurage présente des avantages et des inconvénients. Il existe des variantes mais la majorité des dispositifs (voir plus haut) recourt à des principes similaires.

Glissage dynamique de la corde

La plupart des dispositifs d'assurage reposent sur le principe du glissage dynamique (prévu) de la corde. Cela permet une absorption progressive de l'énergie dégagée lors d'une chute. Deux cas extrêmes de glissage de la corde existent :

1. Le glissage est faible, voire inexistant (cas de l'assureur automatique). La corde est sujette à une tension rapide et extrême, et toute l'énergie dégagée pendant la chute doit être dissipée par l'extension de la corde, le serrage du harnais et des nœuds, ou par la tension du corps du grimpeur.
2. Le glissage est excessif. La corde s'enfile trop vite, entraînant des « brûlures ».

Aucun système complètement sûr n'a été conçu. Le système idéal offrirait un certain glissage dynamique combiné à une capacité de freinage fiable. Lorsque des chutes longues sont prévisibles, l'assureur devrait porter des gants en cuir souple.

COEFFICIENT DE FROTTEMENT

Il correspond au montant de la force générée par le frottement de la corde à travers la dégaine. Il varie en fonction du diamètre, de l'âge, du type et de l'angle de traction et de la charge de la corde. Il peut atteindre jusqu'à 4 kN : la dégaine ne permet pas à la corde de glisser jusqu'à ce que la force dépasse 4 kN.

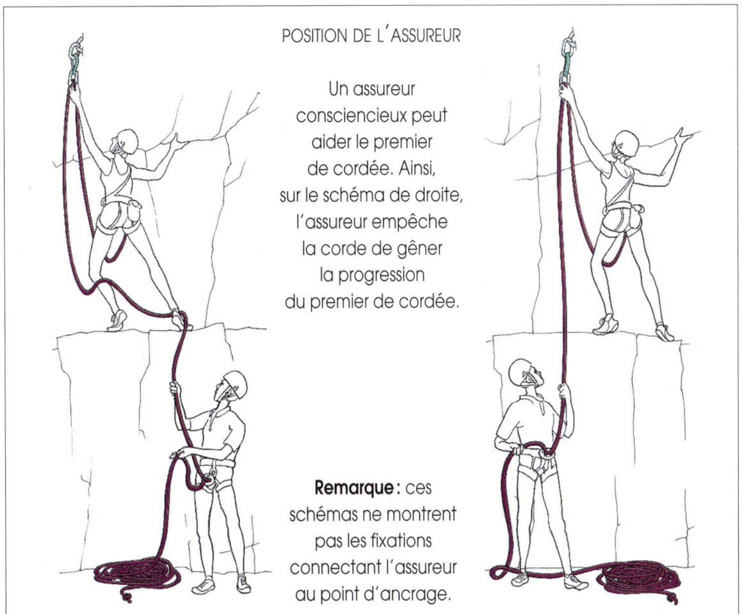

Mauvais positionnement de l'assureur.

Bon positionnement de l'assureur.

ATTENTION

Les dégaines sont importantes. Vous devez placer les protections dès que vous avez quitté votre relais.

Facteurs de chute

Dans toute chute, l'essentiel de l'énergie du grimpeur qui tombe est absorbé par la corde. Plus la corde est longue, plus l'énergie se dissipe rapidement (une corde longue peut s'étirer et absorber davantage d'énergie en se déformant).

L'énergie générée par une chute est proportionnelle à la longueur de la chute. Plus la chute est longue, plus le système doit absorber d'énergie.

La situation idéale est une chute courte à proximité du sommet de la voie, avec une bonne longueur de corde entre le grimpeur et l'assureur. Toute méthode consistant à raccourcir la chute diminue le risque. Les dégaines raccourcissent tous les vols. Il est donc essentiel de les placer dès le début de l'ascension.

L'assurage est d'une importance vitale, procédez avec soin et attention.

Dans pareille situation, un assureur alerte s'impose.

Le « facteur de chute » désigne le rapport entre la distance de la chute et la longueur de la corde disponible pour absorber ladite chute. Par exemple, si un grimpeur tombe après 5 m d'ascension, il dispose de 5 m de corde jusqu'au dispositif d'assurage. Sa chute sera donc de 10 m.

Facteur de chute
= longueur de la chute : corde déroulée

Son facteur de chute correspond donc à 10 m : 5 m = 2, ce qui représente un facteur de chute assez sérieux.

S'il avait grimpé 3 m, placé un dispositif d'assurage, puis grimpé encore 2 m avant de chuter, en théorie il aurait chuté de 2 m plus 2 m de plus par rapport au point d'assurage. Son facteur de chute serait alors de 4 m : 5 m = 0,8, ce qui est beaucoup moins élevé que le premier.

FREINAGE D'UN VOL

Si un grimpeur pesant 80 kg tombe de 10 m au-dessus de son assureur et de 10 m par rapport au relais sans dégaines, il génère 80 kg x 10 m/s x 20 m = 16 000 J d'énergie.
Facteur de chute = 20 m de chute : 10 m de corde déroulée = 2
À la fin du vol, sa vélocité est de 20 m/s.
Cette vitesse peut être réduite par l'allongement de la corde (20 %), quelque 3 000 J, ce qui laisse 13 000 J à absorber ailleurs.
Près de 1 000 J peuvent être absorbés par le nœud, le corps du grimpeur et les mouvements de l'assureur. Le nœud d'assurage (en cas de nœud autobloquant) ne peut bloquer qu'environ 3 000 N de la force s'il est étroitement fixé par une prise modérément robuste. Ensuite commence le glissage. Le reste est absorbé par le glissage de la corde après le dispositif d'assurage. En cas de nœud autobloquant, il faudrait environ 4 m de glissage de corde (12 000 N.m). Des brûlures sérieuses pourraient en résulter si le grimpeur a les mains nues.
La longueur réelle de la chute serait de :
20 m + 2 m (extension) + 4 m (glissage) = 26 m

CHAPITRE QUATRE

L'ESCALADE SPORTIVE

Le gymnaste des rochers

Défier les hauteurs peut être long et difficile ou court et difficile. Dans le monde de l'escalade sportive, le grimpeur convaincu qui va jusqu'aux limites de ses capacités s'efforce d'entreprendre la voie la plus difficile possible, qu'il s'agisse d'un parcours de 4 m ou de 400 m. Tout comme en athlétisme un sprint ne peut être sous-estimé par rapport à un marathon car les deux exigent des qualités différentes, de même l'escalade sportive ne devrait pas être considérée comme une forme supérieure ou inférieure d'escalade.

L'essence de l'escalade sportive réside dans la préparation de la voie. Une voie sportive est dotée de protections fixes, c'est-à-dire que les points auxquels les grimpeurs s'attachent constituent des structures permanentes déjà placées dans la paroi rocheuse. L'unique protection autre que la corde est la dégaine, composée de deux mousquetons liés par une sangle courte. La dégaine est mousquetonnée à la protection *in situ.* Contrairement aux autres types d'escalade, redescendre pour changer de voie en escalade sportive est tout à fait admis.

L'escalade sportive est la discipline regroupant le plus d'adeptes. Les blocs sportifs sont facilement accessibles et ne requièrent pas de longues marches préalables. L'équipement nécessaire est moins coûteux que la panoplie traditionnelle. Il y a un aspect divertissant qui séduit énormément les jeunes générations. Le caractère compétitif est plus marqué et le nombre d'itinéraires accomplis est généralement plus élevé et donc plus satisfaisant dans notre monde davantage orienté vers les exploits. L'escalade sportive est une activité moins

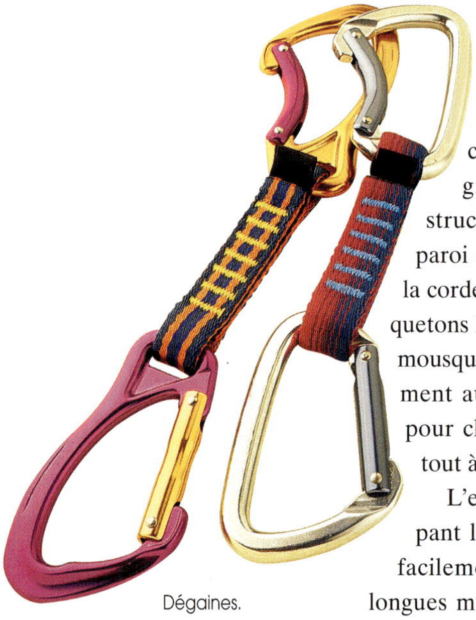

Dégaines.

Une voie sportive le long des gorges du Verdon, en France.

dangereuse car les protections fixées sont fiables (toutefois, il est important de faire preuve de prudence).

L'ÉTHIQUE DE L'ESCALADE SPORTIVE

Chute, répétition des mouvements, repos sur corde tendue (afin que l'assureur vous maintienne), utilisation de dégaines, répétition de séquences de mouvements, inspection d'une voie en effectuant une descente en rappel ou une moulinette, collecte d'informations, visionnage de la vidéo de la voie et même, dans certains cas, construction de modèles de voies dans l'atelier d'entraînement sont autorisés. Quels sont les compromis acceptables ? La réponse

Les ascensions sportives se déroulent généralement sur des rochers abrupts.

ATTENTION

Les cordes sont conçues pour se déformer et se détendre lors d'une chute. En cas de chutes courtes de moins de 1 m (ce sont les plus courantes en escalade sportive), la déformation est temporaire et les molécules composant les monofibres individuelles se reconstituent si on les laisse au repos de quinze à vingt minutes. Si ce temps de repos n'est pas respecté, les fibres de la corde ne retrouveront pas leur état initial. Aussi, les chutes suivantes entraîneront la rupture ou la cassure irrémédiable des fibres. Cela affaiblira et vieillira la corde si bien qu'elle ne pourra pas assurer une chute sérieuse.

Il est rare que les cordes se rompent. Toutefois, une conséquence moins grave mais tout aussi sérieuse résultant du vieillissement de la corde est la perte de l'élasticité. Une élasticité réduite aura pour effet d'augmenter le choc et la pression du grimpeur ainsi que tous les éléments du système d'assurage.

variera en fonction des personnes auxquelles vous vous adressez. Il existe, toutefois, des principes généralement admis.

Les types d'ascension

Escalade à vue: elle est considérée comme le must. Le grimpeur marche jusqu'à la voie et la gravit de la base au sommet dès la première tentative, sans chuter, sans quincaillerie et sans connaissance préalable.

Ascension éclair: il s'agit d'une ascension effectuée à la première tentative mais en disposant de renseignements sur le terrain. Elle se situe juste en dessous de l'ascension à vue mais figure parmi les plus estimées.

Enchaînement en libre: le grimpeur a déjà pratiqué la voie un certain nombre de fois et maîtrise les prises et séquences difficiles. L'enchaînement en libre est réalisé lorsque le grimpeur parvient à gravir la voie de bas en haut sans vol ni repos. Ce type d'escalade est un classique pour les grimpeurs les mieux classés.

Enchaînement en libre avec dégaines préinstallées: le grimpeur gravit dans les mêmes conditions que l'enchaînement en libre mais les dégaines sont préinstallées. De nombreux grimpeurs sportifs ne différencient plus ces deux disciplines.

L'ÉQUIPEMENT

Les éléments fondamentaux sont communs aux autres disciplines de l'escalade: chaussons, mousqueton à vis, assureur et quelques protections (voir page 78) en cas de chute lorsqu'on gravit en tête ou pour pratiquer la moulinette.

L'escalade sportive peut sembler requérir un équipement relativement peu spécialisé, mais de nombreuses petites différences la distinguent des autres formes d'escalade.

La corde

On utilise généralement une corde à simple dynamique en Nylon de 10 à 11 mm de diamètre, celles à 10,5 mm étant les plus prisées. La longueur standard est 50 m, mais les cordes de 60 m sont plus courantes sur les voies longues (plus de 25 m), notamment en Europe.

Les cordes spéciales « sport » deviennent à la mode. Elles sont conçues pour les nombreuses chutes courtes qui font partie de ce type d'escalade. Il en existe dont l'épaisseur varie sur la longueur car, sur une corde de 50 m, seuls les 10 premiers mètres subissent des tensions fortes au niveau du dispositif d'assurage. Autre tendance, la corde à 9,5 mm pour des voies extrêmes : légère, elle offre pourtant une bonne résistance.

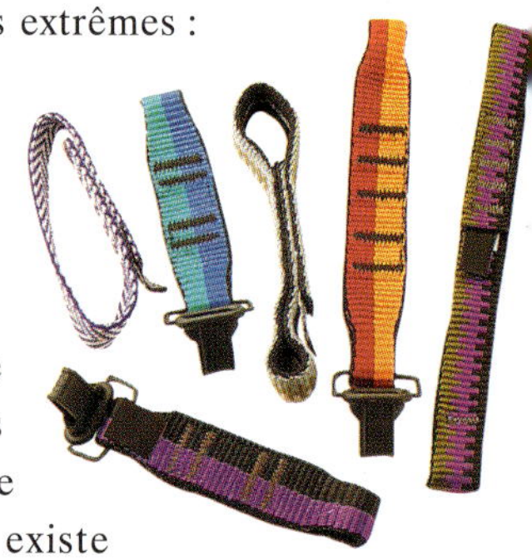

Dégaines à suspendre.

Les dégaines

Elles se composent de deux mousquetons reliés par une courte sangle cousue. Il en existe plusieurs modèles mais la majorité des grimpeurs préfère avoir un mousqueton à doigt droit à une extrémité, lequel est fixé à une cheville, et un mousqueton à doigt courbé à l'autre, afin de pouvoir mousquetonner la corde facilement.

Les harnais

La tendance actuelle privilégie les harnais légers avec peu d'anneaux porte-matériel car peu de dégaines sont requises. Les modèles ultralégers sont les favoris des grimpeurs extrêmes et de ceux qui font de la compétition.

Les sacs à magnésie

Considérés comme indispensables en escalade sportive, les sacs à magnésie conquièrent rapidement les autres disciplines. Vérifiez que le sac dispose d'un bon cordon afin d'éviter tout renversement. La taille est une question de choix personnel, mais évitez un sac trop grand et lourd ou trop petit (vous devez pouvoir vous servir rapidement).

Il existe plusieurs variétés de magnésie mais elle se compose essentiellement de carbonate de magnésium léger ou d'une forme similaire dotée d'une « eau de cristallisation » (processus par lequel les molécules d'eau se lient à la matrice en cristal et donnent à la substance une forme et des propriétés uniques) correcte. La magnésie est utilisée pour assécher les mains et améliorer la prise. Des années d'observation ont convaincu de nombreux grimpeurs que le rôle de la magnésie est essentiellement psychologique. Toutefois, une bonne magnésie facilite la tâche d'une manière ou d'une autre.

Les chaussons

Les « vrais » grimpeurs sportifs ne prennent jamais des chaussons à leur taille mais toujours de deux pointures plus petits. Des semelles élastiques et des pointes étroites sont douloureuses mais permettent une grande sensibilité au niveau de la paroi. De nombreux chaussons sont équipés de fermetures en Velcro. Sachez que ces chaussons plus légers s'élargissent à l'usage. Il est donc important de choisir soigneusement la taille.

Les dispositifs d'assurage

Il convient d'assurer avec un mousqueton à vis ou un mousqueton à fermeture automatique afin d'éviter toute ouverture accidentelle.

La plupart des dispositifs d'assurage (voir page 58) conviennent à l'escalade sportive, mais n'oubliez pas que ce dispositif doit pouvoir prendre en charge des chutes de faible intensité mais fréquentes. De même, il doit pouvoir soutenir le premier de cordée pendant qu'il se repose. Il est aussi important que la corde soit rapidement acheminée vers le grimpeur de tête afin qu'il fixe les pièces de protection ou qu'elle soit replacée si sa première tentative a échoué.

Assurer au moyen d'un nœud autobloquant n'est pas conseillé car il est difficile d'inverser rapidement la direction de la corde. Fonctionnant sur le même principe que les ceintures de sécurité à enrouleur, l'assureur automatique est très prisé des grimpeurs sportifs.

Cette quincaillerie requiert une certaine expérience mais convient parfaitement à l'escalade sportive, notamment lorsque le grimpeur assure une personne plus légère.

Assureur descendeur et mousqueton automatique.

ATTENTION

Les assureurs automatiques limitent sérieusement le glissage des cordes et génèrent de ce fait une force insoutenable au niveau des points d'assurage et des grimpeurs en cas de chute importante. Il est fortement déconseillé d'utiliser des assureurs automatiques dans toute autre activité que l'escalade sportive parallèlement à des points d'assurage fiables récemment posés et fixés à l'aide d'une perceuse. Bien des grimpeurs ont fait des chutes sévères dues à des assureurs automatiques, en raison d'une mauvaise charge (ils chargent de l'« arrière à l'avant ») ou du gel des assureurs qui retiennent le levier de libération. Tenir la corde du mauvais côté (gauche) pendant l'abaissement peut aussi coincer l'ouverture.

TECHNIQUES SPÉCIALES ET ENTRAÎNEMENT

La plupart des techniques illustrées ci-dessous ont été développées dans le cadre de l'escalade sportive et ont été adoptées ensuite par les types d'escalade plus traditionnels, ce qui a permis d'élever le niveau des standards. En escalade sportive, le grimpeur gravit à la verticale le long d'une paroi en surplomb. Certains grimpeurs sportifs, amateurs de dalles, se limitent à quelques sites comme les Handegg, en Suisse. Les techniques se concentrent sur l'optimisation de la puissance et l'aménagement de repos en recourant à des croisements corporels ou à un mousquetonnage efficace des dégaines.

Les techniques illustrées ci-dessous sont plus spécifiques de l'escalade sportive.

Se suspendre en étirant le bras tout en se mousquetonnant permet d'économiser de l'énergie.

Un blocage en torsion sur paroi raide. Le pied droit pendant aide à effectuer une torsion du corps.

Le blocage en torsion est une technique qui autorise une prise éloignée au maximum.

Ce grimpeur fait une prise de genou et une prise de main inversée pour une portée maximale. Les forces opposées au niveau du pied offrent un bref instant de répit.

À l'extrême gauche En coinçant le pied, on soulage les bras.

À gauche Disposer le talon en haut permet au bras gauche de se déplacer vers le haut.

En évitant de surestimer ses forces, le grimpeur a la possibilité de se déplacer facilement vers la gauche et vers la droite.

Le pied pendant permet d'assurer un verrouillage et maintient le grimpeur à proximité de la paroi rocheuse.

Le pied gauche est mis en drapeau afin de maintenir l'équilibre.

Prise main gauche fermée.

Mouvement en extension contrôlé, effectué pour atteindre une prise éloignée.

La force des doigts est nécessaire pour tirer profit des petites poches de la paroi rocheuse.

Prise main droite ouverte.

Les automatismes

Les techniques d'entraînement impliquent l'acquisition et l'assimilation d'automatismes, schémas de mouvements corporels enregistrés par le cerveau. Pensez par exemple aux réflexes mobilisés pour monter à vélo. Une fois maîtrisé, le processus est mémorisé. Il suffit de relier ou de combiner les automatismes préalablement mémorisés pour s'arrêter ou tourner à gauche, par exemple.

Il est important d'acquérir les bons automatismes dès le début car les mauvais réflexes ont la vie dure. Voici quelques astuces :

Ci-dessus Lors de l'entraînement, la présence d'un pareur est utile en cas de chute.

• Initiez-vous aux techniques dans un environnement sûr comme un bloc ou un mur ou en pratiquant la moulinette. Ainsi, la peur de tomber et les risques de blessures sont réduits. Il est difficile d'acquérir une technique sur une vraie voie.

• Apprenez de nouvelles techniques lorsque vous êtes frais et dispos et non pas fatigué. La coordination laisse à désirer lorsque l'acide lactique s'est constitué dans vos muscles.

• Une fois que vous aurez trouvé un bon geste ou une série de gestes, répétez-les plusieurs fois aussitôt que possible pour une meilleure assimilation.

• Gravissez régulièrement des voies requérant un niveau inférieur au vôtre afin d'améliorer votre aisance et votre assurance. Le stress inhibe le développement des automatismes car vous retournerez aux techniques les plus enracinées. En vous entraînant aux limites de vos aptitudes, vous ne développez pas de nouvelles techniques mais vous renforcez simplement le nombre limité de mouvements que vous maîtrisez.

• Partez avec des amis ou des partenaires. Cela vous permettra de visualiser de nouvelles techniques et d'avoir leur avis sur votre propre style.

Une fois les séquences « programmées », vous pourrez progressivement vous améliorer en les répétant. Ainsi, il vous sera possible de recourir à la nouvelle technique en cas de besoin.

Conseils utiles

• C'est en grimpant qu'on devient grimpeur. Cependant, votre technique évoluera peu si vous ne variez pas votre style : frôlez vos limites un jour et reposez-vous le lendemain mais, surtout, grimpez pour le simple plaisir.

• Concentrez-vous chaque fois sur un élément différent. Ainsi vous identifierez vos points faibles et vous parviendrez à les améliorer. Par exemple, vous pouvez passer toute une séance à travailler sur le meilleur placement possible du pouce, de la main ou des doigts.

• Travaillez vos points faibles. Nous avons tendance à nous concentrer sur nos points forts par paresse ou par orgueil. Vous aurez l'impression que votre niveau baisse lorsque vous vous concentrerez, par exemple, sur certains placements difficiles des pieds, à tel point que vous ne maîtriserez plus la prise au niveau des mains. Ce type d'exercice est pourtant bénéfique à long terme.

• Travaillez le positionnement du corps. Un certain nombre d'orientations corporelles vous mèneront à un mouvement particulier. Certains requièrent plus ou moins d'énergie. En essayant le même mouvement de façons différentes, vous découvrirez la meilleure méthode. Une fois que vous aurez réussi un mouvement ou une séquence difficile, ne vous arrêtez pas, abordez-les d'une nouvelle façon.

• Changez volontairement de style pendant votre entraînement. Si vous avez plutôt tendance à être un grimpeur puissant et agressif, pensez « léger et fluide » ou, inversement, osez des mouvements brusques si vous avez l'habitude d'un style furtif.

• Bouleversez vos habitudes. Au cours d'une séance d'entraînement, essayez plusieurs formules. Grimpez en recherchant la vitesse sur des voies ou des traverses. Gravissez en utilisant un seul bras ou une seule jambe ou en escaladant à une intensité moyenne pendant une demi-heure, en regardant dans une seule direction, sans utiliser le pouce, lentement, les yeux bandés, en procédant par saccades, etc.

Mise à part l'idée de casser la monotonie de longues heures de grimpe dans une cave ou sur un mur, un programme varié enrichira votre répertoire de techniques.

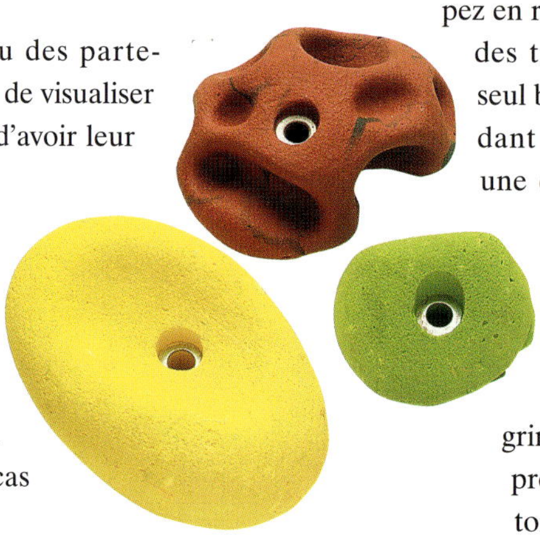

À droite Les prises se présentent sous des formes et des tailles différentes. Il est important qu'elles n'abîment pas les tendons.

JERRY MOFFAT

Élu « grimpeur le plus influent de la décennie » en 1990 par le magazine français *Vertical*, Jerry Moffat est né à Leicester, au Royaume-Uni, en 1963. Il se mit sérieusement à l'escalade à l'âge de 15 ans au pays de Galles, et s'attaqua rapidement à des voies d'essai, telle la Strawberries de Ron Fawcett dans le Tremadoc. Après avoir déménagé à Sheffield, haut lieu de l'escalade britannique dans les années 80, il commença à pousser le 8A par une série de voies difficiles qu'il ouvrit lui-même. En 1982, il se rendit aux États-Unis où il gravit le Genesis dans l'Eldorado, et rentra chez lui avec une vigueur nouvelle pour partir à l'assaut des Revelations de la Raven Tor et Masterclass puis par la suite Liquid Amber, tous deux à Pen Trwyn.

Il devint célèbre lorsqu'il remporta la première compétition internationale d'escalade qui se déroula à Leeds, dans son pays. Il ravit de justesse le titre aux grimpeurs français qui régnaient sur cette discipline.

Jerry est loin de mener une vie d'athlète rythmée par les entraînements et respectueuse d'une certaine hygiène. Grand amateur de vitesse, un accident de moto l'a empêché d'escalader pendant un bon moment. Il mène par ailleurs une vie sociale bien remplie. En dépit de ces excès et de son « âge avancé », il est toujours à l'avant-garde du monde de l'escalade.

Jerry Moffat dans le Masters Edge, Sheffield, en Grande-Bretagne.

Ci-dessus *Sur de nombreuses parois, les spits fournissent la seule protection sûre.*

LES SPITS ET LE GRIMPEUR

Un spit désigne une pièce de métal fixée dans la roche qui protège le grimpeur de façon permanente, grâce à une colle en résine époxy ou à un boulon, une plaquette et une cheville à expansion. Même si on peut pratiquer sans l'aide de coinceurs ou de pitons, c'est rarement le cas.

La nature de l'escalade sportive – falaises abruptes, éprouvantes, sur des surplombs ou roche très dure – limite le recours à d'autres formes d'assurage. De plus, l'éthique de l'escalade sportive – le mouvement athlétique s'exprimant librement contre la roche – proscrit le placement minutieux d'autres « matériels ».

L'escalade sur voies préparées devient un plaisir dans un paysage à vous couper le souffle, comme sur de nombreuses voies d'Europe. Il est alors possible de grimper aisément et en toute sécurité en dépassant ses propres limites sur le plan physique, et souvent sur le plan psychologique.

Cependant, l'usage des spits suscite encore des débats. Nombre de grimpeurs et de non-grimpeurs considèrent que cette pratique « défigure la montagne » ou « baisse le niveau ».

Les partisans de cette technique avancent que, sans les spits, le niveau de l'escalade ne se serait jamais autant élevé, et qu'ils permettent de grimper sur des voies élégantes qui n'auraient jamais pu être empruntées autrement. Néanmoins, beaucoup de voies ont été préparées de la sorte pour des raisons pratiques et pourraient être mieux protégées si on utilisait d'autres matériels.

Une controverse récente concerne la directe américaine sur le Petit Dru, dans les Alpes. Les guides qui avaient pratiqué ces installations avaient cherché une ascension (et une descente) sécurisée. Après de nombreuses discussions houleuses entre leurs partisans et leurs détracteurs, la plupart des spits ont été retirés.

L'une des grandes contestations de l'histoire impliqua l'« échelle des spits » de Cesare Maestri qui lui permit de vaincre le Cerro Torre, au sud de la Patagonie. L'énorme perceuse qu'il utilisa pend encore au bout d'un câble... Cet épisode marque une étape mémorable mais controversée du destin de ce sportif (voir l'encadré relatant son ascension page 16).

Installation des spits

Ils sont généralement installés sur des rappels ou des moulinettes, à l'aide de perceuses spéciales à piles. Dans des zones comme le Yosemite aux États-Unis, ces perceuses sont interdites et les spits doivent être installés par le grimpeur à la main.

Cette technique permet d'éviter l'installation de spits superflus, ce que tout grimpeur approuve volontiers.

ATTENTION

Les spits doivent être examinés régulièrement. Ils ne sont pas infaillibles : un seul d'entre eux n'est pas suffisant quand votre vie est en jeu. Beaucoup des plus anciens, qui mesurent 2 ou 3 cm de long, ont été placés à la main et peuvent ne pas être sûrs. Sous l'influence des variations de température, ils se détendent ou se contractent, se détachant lentement de la roche. Il faut donc toujours ajouter des points d'assurage supplémentaires pour les rappels et la descente.

COMMENT INSTALLER UN SPIT

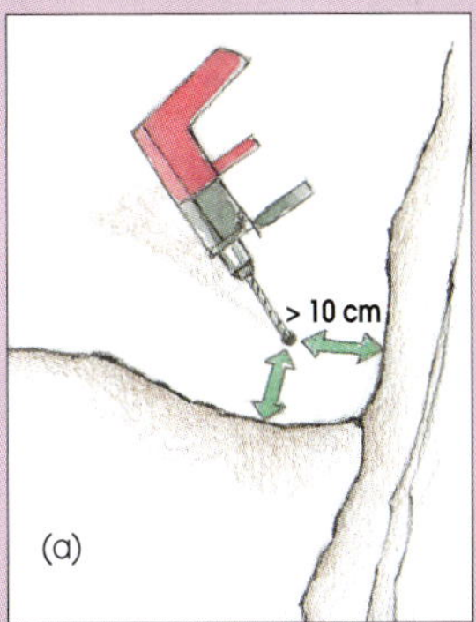

(a)

• Frappez un coup sec contre la roche pour estimer sa solidité. Le son produit constitue une bonne indication.

• Les vis devraient être installées au moins à 10 cm des grattons (**a**) ou d'une autre vis en haut du relais ou des points d'ancrage (**b**).

• Le trou doit s'adapter parfaitement à la tige du spit : il n'y a pas de place pour l'erreur.

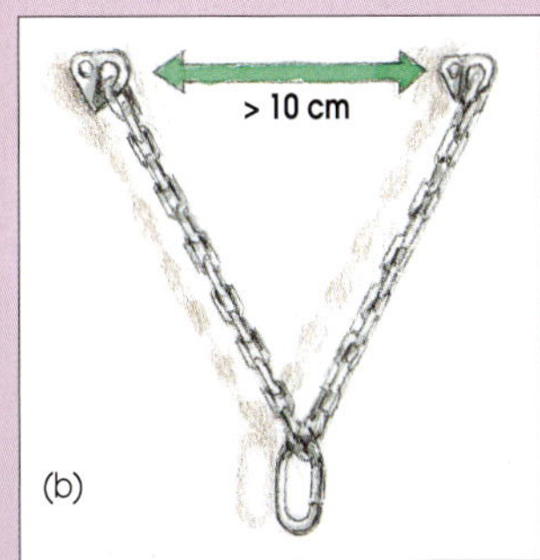

(b)

• Le trou doit être pratiqué à angle droit dans la roche (avec certaines vis à coller, il est recommandé de percer à un angle légèrement incliné) et à une profondeur adaptée (**c**).

• Pour adapter la profondeur du perçage, placez un morceau de sangle autour de la mèche (**d**).

• Nettoyez ensuite le trou à l'aide d'une pipette flexible et, si possible, brossez le surplus (une brosse à fusil ou une vieille brosse à dents font très bien l'affaire).

• Pour les chevilles à coller, le trou doit être rempli d'un mélange de colle époxy avec un pistolet à colle puis la cheville insérée. Avec l'habitude, vous saurez doser la quantité de colle suffisante pour remplir le trou sans bavures. Beaucoup brossent la surface pour mélanger la poussière avec l'époxy.

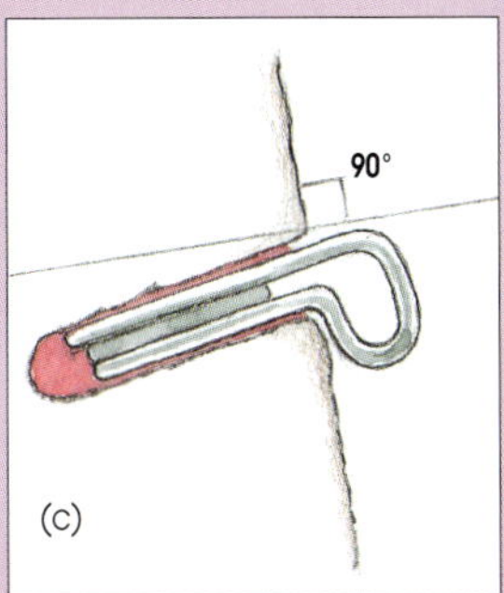

(c)

• Pour les points d'ancrage droits, il est souvent recommandé d'enfoncer en tournant doucement dans l'époxy pour une meilleure adhérence. Cela peut être effectué à l'aide d'une perceuse, à vitesse lente. Une vitesse trop importante peut entraîner l'apparition de bulles dans la colle et réduire l'adhérence.

• Les points d'ancrage collés doivent sécher au moins douze heures avant utilisation.

• Les chevilles à coller doivent être insérées dans un trou en utilisant un marteau jusqu'à ce qu'une mèche d'une longueur suffisante apparaisse. La plaquette doit ensuite être mise en place puis le boulon serré. Attention à ne pas forcer car l'acier inoxydable peut rompre sous une pression trop forte. Cette installation est suffisamment solide si la plaquette ne bouge plus lorsque vous tirez dessus.

• Il peut être utile de placer la plaquette et le boulon sur la vis avant d'utiliser le marteau afin de bien placer la vis et d'éviter des dommages éventuels causés par le marteau.

• Les vis en acier inoxydable de 10 mm de diamètre et de 80 mm de long ou plus, selon la nature de la roche, sont considérées comme des dimensions standards.

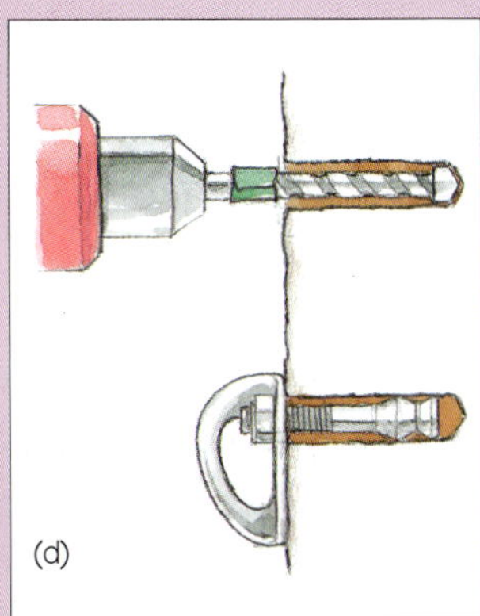
(d)

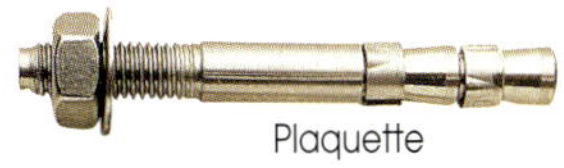
Plaquette et cheville.

Spit avec boulon à expansion.

Ci-dessus *C'est en observant les autres qu'on améliore sa propre technique.*

Ci-dessus à droite *Faire du bloc au-dessus d'un terrain dégagé est plus sûr.*

LE BLOC

Surtout utilisé pour l'entraînement ou le plaisir, le bloc est considéré par de nombreux grimpeurs comme une fin en soi. Certains exigent du grimpeur une incroyable somme de force et de détermination, même s'ils ne dépassent pas 3 m de long et ne sont situés qu'à 0,50 m au-dessus du sol !

Munissez-vous d'un grand sac à magnésie pour de longues séances de bloc ainsi que d'un paillasson pour nettoyer vos chaussons d'escalade. Certains vont jusqu'à apporter des matelas pour amortir les chutes !

Cette pratique est très conviviale et il existe de nombreuses démonstrations. Les sportifs capables d'arrêter une chute en se tenant derrière le grimpeur rendent de grands services pour les prises techniques ou difficiles, ou en cas de sols irréguliers.

Le lieu le plus célèbre pour la pratique de cet exercice reste Fontainebleau. Cependant, il est possible de s'amuser sur n'importe quel rocher, édifice, carrières ou sur des murs artificiels.

L'escalade en solo constitue une pratique inaccessible aux grimpeurs timorés ou inexpérimentés. Beaucoup la considèrent comme la forme la plus pure d'escalade ; pour d'autres, c'est du suicide. Certains grimpeurs de premier ordre ont atteint les objectifs qu'ils s'étaient fixés en solo.

Prenant des risques importants, quelques grimpeurs pratiquent le solo de façon intensive sur des murs. Tout a été utilisé, depuis le Nelson's Column jusqu'à l'Empire State Building. Soyez pourtant conscient des dangers que vous encourez : celui de tomber et celui d'enfreindre la loi !

À droite *Le fameux bloc de l'« éléphant », à Fontainebleau.*

Ci-dessus et ci-contre
La pratique du mur a largement tendance à détrôner celle, plus traditionnelle, du bloc.

L'ESCALADE DE COMPÉTITION

Les grimpeurs se sont toujours mesurés les uns aux autres ! Pourtant, ce n'est que récemment que les compétitions d'escalade ont été officialisées. Le premier événement reconnu s'est tenu à Arco, sur les rives du lac de Garde, en Italie, en 1985, sur les voies préparées de l'ancienne citadelle. La roche fut « défigurée » pour fournir des niveaux exacts, ce qui suscita de véhémentes protestations. Par la suite, les compétitions internationales se sont toujours déroulées sur des surfaces artificielles ou sur des roches intactes.

Il existe des compétitions de tous niveaux : des démonstrations dans les clubs locaux et sur les rochers et les blocs, des événements internationaux, comme les *Extreme Games* aux États-Unis, Serre-Chevalier en France ou le mémorable Arco Rockmasters.

Pour être prêt pour la compétition, il faut être préparé physiquement mais aussi être mentalement « blindé » : la vraie bataille se déroule contre la tension intérieure. La façon dont il faut aborder l'épreuve physique a déjà été évoquée (voir page 70). Fondamentalement, l'entraînement ne varie pas. La seule différence est que davantage de temps est consacré à l'« esthétique ». Être prêt mentalement ou psychologiquement reste difficile à décrire et plus encore à faire. Voici comment s'y prendre :

***À droite** La compétition exige des compétences et une intense concentration.*

***Ci-dessous** Un défi artificiel devant l'époustouflante montagne naturelle Table Mountain, au Cap, en Afrique du Sud.*

• Échauffez-vous avant la compétition ; cela aide à préparer le corps et l'esprit. Faites des activités légères (marche, petits sauts, escalade de très basse intensité) pendant cinq ou dix minutes avant d'étirer lentement tous les muscles importants, sans faire de mouvements brusques ou de contorsions douloureuses. Faites ensuite de l'escalade facile ou du bloc pendant dix à vingt minutes. Votre échauffement devrait être achevé de dix à quinze minutes avant de commencer la compétition.

• Après l'échauffement, ne vous refroidissez pas. Enfilez une veste et un pantalon adaptés à la température. Vous devez être réchauffé et souple, sans avoir trop chaud ni transpirer.

• Après avoir observé la voie (si c'est autorisé), imaginez les endroits où vous allez fixer les spits et les premières prises. Seulement ensuite, réfléchissez à la façon dont vous allez aborder les difficultés. Juste avant de démarrer, vérifiez de nouveau les premières prises et gardez-les à l'esprit. Le fait de bien commencer va vous aider à rester en confiance plus tard.

• Passez du temps sur les points positifs, sur ce que vous aimez, sur les zones dont vous êtes sûr. Identifiez vos objectifs, à la fois réalistes (peut-être ne serez-vous pas le premier mais « parmi les

premiers ») et idéals (le podium). Ajoutez des objectifs techniques, comme « je n'oublierai pas de plier le genou » ou « je grimperai sur un bras tendu ».

• Faites des exercices respiratoires pendant et avant les derniers instants d'attente, ralentissez votre respiration et inspirez profondément et régulièrement. Votre corps aura besoin d'oxygène.

• Vérifiez le contenu de votre sac à magnésie, vos chaussons d'escalade, marchez et passez quelques secondes à respirer profondément avant de grimper. N'oubliez surtout pas de respirer !

À gauche *Un juge vérifie la justesse de la prise d'un grimpeur.*

En bas à gauche *Buoux, en France, est la Mecque de l'escalade.*

Ci-dessous *Les pentes granitiques de Tuolumne Meadows, en Californie.*

OÙ GRIMPER ?

Il existe des voies un peu partout dans le monde. La Mecque de l'escalade est pourtant la France, qui possède des centaines de voies de tous degrés, d'une longueur de 3 à 300 m ou plus.

• Les gorges du Verdon, près de Castellane, sont constituées de gorges très profondes dotées de centaines de voies préparées. Commencer une voie en rappel (la norme) est une expérience époustouflante. Les niveaux vont de 4 à 8.

• Buoux et Ceuse, dans le sud-est de la France, sont des lieux inoubliables; la plupart sont de niveaux très élevés.

• Les calanques, près de Marseille, sont des falaises en bordure de mer typiquement méditerranéennes qui offrent un grand choix d'itinéraires.

• Finale Ligura se trouve à la frontière italo-française en Méditerranée ainsi que Arco, sur le lac de Garde ; ce sont des zones essentiellement réservées aux grimpeurs confirmés, mais il existe des voies de niveau plus facile.

• En Suisse, on trouve le Handegg, le Sustenpass et le Grimselpass (Alpes bernoises). Niveau raisonnable, sur des dalles offrant une bonne adhérence ; emportez quelques coinceurs pour l'escalade traditionnelle.

L'Allemagne, la Grande-Bretagne et l'Amérique possèdent un nombre considérable de voies d'escalade, surtout d'une seule longueur. L'Espagne et l'Australie sont de plus en plus populaires, tandis que l'Afrique ou la Thaïlande offrent des possibilités intéressantes.

CHAPITRE CINQ

L'ESCALADE TRADITIONNELLE

Un jeu de l'esprit

Être premier de cordée avec un équipement traditionnel exige de garder la tête froide.

ÉQUIPEMENT DE SÉCURITÉ

L'histoire des progrès en escalade est liée à l'équipement de sécurité et aux techniques. L'amélioration des méthodes d'assurage du premier de cordée a conduit sur des voies nouvelles, auparavant inaccessibles.

L'équipement installé par le premier de cordée pour s'autoassurer et assurer les autres grimpeurs est appelé « équipement naturel », par opposition aux spits et aux pitons. Il est généralement enlevé par les grimpeurs suivants.

Au début de l'escalade, on utilisait seulement une corde. Ainsi seul le second était protégé en cas de chute. Des premiers de cordée plus hardis et créatifs se mirent à détacher la corde et à la passer derrière un arbre ou à travers un trou pour la détacher de nouveau. On peut imaginer la nervosité du second qui devait répéter les mêmes gestes. Lentement, des rappels coulissants intermédiaires en sangles cousues furent acceptés. L'art de faire des nœuds d'une seule main se fit exigeant. Les mousquetons, d'origine militaire, furent utilisés après la Seconde Guerre mondiale, facilitant l'attache des cordes. Il est difficile pour le grimpeur moderne de s'imaginer la hardiesse des premiers pionniers.

Les Aiguilles, en Californie,

LES SANGLES

Utiles pour entourer les branches d'arbre ou les becquets rocheux, elles sont aussi irremplaçables

avec leurs dents de granite striées de fissures, sont le paradis des grimpeurs traditionnels.

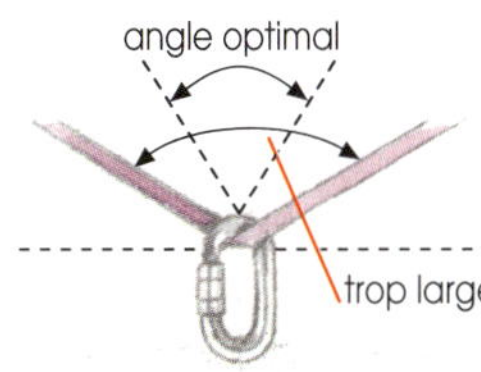

UTILISATION D'UNE SANGLE
Lorsque la sangle est utilisée comme point d'appui, plus l'angle séparant les deux côtés est petit, mieux cela vaut. Idéalement, il ne devrait pas dépasser 60 degrés.

pour optimiser d'autres matériels. De formes aplaties ou tubulaires, les sangles cousues, qui permettent de se débarrasser des nœuds plus encombrants et moins sûrs, sont aujourd'hui très employées. Les nœuds de sangle sont connus pour leur tendance à se desserrer, même lorsqu'ils ont été noués correctement.

Vérifiez-les fréquemment car ils réduisent la résistance de la sangle de 50 %.

Les bords des sangles sont vulnérables à l'abrasion sur des grattons et

Sangles cousues.

doivent faire l'objet d'un examen approfondi car certaines sangles sont pourvues d'un côté autobloquant après abrasion. Le réseau des fibres peut facilement se défaire. Sur des arbres, des buissons ou des colonnes, placez-les aussi bas que possible pour limiter l'effet de bascule. Méfiez-vous des arbres : malgré leur solidité apparente, certaines branches peuvent être pourries.

Ensemble de microcoinceurs.

Coinceurs Hexentrics.

Les pitons et les coins

Les pitons en métal et les coins de bois sont apparus en Europe dans les Dolomites, pendant l'entre-deux-guerres ; des matériels dérivés font partie de l'équipement de nombreux adeptes de l'escalade artificielle. Ce matériel va des minuscules pitons aux énormes cornières.

On trouve encore de vieux pitons dans les Alpes et les Dolomites. Soyez prudent lorsque vous les utilisez car beaucoup datent des années 50, voire avant. Une apparence solide peut cacher une partie invisible rouillée ou mal installée. La résistance des pitons doit être testée avec un marteau.

Coinceurs montés sur cordelette.

Les coinceurs

Selon la légende, le premier coinceur en métal était un boulon de la ligne de chemin de fer de Llanberis près de Snowdon, au pays de Galles. Les grimpeurs ont attaché les boulons sur des morceaux de corde pour les placer dans des fissures.

Les coinceurs sont fabriqués avec des cordes ou des câbles métalliques standards ou sur des cordes en Nylon spécial à haute résistance élastique (corde Spectra). Les coinceurs possèdent des formes adaptées à un large éventail de fissures : des microcoinceurs pour les fissures très fines jusqu'aux énormes coinceurs en aluminium comme les modèles Hexentrics 11. Leur résistance varie de 2,5 kN à plus de 10 kN.

Certains coinceurs, comme les Hexentrics et les trois cames, se renforcent lorsque la charge augmente. Les placements les plus sûrs s'obtiennent en cherchant la meilleure orientation.

Le retrait des coinceurs peut être difficile, surtout lorsqu'ils ont été placés solidement. L'usage d'un décoinceur par le premier et le second de cordée constitue une aide incontestable.

Décoinceurs (le modèle présenté ci-dessus possède des dents pour retirer les friends).

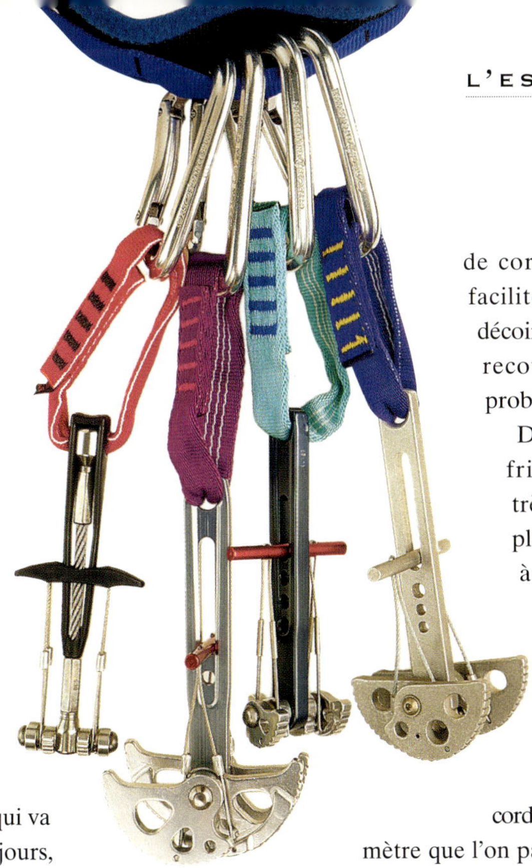

Coinceurs à cames flexibles très résistants.

Les coinceurs à cames, ou friends

Une révolution s'est produite dans les années 70 lors de l'invention des coinceurs à cames. Conçus pour les fissures évasées du Yosemite, ils ont changé la nature de l'assurage.

La révolution technologique a conduit à une réduction du poids et à un accroissement du choix de tailles, qui va de 10 à 200 mm. De nos jours, le premier de cordée peut faire face à toutes les situations.

Les trois cames sont prévues pour les fissures étroites et fines, mais sont moins stables que les quatre cames.

Vérifiez que toutes les cames restent en contact avec la roche. Des cames peu adhérentes accroissent la tendance des coinceurs à jouer dans les fissures, ce qui peut diminuer leur résistance ou les rendre difficiles à extraire.

Certains modèles s'introduisent souvent trop profondément dans les fissures. Attachez des morceaux de corde sur le manche pour en faciliter le retrait. De nombreux décoinceurs sont dotés de crochets recourbés pour résoudre ce problème.

De vieux modèles de friends ont des rebords très résistants. Si vous ne placez pas votre coinceur à l'horizontale suffisamment profondément dans la fente, ce rebord peut céder en cas de chute. Souvent, on utilise une corde de 4 mm de diamètre que l'on passe dans le premier crochet par sécurité.

Tous les coinceurs à cames doivent être nettoyés régulièrement pour un cammage en douceur avec de l'eau tiède et du savon doux. Les cames sont enduites d'un lubrifiant siliconé. Évitez d'employer de l'huile ou de la graisse comme pour les cordes.

Vos coinceurs à cames ne donnent tout leur potentiel que si vous les utilisez correctement. Ne vous en prenez pas à votre matériel si votre placement est défaillant (cames trop adhérentes ou pas assez, taille mal choisie).

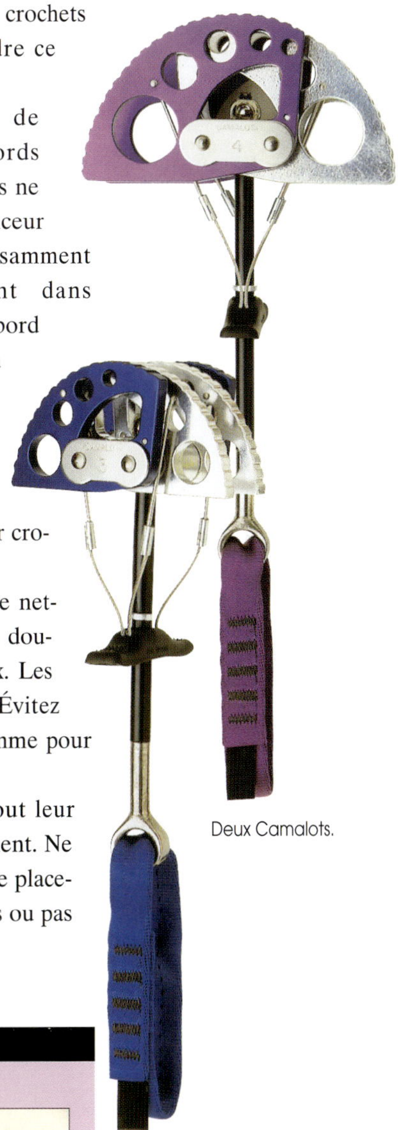

Deux Camalots.

L'avènement des coinceurs à cames

Ray Jardine a conçu le friend, le premier coinceur à cames mécaniques, pour grimper dans le Yosemite dont les fissures étaient à l'époque peu assurées. Ses compagnons n'avaient pas les moyens de se procurer des spits. Il était donc urgent de disposer d'un moyen d'assurage facile à mettre en place et à retirer. Quelques années plus tard, Jardine fit remarquer sur un ton désespéré à propos d'une fissure : « Je pourrais le premier assurer cela avec un friend 17 ! » (la taille maximale à l'époque était d'environ 8 cm de large et correspondait à un friend 4). Le week-end suivant, ses compagnons, orgueilleux et peut-être un peu sadiques, lui présentèrent un friend 17. Jardine n'avait pas le choix, il s'attaqua à cette fissure et réussit.

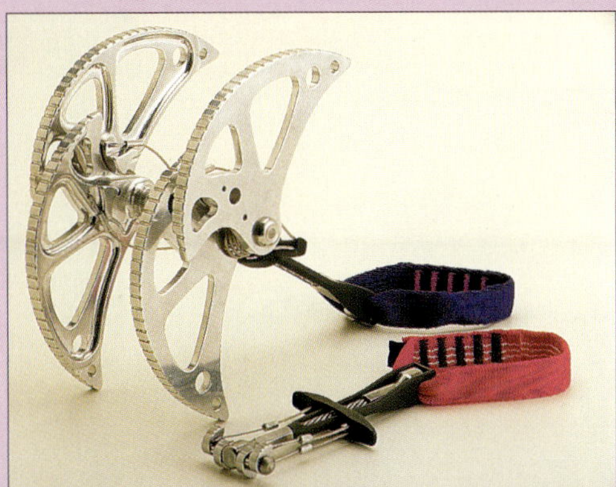

Il existe des friends de différentes tailles.

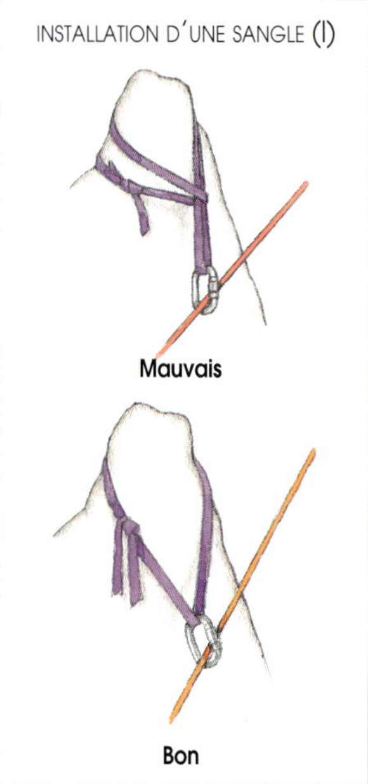

L'INSTALLATION DE L'ÉQUIPEMENT

Rien ne remplace l'expérience ou la pratique. Entraînez-vous à installer le matériel un peu au-dessus du sol avant d'affronter de plus hautes altitudes. Il existe de nouvelles méthodes pour placer les coinceurs et les sangles.

Seule la pratique vous indiquera une méthode sûre et efficace. Un bon exercice pour un premier de cordée débutant consiste à choisir une surface proche du sol offrant de nombreux placements puis à placer son matériel avec un compagnon. Chacun peut tenter de placer autant de matériel que possible dans un temps limité en utilisant une seule main par exemple.

INSTALLATION DES SANGLES

Une sangle peut être placée autour d'un arbre ou glissée dans un trou.

Lorsque la sangle est amarrée à un arbuste ou à un becquet rocheux, le recours à un solide mousqueton ou à une autre forme de contrepoids évite le relâchement de la sangle pendant que le premier de cordée poursuit son ascension.

Si vous utilisez une sangle pour assurer deux ou trois points d'ancrage, respectez certains principes qui évitent qu'un des points ne cède, entraînant la défaillance de tout le rappel.

À droite Savoir choisir le bon assurage est le résultat d'années d'expérience.

Une méthode pratique pour assurer plusieurs points d'ancrage et répartir le poids consiste à se servir d'une cordelette (voir dessin ci-dessous).

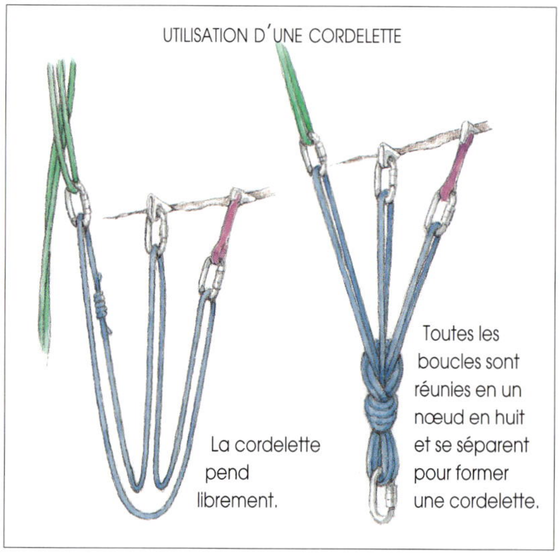

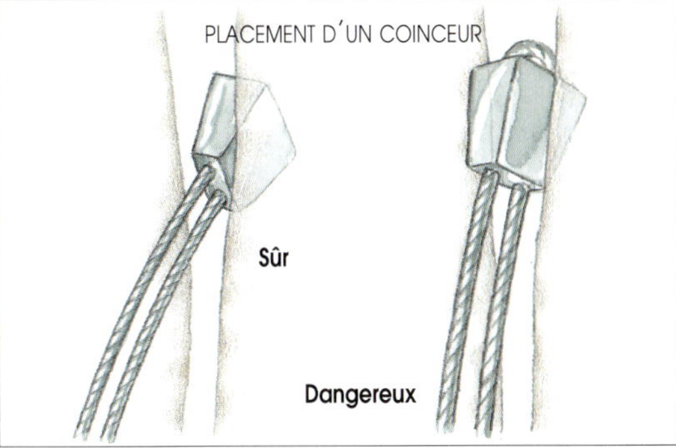

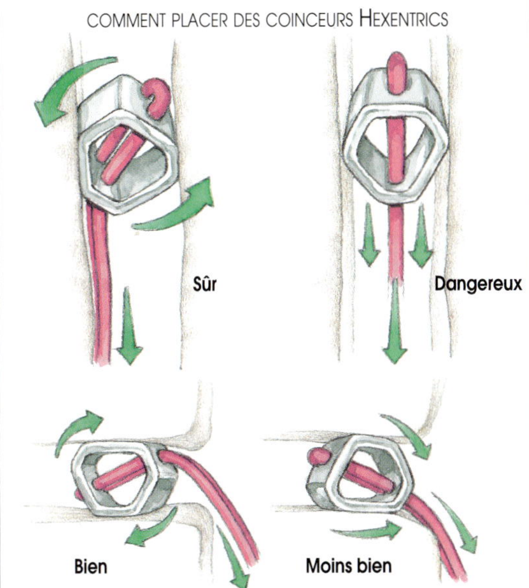

Les coinceurs Hexentrics sont conçus pour se tordre dans les fissures.

Bloquez les coinceurs pour un assurage sûr.

À gauche *Les fissures se prêtent à l'usage du matériel traditionnel.*

Installation des coinceurs

De nombreux grimpeurs portent leurs coinceurs attachés en grappe sur un mousqueton. Cela permet de choisir la bonne taille. Le grimpeur prend le coinceur qu'il pose en l'extrayant de la grappe et attache un mousqueton à une sangle ou à une dégaine pour les relier au coinceur.

Évitez de relier directement le mousqueton à la corde rattachée au coinceur car cela peut le déloger ; la corde peut aussi passer par l'ouverture du mousqueton et se détacher.

Placez le coinceur en tirant fermement sur la sangle. Assurez-vous que le second de cordée possède un décoinceur. Il est pénible de retirer un coinceur sans cet outil.

Le premier de cordée, s'il est rapide, peut faire glisser la sangle et la retirer. Utilisez un contrepoids comme sur l'illustration à droite.

Placez les coinceurs en vis-à-vis pour éviter un jeu au niveau du point d'assurage.

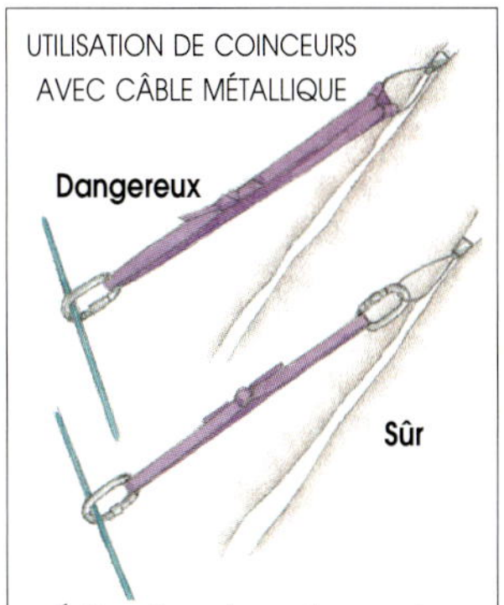

Évitez d'employer des sangles directement sur une autre sangle.

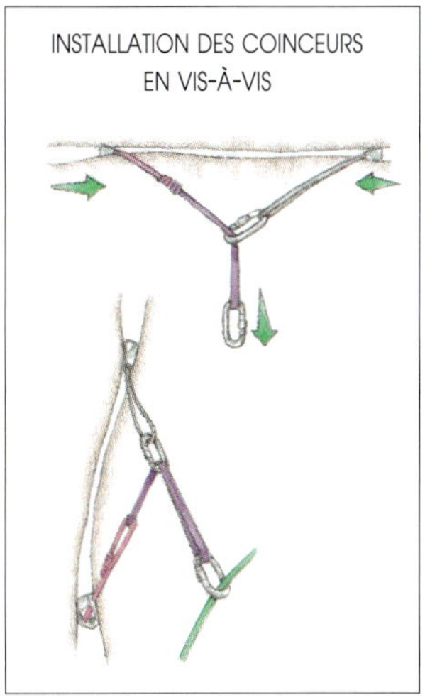

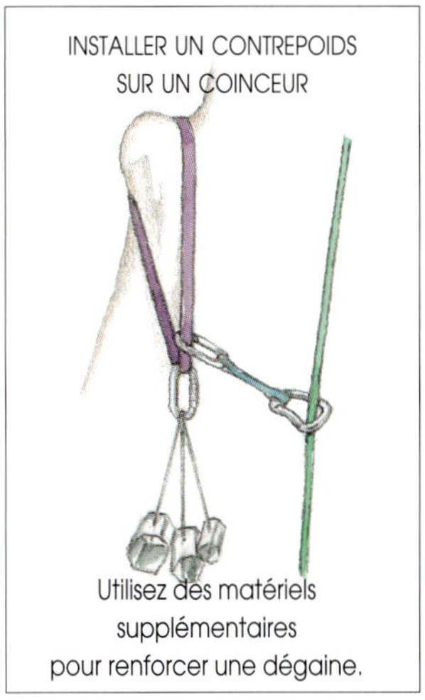

Utilisez des matériels supplémentaires pour renforcer une dégaine.

À droite et ci-contre *Un bon placement des coinceurs est gage d'une escalade sûre et sans soucis.*

Installation des friends ou coinceurs à cames

La solidité du placement dépend de l'adhérence entre les cames et la roche. Même si certains placements peuvent être pratiqués dans des fissures évasées, les coinceurs à cames s'adaptent surtout aux fentes parallèles.

Les coinceurs à cames sont orientés pour que l'axe pointe dans la direction du poids prévu, sinon ils peuvent se tordre et se défaire. Il est dangereux d'avoir trop ou pas assez d'adhérence car le matériel ne peut s'adapter exactement à la roche.

Les coinceurs au manche très résistant doivent être placés profondément pour que le manche ne constitue pas un obstacle au retrait. Ce dernier doit être relié avec une corde près des cames. Beaucoup de coinceurs s'adaptent mieux à certaines positions qu'à d'autres. Les cames les plus étroites doivent se trouver face à une direction particulière. Faites des essais pour améliorer vos placements.

ATTACHER SOLIDEMENT UN COINCEUR À CAMES

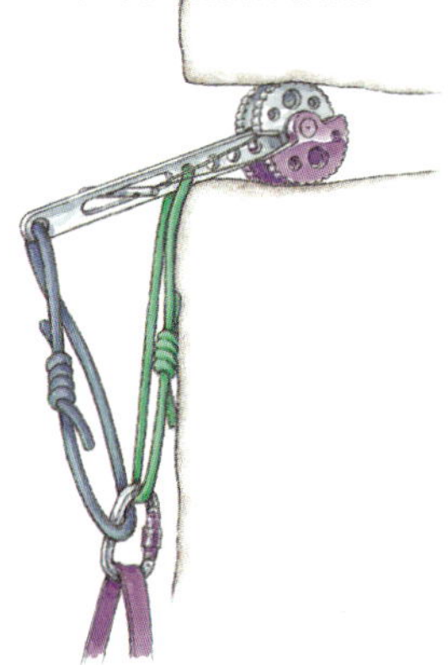

Une corde est attachée au coinceur par sécurité au cas où le manche céderait.

INSTALLATION DES COINCEURS À CAMES

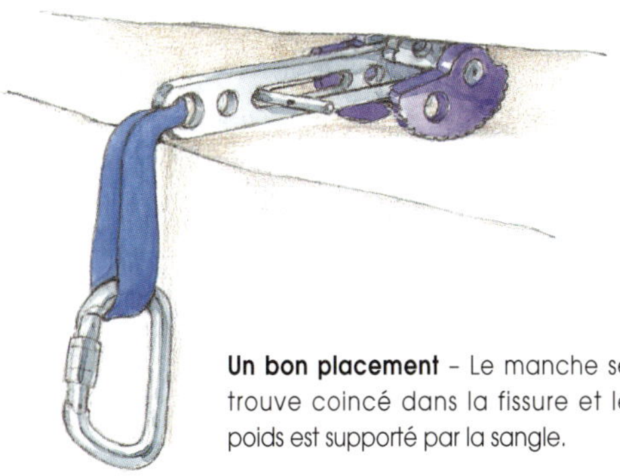

Un bon placement - Le manche se trouve coincé dans la fissure et le poids est supporté par la sangle.

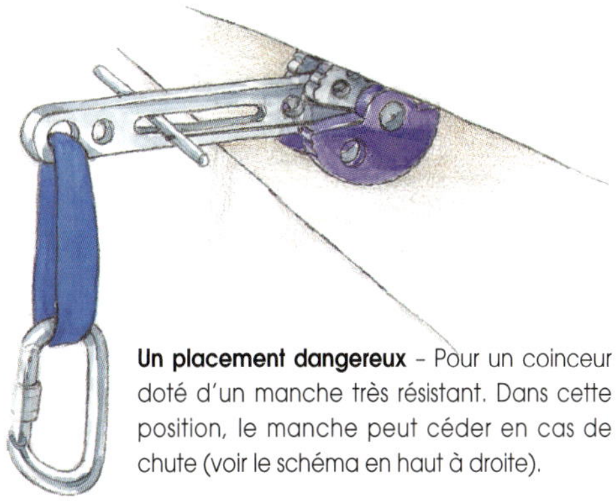

Un placement dangereux - Pour un coinceur doté d'un manche très résistant. Dans cette position, le manche peut céder en cas de chute (voir le schéma en haut à droite).

COMMENT PLACER UN COINCEUR À CAMES DANS UNE FISSURE

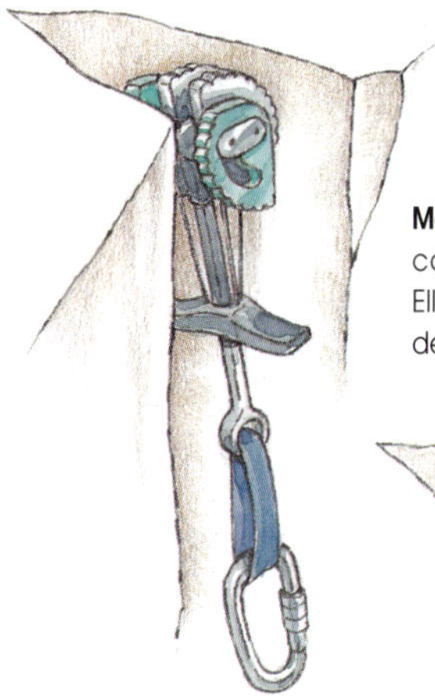

Mauvais - Ici, seules trois des cames touchent la roche. Elles se détacheront en cas de chute.

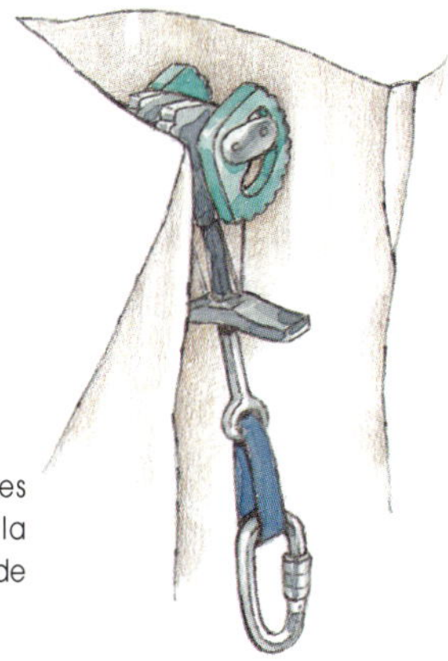

Mieux - Toutes les cames sont en contact avec la roche sur les deux côtés de la fissure.

LES ANGLES DES CAMES

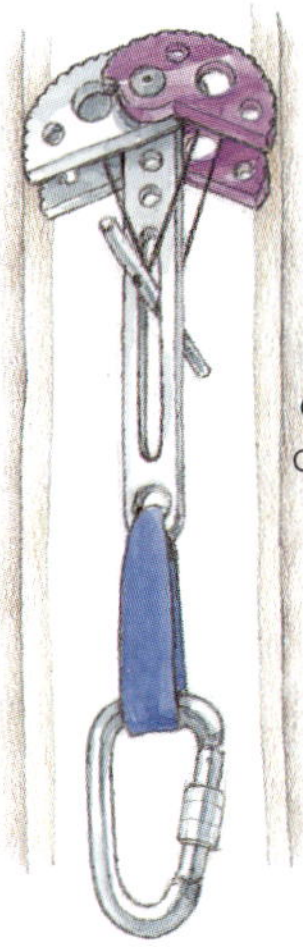

Dangereux car manque d'adhérence

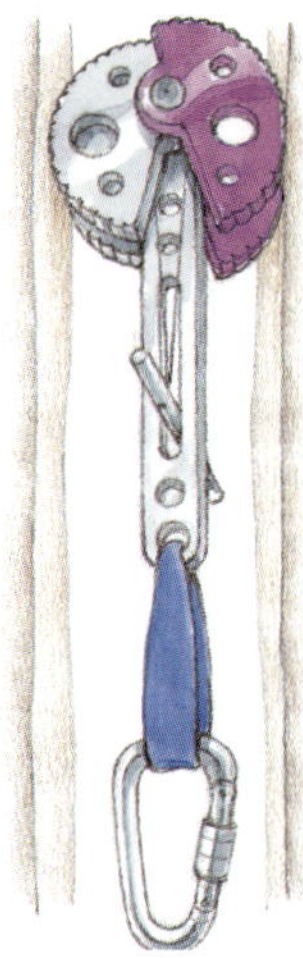

Bon

Un second de cordée correctement installé au relais. Notez que le premier de cordée a bien placé les points d'assurance pour diminuer le facteur de chutes.

Mise en place des protections avec des cordes simples ou doubles

Avec une corde simple, assurez-vous que les sangles sont suffisamment longues pour éviter le tirage. En outre, cela pourrait aussi avoir pour effet de faire tomber le matériel. Une corde double permet de fixer les protections en alternance sur l'une puis sur l'autre des cordes.

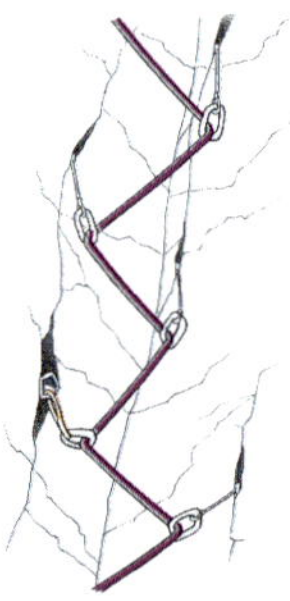

Mauvais - Trop de tirage sur la corde.

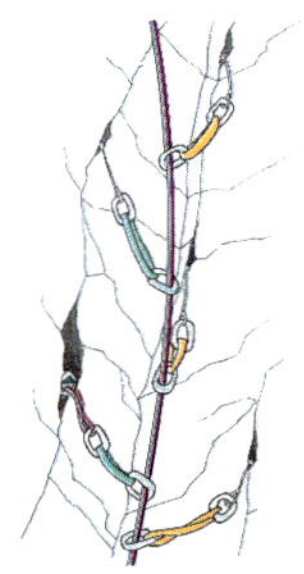

Bon

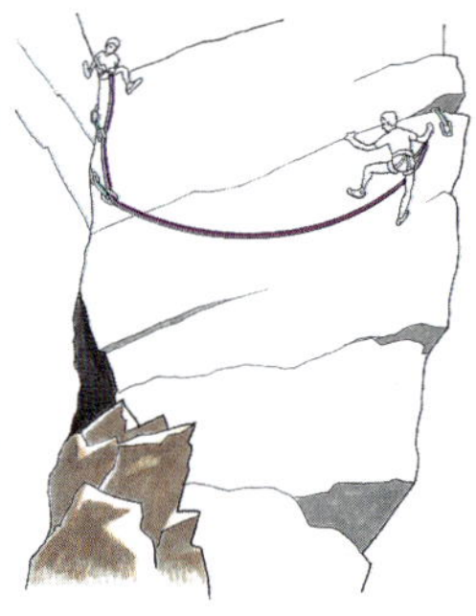

Mauvais - Pas de protection pour le second de cordée.

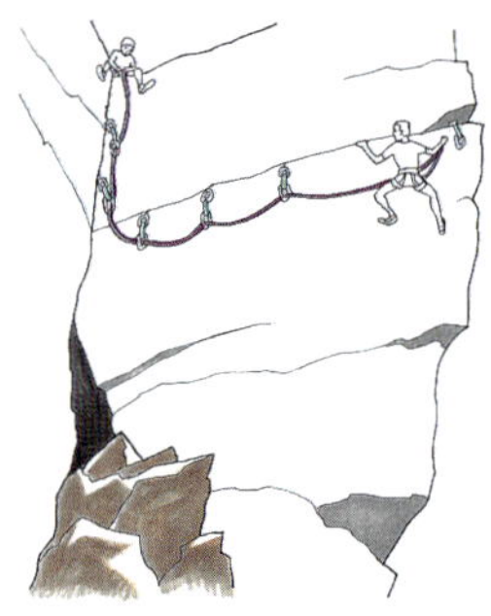

Bon - Bonnes protections pour éviter un pendule au second.

Les appels en escalade

Premier de cordée	**Second de cordée**
S'assure *« Assuré »*	*« OK »*
Lorsqu'il atteint le sommet et arrive au relais *« Tu peux enlever le relais »*	Lorsqu'il se retire du relais *« Relais enlevé »*
Ramène la corde relâchée jusqu'à ce qu'elle tienne fermement le second	*« C'est moi »*
Place la corde du second dans le relais *« Tu es assuré. Grimpe quand tu es prêt »*	Défait le relais et défait les protections *« Je grimpe »*
Vérifie tous les points, harnais, nœuds, et grimpe *« Grimpe »*	Grimpe Peut dire *« Du mou »* pour avoir de la corde afin d'inverser un mouvement ou de descendre ou *« Remonter corde »* ou *« Avale »* s'il est nerveux ou que la corde est trop lâche.

Remarque : ces appels peuvent varier d'une équipe à l'autre.

Les responsabilités du premier de cordée

Le premier de cordée est souvent le seul grimpeur expérimenté, même si de nombreux grimpeurs partagent les responsabilités.

Avant de commencer, le premier de cordée vérifie s'il est assuré et si tous les nœuds et les points d'assurage sont en place. En fait, une vérification constante (comme en plongée) est une excellente méthode de sécurité qui, malheureusement, est très peu utilisée en escalade. Il est trop courant de prendre à la légère la mise en place des relais et de voir le premier de cordée errer au hasard au-dessus des rochers sans s'assurer que le second sait vraiment ce qu'il doit faire en cas de chute ou même s'il est vraiment en relais.

Ne protégez pas trop le second de cordée sur les traverses, surtout si vous grimpez à trois avec deux cordes. Une chute malheureuse du premier de cordée pourrait être fatale aux second et troisième de cordée.

Le premier de cordée devrait toujours avertir quelqu'un du lieu de l'escalade et de l'heure approximative de retour. Il doit s'assurer que chaque membre de la cordée connaît la voie, des voies de secours en cas de besoin et est équipé pour faire face aux différents climats rencontrés ou aux exigences de l'escalade, y compris dans le cas où lui-même tombe ou se blesse sévèrement.

Il serait intéressant et profitable aux grimpeurs débutants de participer aux préparatifs. Chaque grimpeur devrait connaître les principaux nœuds, la technique du relais et les premiers gestes de secours en cas d'urgence.

JOE BROWN

Joe Brown est un nom mythique. Il est l'un des maîtres de la grimpe. Le plus jeune d'une famille de sept enfants, il a passé son enfance à Manchester. Son père est mort lorsqu'il avait 12 ans. La même année, il découvre l'escalade avec des amis.

À 16 ans, il escaladait les grandes voies granitiques de Sheffield. Il voyage ensuite au pays de Galles et en Écosse. À 18 ans, il était prêt à battre une série de records.

Joe Brown a vaincu des centaines de voies, la plupart avec son partenaire, Don Whillans. Nombreux sont d'avis que l'escalade moderne doit beaucoup à cette équipe qui a reculé les limites de son époque. Brown avait un système astucieux : il emportait des pierres dans son sac et les coinçait dans les fissures en les attachant avec une corde.

Parmi ses records figurent l'ascension de la face ouest du Dru avec Whillans en 1953, celle de l'aiguille de Blaitière qu'on appelle aujourd'hui la Fissure Brown en 1954 et celle de la tour Mustagh en 1955.

Cet homme à l'allure modeste s'est révélé un excellent grimpeur alpin et de Big Walls. Il est également à l'aise sur la glace et le grès écossais et a souvent grimpé des voies vierges.

***À gauche** Cenotaph Corner, au pays de Galles. Joe Brown a repoussé les limites de l'escalade lorsqu'il a vaincu cette silhouette en forme de livre ouvert, en 1950.*

COMMENT RETIRER LA CORDE

Le nœud doit être soigneusement placé pour redresser la corde pendant le retrait.

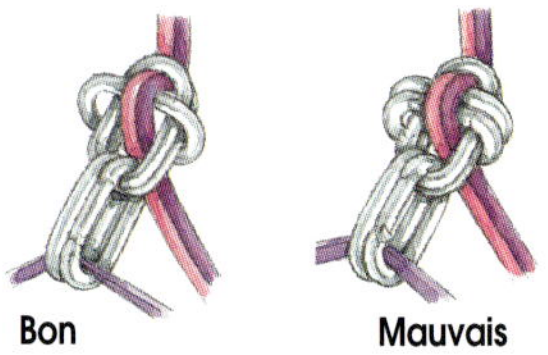

FREIN FABRIQUÉ AVEC DEUX MOUSQUETONS (notez que les mousquetons sont placés en vis-à-vis).

Le rappel

La descente à l'aide d'une corde constitue souvent le moyen le plus sûr d'atteindre la base d'un rocher ou de redescendre par mauvais temps.

La descente classique

Elle est peu utilisée de nos jours mais se montre utile dans des situations exceptionnelles. On passe la corde (généralement doublée de sorte qu'elle puisse être tirée d'en bas) devant soi entre les jambes, puis la partie de la corde située à l'arrière est relevée par-dessus la hanche vers l'avant et hissée sur l'épaule opposée en passant sur le torse. Sans protection au niveau de la cuisse et du cou, ce système peut se révéler excessivement douloureux.

DESCENTE EN RAPPEL CLASSIQUE

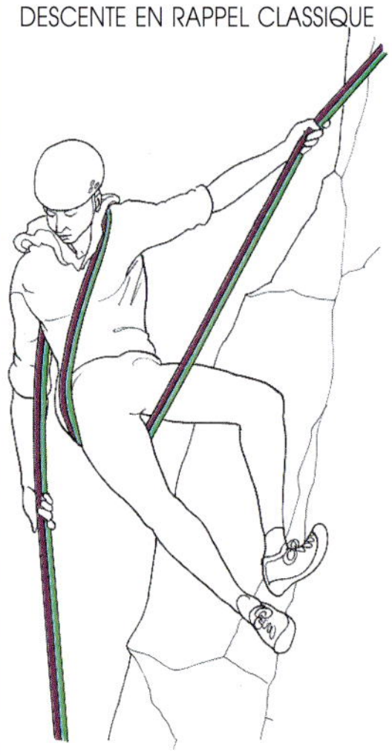

Le grimpeur porte une veste rembourrée au cou.

Nœud autobloquant

Ce système fonctionne bien mais peut tordre la corde (surtout les cordes à double). Il entraîne une surchauffe considérable du mousqueton relié au baudrier.

Effectuez ce type de descente systématiquement à l'aide d'un mousqueton à ouverture large. La direction d'ouverture du fermoir est également très importante pour éviter que la corde ne se déplace et ne provoque l'ouverture forcée du mousqueton.

Plaquettes d'assurage

Ce système permet une descente en douceur mais le mousqueton et la plaquette chauffent sur de longues descentes. L'un des avantages de cette méthode est que les cordes demeurent séparées (ce qui est utile pour rappeler la corde vers le bas), évitant toute torsion de la corde.

Descendeur en huit

C'est probablement la meilleure option car cet outil a été conçu spécifiquement pour la descente en rappel. Sa grande taille lui permet de répartir la chaleur et évite de transmettre celle-ci au mousqueton du baudrier. Selon que le système est installé en haut ou en bas, le degré de frottement varie.

Il présente néanmoins certains inconvénients. Il a tendance à toronner la corde et il devient relativement facile de bloquer cette dernière par accident lorsqu'on franchit une arête. Cette dernière expérience frustrante est malheureusement courante, en particulier chez les débutants. Certains descendeurs sont conçus pour éviter ce type d'inconvénient.

Freins à double mousqueton

Ce frein est efficace et permet un blocage généré par un surcroît de frottement, ce qui peut être utile lors d'un sauvetage ou pour une descente avec de lourdes charges. On peut ajouter un mousqueton de freinage avec une plaquette d'assurage ou tout autre matériel pour accroître le frottement. Les mousquetons à vis sont préférables aux modèles à fermoir rapide, et les mousquetons droits aux modèles recourbés.

Assureur gri-gri

Un assureur gri-gri peut être utilisé sur une corde à simple et laisse au grimpeur la possibilité de s'arrêter

À droite *Un bon rythme de descente en rappel doit s'effectuer dans la décontraction. Écartez les jambes pour garder l'équilibre.*

pour retirer ou placer un matériel. Cet outil n'est pas adapté aux vieilles cordes ou au matériel usé, rapiécé et présentant de ce fait différentes épaisseurs sur lesquelles il peut en effet s'accrocher.

Les systèmes spéciaux

Les porte-matériel, le descendeur Petzl ou les mousquetons automatiques sont couramment employés lors d'opérations de sauvetage, en spéléologie ou pour des descentes en rappel très longues.

Principes généraux

Au cinéma, les descentes ultrarapides sont très spectaculaires. Elles n'épargnent néanmoins pas les cordes et les autres équipements: la chaleur générée lors du freinage peut désagréger la corde.

Descendez donc graduellement. Si vous sautez sur la roche ou descendez maladroitement, la corde va s'allonger régulièrement et s'échauffer en passant sur les parties aiguës du rocher. Cela peut même affecter vos points d'assurage. Lorsque c'est possible, gardez vos pieds en contact avec la roche et maintenez-les à l'horizontale par rapport à vos hanches. Faites un nœud au bout de la corde ou nouez les cordes entre elles si vous utilisez une corde à double. Cela vous permettra d'éviter de continuer à descendre au-delà des limites de la corde lors d'une descente à plusieurs cordées.

Comment tirer la corde

Pour savoir quelle corde tirer avec une corde à double ainsi que pour maintenir les cordes séparées pour un retrait plus aisé, accrochez un mousqueton à la corde puis attachez-la avec une sangle à votre baudrier avant de descendre. La corde à tirer est celle qui maintient le nœud du côté le plus bas du point d'assurage (voir figure en haut à droite).

Attention aux roches disloquées ou aux débris lorsque vous tirez la corde. Il vaut mieux tirer fermement plutôt que multiplier les poussées, car les extrémités de la corde sont moins susceptibles de bouger et de s'accrocher. Inévitablement, une corde peut se coincer. Si vous ne parvenez pas à la dégager, un grimpeur devra revenir sur ses pas en s'assurant avec une cordelette pour faire un nœud de Prussik et récupérer la corde. Il est préférable d'alterner des nœuds en huit au cas où le nœud de Prussik se révélerait défaillant.

Comment sécuriser les descentes en rappel

Blocage de la corde : le premier de cordée, plus expérimenté, peut mettre en rappel ses compagnons avant de s'y placer lui-même. Il peut ainsi les appeler un à un en bas du rappel et les assurer en tenant l'extrémité de la corde.

DESCENTE EN RAPPEL SÉCURISÉ

Cette technique peut être utilisée pour faire évacuer des grimpeurs inexpérimentés d'une vire grâce à l'intervention du premier de cordée qui les assure en bas du rappel. Il est important de s'assurer que tous les points d'ancrage sont solidement installés.

Les nœuds de Prussik : en s'attachant aux cordes à l'aide de ce nœud avec une cordelette, le grimpeur est protégé si la corde donne du mou. Ce nœud est généralement situé avant le relais et attaché au baudrier. Il est maintenu ouvert avec la main qui freine et se ferme automatiquement lorsqu'on descend. On emploie un nœud Machard pour un relâchement facile sous une charge.

Le descendeur Petzl : utile pour assurer les descentes, il permet des arrêts prolongés (voir page 93).

RETRAIT D'UNE CORDE

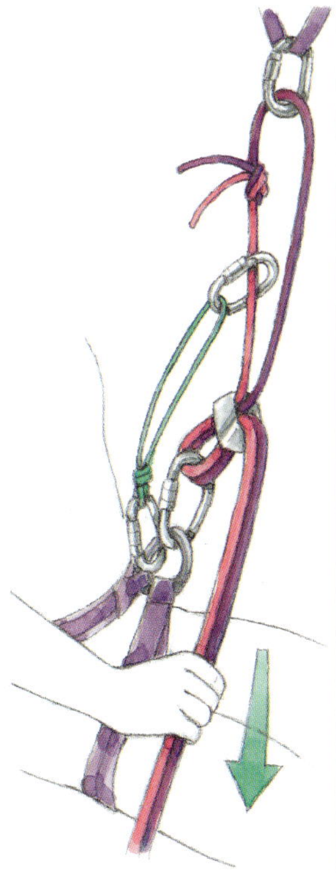

Le mousqueton et la sangle sont utilisés pour éviter que la corde ne toronne et identifier la corde de tirage après la descente.

Techniques spéciales de descente

Les descentes répétées exigent une préparation pour contrôler le rythme de la descente. Envoyez un grimpeur en reconnaissance avec l'assurage adéquat sur des cordes et assurez-le avec une seconde corde. On peut ainsi fixer le prochain point d'assurage et vérifier que les deux cordes sont descendues puis aider à descendre le grimpeur s'il aborde un surplomb (commencez par des petits sauts). Attachez les cordes au point d'assurage suivant.

La descente en diagonale peut être difficile. Elle use souvent moins la corde si tous les grimpeurs, sauf le dernier de cordée, descendent directement sur une corde puis grimpent à côté. La seconde corde sert de contrepoids en bas du relais. Le dernier grimpeur descend sur les deux cordes et fait une traversée en pendule pour atteindre le même endroit.

Descendre en rappel avec une lourde charge peut faire basculer le grimpeur. Pour éviter ce problème :

- Portez un harnais complet.
- Suspendez votre sac au-dessous de vous en l'attachant directement au mousqueton de rappel.

Rappels spécifiques : si les points d'assurage supérieurs ne sont pas très sûrs, le dernier grimpeur peut faire contrepoids pour aider à assurer la corde. Il est souvent mieux de s'asseoir, de préférence en prenant entre ses bras un rocher. Le premier de cordée, qui descend d'abord en rappel, place des points d'assurage qui retiennent une chute éventuelle. Le haut de la cordée peut alors placer des points d'assurage au bout du rappel. Le dernier de cordée descend en rappel par étapes en enlevant le matériel au fur et à mesure. Les grimpeurs doivent être assurés par un nœud de Prussik ou un Petzl sur les deux cordes, en plaçant un mousqueton entre l'une des cordes et leur harnais afin d'éviter qu'ils ne remontent si le point d'assurage du haut du rappel cédait et si le nœud de Prussik se desserrait.

Ci-dessus *Une descente en rappel pendulaire. Le grimpeur est assuré par un nœud de Prussik.*

Ci-contre *Sur des voies populaires comme la Dent du Géant, dans la chaîne du Mont-Blanc, les rappels doivent être minutieusement préparés afin d'éviter les embouteillages.*

Descendeur Petzl.

Remonter sur la corde

Il est vital de connaître cette technique pour les cas d'urgence ou pour aller plus vite sur de longues voies où les seconds de cordée utilisent des descendeurs comme les jumars. Entraînez-vous à faire les nœuds et utilisez un descendeur dans un lieu confortable et sécurisé car, sur les parois de l'Eiger ou au milieu d'une tempête de neige, il sera difficile d'apprendre !

En général, il est préférable de mettre un mousqueton sur le harnais pour s'assurer. En adaptant soigneusement la longueur de la corde, on peut obtenir une configuration optimale pour un meilleur confort et un minimum d'efforts. Utilisez de préférence vos pieds pour les mouvements ascendants. Lorsque vous remontez sur une corde, avancez lentement sans rebondir. La corde cogne souvent contre la roche et peut s'user facilement.

Dans des situations extrêmes, de nombreuses techniques peuvent être utilisées. Certaines, dignes de James Bond, recourent à un nœud de Prussik fait dans des lacets de chaussures ou à des sangles nouées à la corde pour vous maintenir debout avec une seule corde.

Les principaux nœuds

L'Autrichien Karl Prussik a inventé le nœud qui porte son nom pour remonter sur une corde. Il existe de nombreuses variantes qui consistent à nouer une corde plus mince à une autre plus épaisse jusqu'à ce qu'un frottement suffisant se produise pour éviter que la corde portant la charge ne glisse.

Les nœuds les plus courants comprennent le nœud de Prussik classique, le nœud de sangle, le nœud Bachman et le nœud Machard.

- Le nœud de Prussik classique utilise moins de longueur de corde que les autres mais bloque sous la charge.
- Le nœud de sangle peut être utilisé avec des sangles ou des cordes minces.
- Adapté aux cordes gelées ou mouillées, le nœud Bachman nécessite le recours à un mousqueton qui forme une poignée qu'on manipule en cours d'ascension.
- Le nœud Machard ou nœud français peut être déplacé à la main même sous tension. Très utile pour les techniques de secours, il se place aisément sur la corde en enroulant la boucle plusieurs fois autour.

Techniques de remontée

Le nœud supérieur doit être mousquetonné au baudrier et le nœud inférieur déroulé pour permettre de poser son pied à l'intérieur. En remontant le nœud supérieur et en se tenant debout sur celui-ci, on déplace le nœud supérieur vers le haut pour s'y asseoir.

Il arrive que les nœuds de Prussik glissent ! Sur une longue distance, ils peuvent céder en raison du frottement qui use la corde. Pour éviter ce problème, faites plusieurs nœuds à intervalles réguliers sur la corde et nouez-les entre eux à un mousqueton relié à votre baudrier avec un nœud de cabestan ou un nœud en huit.

Jumar.

Les descendeurs mécaniques

Il en existe de nombreux modèles. Tous tiennent à la corde grâce à des dents inclinées dans le même sens ou grâce à des roues dentées qui emprisonnent la corde. Beaucoup sont équipés de systèmes de sécurité pour éviter qu'ils ne se détachent accidentellement, ce qui se produisait avec les modèles plus anciens.

Les jumars : ce sont les plus populaires. Dotés de dents placées à angle droit, ils peuvent posséder une poignée ergonomique très pratique. Il existe des modèles pour droitiers et pour gauchers. Ils autorisent des remontées rapides si

Ci-contre *Felicity Butler s'arrête sur le mont Arapiles, en Australie.*

Ci-dessous *L'utilisation de jumars sur de longues distances peut être fatigante avec un sac à dos. Attachez le sac directement au jumar inférieur ou hissez-le séparément.*

les boucles entourant votre corps et vos pieds sont bien placées.

Ils ne conviennent pas sur des cordes gelées et bloquent avec la boue ou la glace. Les dents endommagent la gaine de la corde en cas d'utilisation intensive.

Ne poussez jamais fortement le jumar vers le haut contre un nœud, car il doit être en partie désinstallé avant d'être relâché.

Autres systèmes: le système le plus courant est le descendeur Petzl mais il existe d'autres modèles. Ces mécanismes n'endommagent pas la gaine de la corde et tiennent bien sur des cordes mouillées ou légèrement gelées. Ils sont plus faciles à déplacer vers le bas car ils n'ont pas de dents. Ils peuvent également être utilisés sur une corde à double.

NŒUD DE SANGLE

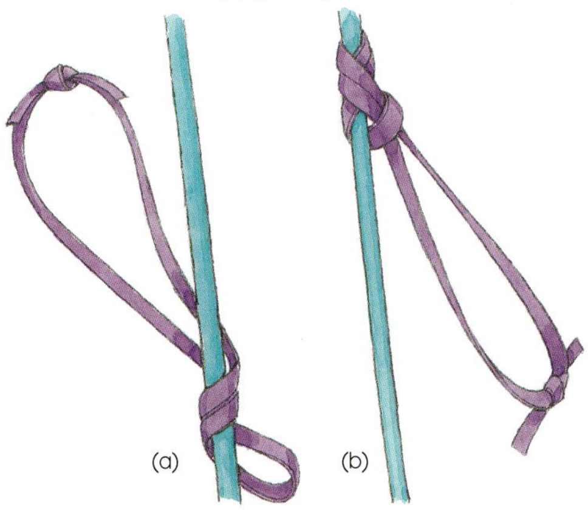

Il peut être utilisé avec des sangles ou une corde avec un nœud de Prussik. Il peut être nécessaire de faire plusieurs tours pour le faire tenir.

NŒUD BACHMAN

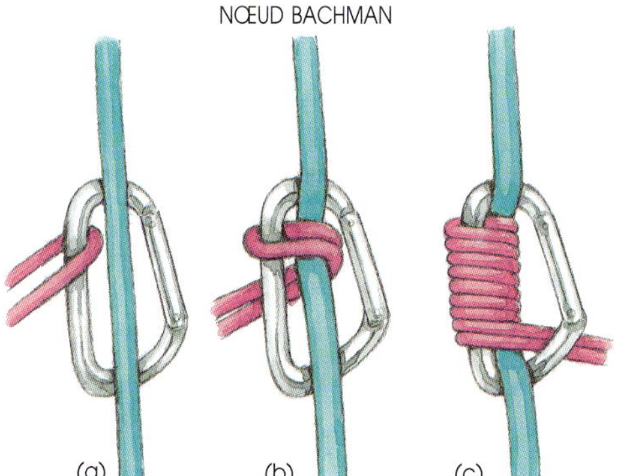

Il permet une meilleure prise en main.

SORTIR DU RELAIS

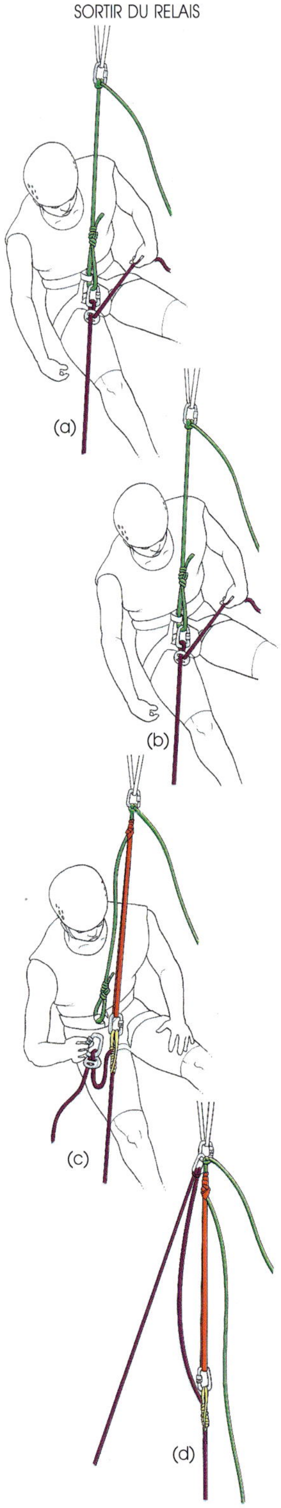

Remarque : un seul point d'assurage est ici illustré pour des raisons de clarté. Mais il faut toujours en utiliser plusieurs.

TECHNIQUES DE SECOURS

L'escalade implique toujours la prise de risques. Se préparer à affronter des situations d'urgence qui, avec un peu de chance, ne se produiront pas constitue une partie essentielle de l'entraînement. Les situations d'urgence étant toujours uniques, vous aurez besoin d'entraînement et d'improvisation.

DIFFICULTÉS DU SECOND DE CORDÉE

Beaucoup de grimpeurs travaillant avec des novices peuvent un jour entendre quelqu'un situé hors de leur champ de vision en bas du relais, quatre piolets plus bas, dire : « Je ne peux pas faire ce mouvement. Aide-moi. » Que faire alors ?

Vous avez des solutions :

• Désassurez le grimpeur puis descendez en rappel et aidez-le.

• Ramenez la corde et poussez le grimpeur vers vous.

Quelle que soit votre décision, il y a toujours une solution.

Sortir du relais

Que vous soyez premier ou second de cordée, vous pouvez avoir besoin de sortir du relais pour aider un grimpeur tombé ou bloqué.

La méthode de base consiste à :

• Vous détacher.

• Attacher par un nœud de Prussik ou un mousqueton la corde qui mène au grimpeur, avec de préférence un nœud français plus facile à défaire même sous charge.

• Faire un nœud de Prussik ou utiliser un mousqueton pour vous assurer à l'aide d'une sangle ou la boucle d'une corde. Dans ce dernier cas, planifiez la suite des opérations en utilisant soit l'extrémité de la corde, soit la partie la plus proche du grimpeur ou une partie entre ces deux points.

DÉTACHER UN DESCENDEUR EN HUIT/UN NŒUD AUTOBLOQUANT

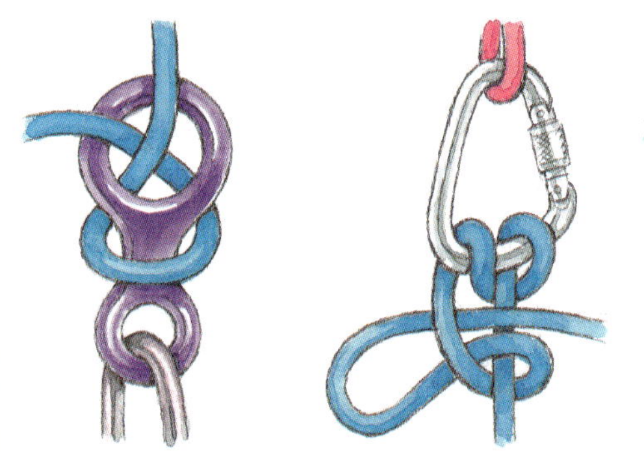

Ces deux éléments doivent toujours être reliés par plusieurs demi-cabestans.

• Faire un nœud de cabestan ou un nœud autobloquant (pour le défaire plus facilement) dans la partie endommagée de la corde du grimpeur et attachez-la au point d'ancrage. La boucle doit être longue pour qu'elle ne se resserre pas lorsque la charge sera transférée vers le nœud de Prussik.

• Retirer votre main du relais et transférer la charge vers le nœud de Prussik, vérifier sa solidité.

• Enfin, retirer le matériel du relais et sortir.

Une partie de la corde peut être utilisée pour rejoindre le grimpeur en difficulté, en rappel ou pour installer un système de hissage ou de descente.

Pour descendre, le nœud autobloquant est déjà en place ; faites céder le nœud de Prussik. Tenez la corde, sinon le grimpeur en difficulté risque de tomber !

La technique du mouflage

Le hissage assisté : c'est la technique la plus simple qui peut être utilisée si le grimpeur en difficulté se trouve à moins d'un tiers de corde plus bas, est conscient et capable d'atteindre le bas de la corde. Le premier de cordée n'a pas besoin de sortir du relais et peut ajouter un nœud de Prussik pour s'assurer en dessous du relais.

Il passe ensuite un nœud de corde sous le blessé avec un mousqueton de sécurité relié à son baudrier. Le blessé et son sauveteur sont alors hissés.

Le mouflage vers le haut : le blessé utilise une corde (détachée ou attachée par un nœud de Prussik) et place son pied dans le nœud; l'autre corde sert de contrepoids et de corde de relais.

INSTALLATION D'UN SYSTÈME DE HISSAGE

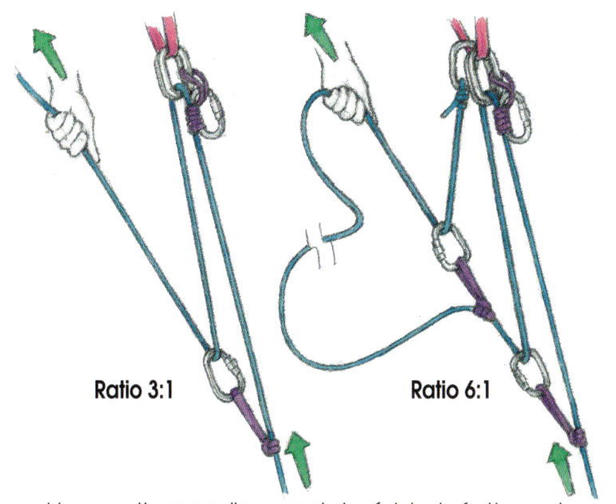

L'usage d'une poulie permet de réduire le frottement.

Si le blessé n'est pas assuré par un nœud de Prussik, la corde située normalement sous le pied forme une boucle à son extrémité qui est hissée d'en haut. En utilisant une poulie, le blessé peut être hissé. Les nœuds de Prussik doivent cependant être assurés.

Le hissage complet (mouflage) : cette méthode (voir ci-dessus) est employée lorsque le blessé n'est pas en mesure d'aider à son sauvetage. Elle n'est pas facile à mettre en œuvre car, même si le frottement n'implique que les mousquetons, il n'en diminue pas moins l'efficacité du sauvetage.

Il est essentiel d'apprendre à installer ces poulies car cela est compliqué sur une petite sangle.

En cas de chute du premier de cordée

Si le premier de cordée se trouve loin de vous, détachez-le puis remontez vers lui en vous assurant au point d'ancrage situé au-dessus de lui avec un nœud de Prussik.

Pour descendre vers lui, lorsqu'un hissage est impossible, refaites les nœuds de Prussik en conséquence et redescendez vers lui. Il devient alors aisé de le soigner du mieux possible et d'assurer les points d'ancrage.

Avec une corde à double ou avec une poulie sur une sangle, il est plus facile de le faire descendre en rappel car la corde peut être employée pour la descente en la plaçant sous le premier de cordée.

Puis vous pouvez détacher (ou couper) cette dernière corde pour libérer le grimpeur et remonter en vous assurant jusqu'au plus haut point d'ancrage pour ajouter tous les points d'assurage possibles. Vous redescendrez ensuite en rappel en utilisant la sangle du relais.

De là, il vous est possible de hisser le grimpeur ou de descendre vous-même par cette méthode en utilisant la corde disponible pour le récupérer en passant (si nécessaire, coupez l'autre corde).

CONSIGNES DE SECOURS

- Il est souvent plus facile de descendre que de monter, même si vous êtes à une cordée de la fin d'une voie de dix cordées.
- Lorsque vous descendez en rappel avec une autre personne ou chargez un sac lourd, utilisez un frein de mousquetons sous le descendeur pour limiter le frottement.
- Une solution trop souvent adoptée consiste à couper la corde reliant le blessé pour disposer de sangles supplémentaires. Vous devez d'abord vérifier que ce que vous détachez est assuré !
- Pour vous sortir vous-même d'affaire : assurez-vous ! Récupérez soigneusement les points d'ancrage du relais avant d'agir. La sécurité passe avant la vitesse.

HISSAGE AVEC POULIE

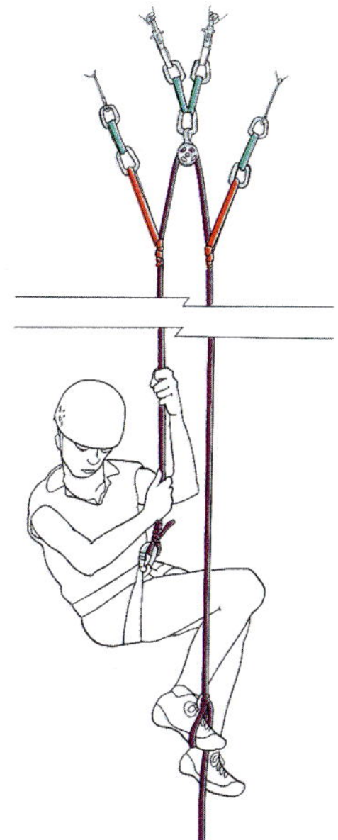

Les nœuds de Prussik situés en haut de la corde doivent être déplacés alternativement l'un après l'autre par le premier de cordée.

Ci-dessus *Les grimpeurs doivent être en mesure de répondre à des situations d'urgence, en particulier dans les zones reculées comme les montagnes de Cedarberg.*

Ci-contre à gauche *Un grimpeur chevronné venant en aide à un autre grimpeur novice dans une traverse.*

CHAPITRE SIX

LES BIG WALLS ET L'ESCALADE ARTIFICIELLE

La vie à la verticale

C'est dans le Yosemite qu'est née l'escalade artificielle sur Big Walls. Le grimpeur utilise ici un matériel important.

Bien qu'historiquement distincts, les termes « Big Wall » et « escalade artificielle » sont aujourd'hui souvent associés en alpinisme.

L'escalade artificielle consiste à utiliser des équipements installés sur la roche pour assurer le grimpeur pendant l'ascension. Cela peut être un simple point d'assurage pour aider le grimpeur dans un passage difficile ou un équipement complexe et systématique d'une voie entière par un pitonnage ou une autre technique. L'escalade artificielle est actuellement utilisée dans des voies impraticables en libre ou pour aller plus vite en alpinisme.

En escalade libre, la corde ou le matériel ne sont pas utilisés car ce serait considéré comme une « mauvaise technique ». Les très bons grimpeurs escaladent en libre des voies qui furent un temps seulement praticables en escalade artificielle; néanmoins, même dans des voies praticables, il y a toujours des passages qui ne peuvent être franchis qu'en escalade artificielle.

Depuis les débuts de l'alpinisme, les grimpeurs ont utilisé du matériel pour s'assurer ou grimper. De nombreuses voies furent ouvertes grâce à des prises artificielles avec des pitons en acier doux ou

des spits qui défigurent encore de nombreuses fissures des Alpes. Ce matériel était en effet difficile à retirer lorsqu'il était bien enfoncé dans la roche. L'opposition à l'escalade artificielle s'est manifestée lorsque les grimpeurs se sont rendu compte que, sur les voies populaires, des vieux pitons rouillés jonchaient les roches et que l'ajout et le

Le grimpeur utilise un des rares pitons déjà installés sur la roche.

Un assortiment complet de matériel typique des Big Walls. Les petits coinceurs de forme arrondie sont en fait des Copperheads déformables.

retrait permanent de nouveaux pitons avaient élargi les fissures, défigurant la montagne et laissant des cicatrices. À ce moment-là, de nombreuses voies artificielles étaient devenues libres, surtout grâce aux progrès dus à l'usage de chaussons d'escalade supportant mieux le frottement, de cordes plus adaptées et de matériel d'assurage. L'avènement des coinceurs a rendu l'usage des pitons quasiment obsolète. L'escalade artificielle fut alors considérée comme le domaine exclusif de quelques fous, sauf dans certaines voies qui ne pouvaient être vaincues autrement telles des Big Walls du Yosemite ou d'autres longues voies comprenant des passages techniques.

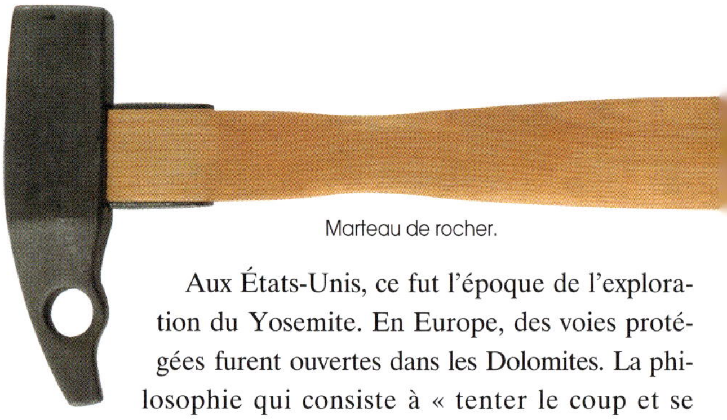

Marteau de rocher.

L'ÉQUIPEMENT

L'escalade artificielle moderne nécessite un large éventail de matériels. On encourage actuellement l'escalade « propre », c'est-à-dire les équipements qui n'endommagent pas la roche.

Le matériel standard évoqué au chapitre cinq est également utilisé en escalade artificielle. La différence porte surtout sur la quantité de matériel employé : une longue escalade artificielle peut exiger l'emploi de 40 à 50 coinceurs et de 60 à 80 mousquetons y compris des coinceurs de petite taille, beaucoup plus petits et plus nombreux que ceux utilisés en libre. Ces coinceurs sont conçus pour supporter le poids du corps du grimpeur et non pour résister à une chute. Ils peuvent être en aluminium ou en cuivre (qui se déforme dans la roche et tient mieux) ou encore en acier (qui est plus résistant mais le coinceur peut facilement sortir de la fente).

La forme et la taille des pitons peuvent varier considérablement. Cela va des minuscules pitons de la taille d'un timbre jusqu'à des objets aussi fins qu'une lame de rasoir, en passant par des pitons de 20 cm.

Chaque modèle a un usage spécifique : certains conviennent aux fissures horizontales, les pitons d'angles aux fissures plus larges, bien que les coinceurs offrent plus d'avantages, d'autres pour les fissures profondes et les plus gros aux fissures larges. La tendance actuelle est d'utiliser les pitons dans les failles trop étroites pour recevoir un coinceur (voir page 100).

Assortiment de pitons sur un porte-matériel.

La véritable explosion de l'escalade artificielle date des années 60, après l'invention des pitons en molybdène chromé aux États-Unis, bien plus résistants que ceux en acier doux fabriqués en Europe. Ils peuvent être placés dans des fissures plus fines et retirés facilement après usage. Ainsi la technique de l'escalade artificielle se perfectionna.

Aux États-Unis, ce fut l'époque de l'exploration du Yosemite. En Europe, des voies protégées furent ouvertes dans les Dolomites. La philosophie qui consiste à « tenter le coup et se balancer », comme on l'appelait avec ironie, s'est répandue dans le monde de l'escalade, et des voies d'escalade artificielle (partielles ou complètes) se sont développées en Europe, en Amérique du Sud, en Afrique du Sud, en Nouvelle-Zélande et en Australie.

Des plombs martelés dans les fissures supportent la charge du grimpeur (et seulement celle du grimpeur !) ; leurs têtes molles épousent en quelques minutes les irrégularités de la roche.

Les spits changent considérablement la qualité de la voie. La plupart des grimpeurs adeptes de l'escalade artificielle n'y recourent qu'en cas d'absolue nécessité, en les utilisant souvent aux points d'ancrage les plus importants pour fignoler les points d'assurage. Dans le Yosemite et ailleurs, les chevilles doivent être placées à la main car les perceuses sont interdites.

Mis à part le matériel déjà cité et l'équipement habituel du grimpeur en libre, d'autres matériels sont nécessaires.

Les étriers sont des sangles cousues pour former une échelle qui permet de se déplacer d'un point d'ancrage à un autre.

En Europe, la tendance actuelle est d'utiliser des mini-échelles de corde avec cinq ou six marches en aluminium. L'école américaine emploie des sangles cousues ou des marches renforcées pour éviter que les angles ne se referment. La plupart des grimpeurs utilisent deux étriers ou plus.

Un conseil utile si vous fabriquez un étrier en faisant cinq nœuds sur une sangle : achetez une longueur de 4,50 m de sangle, ce qui représente trois fois l'étrier de cinq marches (environ 1,50 m). Les étriers doivent être reliés au baudrier ou à un mousqueton par une longue cordelette au cas où vous les lâcheriez et pour vous aider au cours d'un retrait.

Sangles cousues.

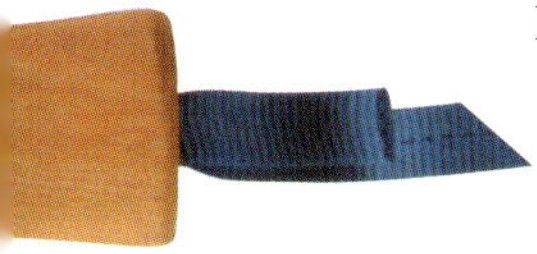

Les sangles cousues ou nouées sur une longueur d'environ 10 cm permettent un relais rapide au harnais et à un point d'ancrage ou à un étrier pour se reposer. Deux sangles cousues permettent de répondre à toutes les situations.

Les crochets fifi en métal s'installent et s'enlèvent facilement aux extrémités des étriers, des sangles cousues ou des simples sangles. Assurez-les toujours avec un mousqueton lorsque vous les utilisez comme matériels de base.

Les porte-matériel doubles sont équipés de nombreuses attaches et servent à transporter la quincaillerie. Ils permettent de répartir le poids uniformément, réduisant la pression exercée sur le cou du grimpeur. Beaucoup sont conçus pour renforcer un harnais dorsal et permettent un meilleur repos en surplomb ou en montée avec un jumar.

Les sièges de relais sont des bandes de tissu qui servent à se suspendre dans les relais. Ils ne sont pas conçus pour être les seuls points d'ancrage.

Les descendeurs comme les jumars sont absolument indispensables pour hisser du matériel ou pour l'ascension des Big Walls.

Crochet à gouttes d'eau.

Le marteau de rocher possède une face aplatie et une partie pointue pour les Copperheads ou pour nettoyer les fissures. Le marteau se suspend au harnais, ce qui permet au grimpeur de l'utiliser jusqu'à une hauteur dépassant largement celle de sa tête. Les attaches situées sur le harnais et les équipements sont donc toujours utiles.

Les crochets à gouttes d'eau (ou Skyhooks) sont très utiles pour les montées, bien que leur maniement exige une certaine habileté car seule l'extrémité du crochet se loge temporairement dans la roche. Souvent, les extrémités des crochets sont effilées.

Les poulies pour le hissage des sacs sont également l'apanage des grimpeurs sur Big Walls. Certains, plus chers, sont équipés de poignées permettant à la corde de coulisser facilement. D'autres ont des fonctions autobloquantes et sont généralement à cames, et conçus pour éviter que le sac ne glisse vers l'arrière.

Les sacs de hissage sont utilisés pour transporter l'équipement. Ils possèdent une partie haute renforcée, ce qui permet de les pousser s'ils se coincent et sont conçus pour ne pas se déchirer facilement. Choisissez une marque éprouvée et sûre.

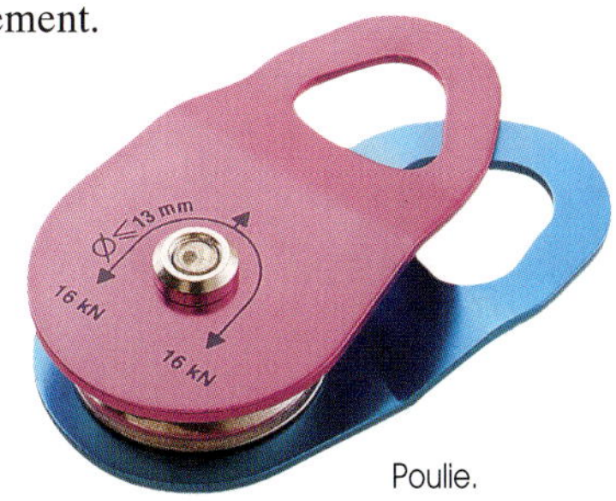

Poulie.

Les cannes à pêche permettent au grimpeur de mousquetonner du matériel au-dessus de lui. Elles maintiennent les mousquetons ouverts et ne les referment que lorsque le matériel est en place.

Les genouillères protègent les genoux en descente avec un jumar ou pendant l'ascension.

Les gants se révèlent fort utiles pour les opérations de hissage, de descente en rappel ou pour équiper des fissures.

Les hamacs rendent les longues nuits passées en falaise supportables. Certains modèles récents fournissent un abri contre la pluie.

L'équipement du bivouac traditionnel comprend un sac de couchage, des jerricans d'eau, un réchaud, du matériel de cuisine, de la nourriture, des vêtements contre la pluie et des vêtements chauds. Prévoyez une grande quantité d'eau car les voies sont toujours plus longues à traverser que prévu et la déshydratation est un problème courant. Sur les voies longues du Yosemite, les grimpeurs traînent parfois une quantité impressionnante d'objets, y compris des chaînes stéréo, des réchauds à gaz et d'autres équipements de confort, mais ce sont là plutôt des exceptions.

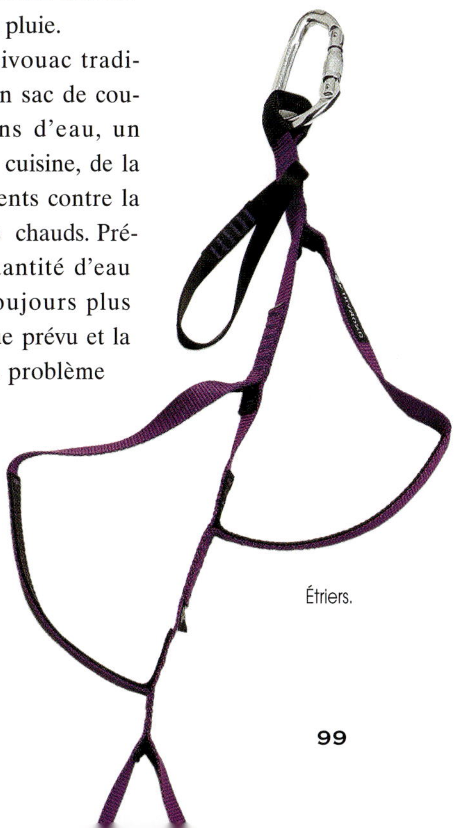

Étriers.

Pour négocier avec succès un passage difficile sur une voie en Big Wall, il faut installer soigneusement les pitons.

Ils emportent leur « maison », et tout leur équipement, suspendus au bout d'une corde, sur les rochers du Yosemite.

Il est important de noter l'esprit qui règne dans certains lieux comme le Yosemite où l'on rapporte avec soi tout ce qu'on a apporté. En raison de la fréquentation des sites, cela concerne jusqu'aux excréments. On utilise de nombreuses méthodes ingénieuses telles des pompes en plastique ou des boîtes spéciales. La méthode qui a longtemps prévalu et qui consistait à se débarrasser du matériel en le jetant par-dessus bord n'a heureusement plus cours ; non seulement cette pratique peut être dangereuse pour les autres grimpeurs, mais le matériel se déforme souvent en tombant et cela revient cher !

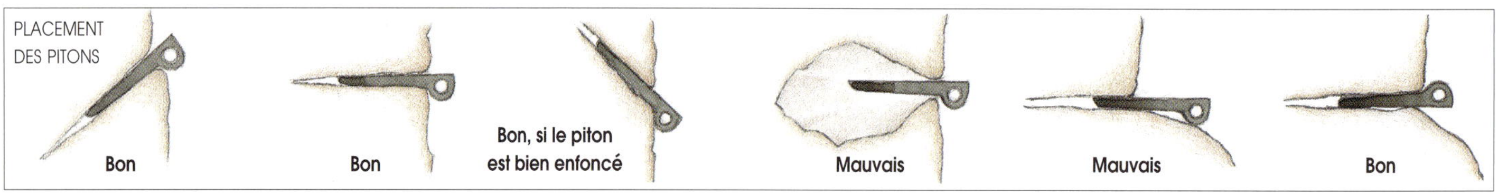

Les techniques de l'escalade artificielle

La vie dans les airs pose souvent des problèmes. Parmi les plus fréquents et les plus graves figure la perte du matériel. Tous les équipements sont dotés d'attaches (des sangles spéciales peuvent être utilisées pour attacher les bouteilles d'eau). Des sangles de couleurs différentes pour les sangles cousues et les étriers évitent les confusions.

Installation du matériel

La règle consiste à placer chaque élément le plus loin possible au-dessus de l'élément précédent. Cela permet d'économiser matériel et temps. Il faut éviter de laisser traîner la corde et disposer de suffisamment de mousquetons pour relier la corde. La méthode européenne exige une corde de 9 mm de diamètre, celle des Américains, de 10 à 11 mm.

La mise en place du matériel est semblable aux méthodes employées pour l'escalade traditionnelle. La seule différence est que chaque élément doit tenir. De plus, l'escalade artificielle exige de mousquetonner directement sur le matériel, de façon à alléger au maximum la charge.

Installation des pitons

Il est plus sûr de les placer à l'horizontale avec la pointe vers le bas. Choisissez-en un dont la taille s'adapte à la fissure. N'essayez jamais de forcer.

Un piton bien en place produit un son clair aux derniers coups de marteau. Vérifiez qu'il ne joue pas. Utilisez des sangles directement contre la roche pour pouvoir le détacher par-dessous ou par-dessus, selon les modèles, de façon à minimiser les risques de torsion. Les pitons se coincent ou s'enfoncent souvent dans les larges fissures. Pensez à les munir d'attaches sans charge pour pouvoir les attraper.

Installation de points d'ancrage provisoires

Avec des coinceurs Copperhead, il faut placer l'objet dans la fissure puis l'enfoncer ou le fixer. Commencez en haut à droite, continuez en bas à gauche et ainsi de suite. Une fois le piton installé, il faut tester sa mobilité. S'il bouge, il faut le replacer. Les cames, qui se limitent souvent à supporter le poids du grimpeur, doivent être utilisées avec prudence.

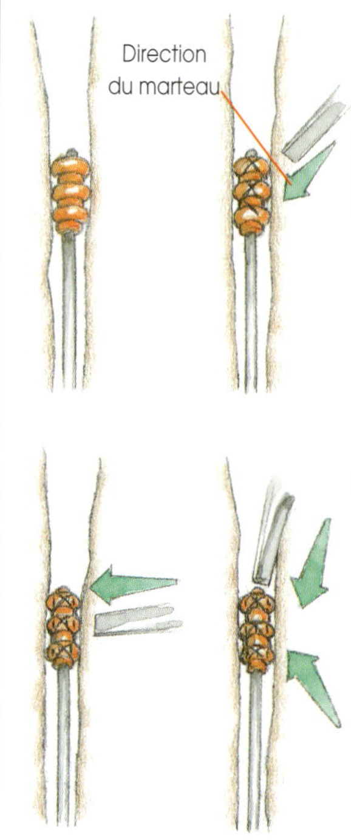

Fixation d'un coinceur Copperhead

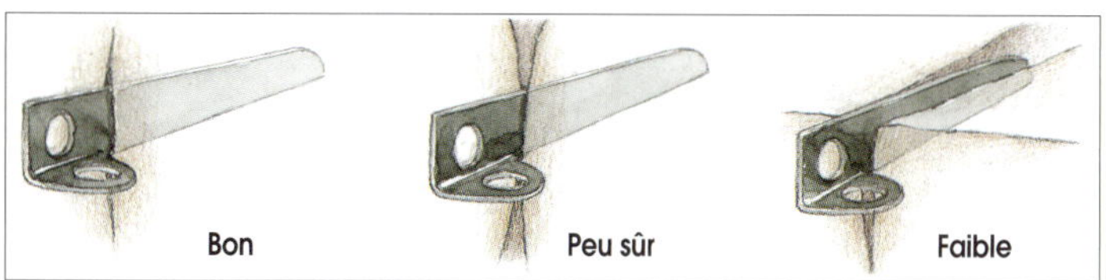

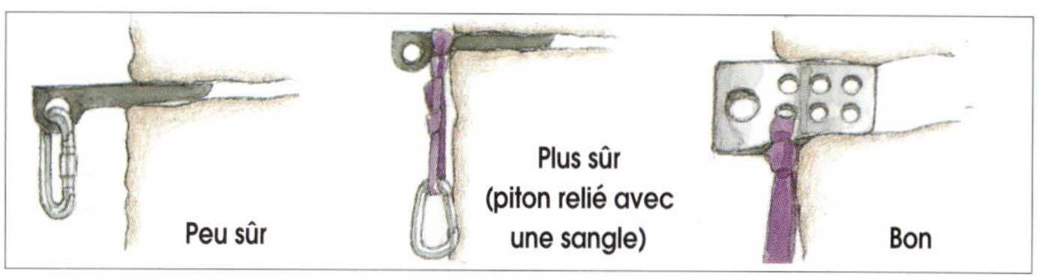

TECHNIQUE AMÉRICAINE

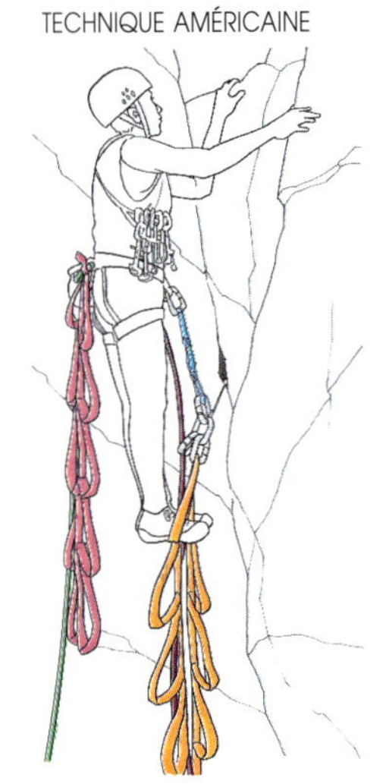

Ici, une dégaine bleue maintient l'équilibre du grimpeur.

Le début de l'ascension

Après avoir attaché la corde, installez le matériel de relais :

1. Fixez un point d'assurage aussi haut que possible.
2. Installez un étrier et placez-vous avec précaution dans l'une des ouvertures. Tirez légèrement pour vous assurer de sa stabilité et, le cas échéant, retirez-vous doucement.
3. Mousquetonnez votre sangle cousue puis votre corde avec un second mousqueton relié au point d'assurage.
4. Montez sur l'étrier jusqu'à ce que le point d'assurage atteigne le niveau de votre taille. Là, assurez la sangle cousue ou votre seconde sangle cousue au point d'assurage pour vous reposer. Surveillez la forte pression exercée sur le point d'assurage, car celui-ci peut soudainement céder.
5. Continuez votre ascension vers le prochain point d'assurage, installez celui-ci puis mousquetonner votre seconde dégaine et procédez comme précédemment. Pensez à retirer votre premier étrier et à le relier à votre harnais.

Cette technique ne peut être utilisée facilement qu'avec des points d'assurage solides, ce qui permet de gagner en hauteur même si vous perdez un peu en force. En reliant la dégaine au point d'ancrage le plus bas, on crée un triangle de forces et une meilleure stabilité (voir l'illustration ci-contre).

Il est essentiel de se reposer, en utilisant des crochets fifi coincés avec le pied. Utilisez vos pieds car les bras fatiguent beaucoup plus vite.

Traversées en tension et en pendule

Ces techniques permettent au grimpeur de se déplacer à l'horizontale par-dessus un rocher. Pendant une traversée en tension, le second de cordée assure

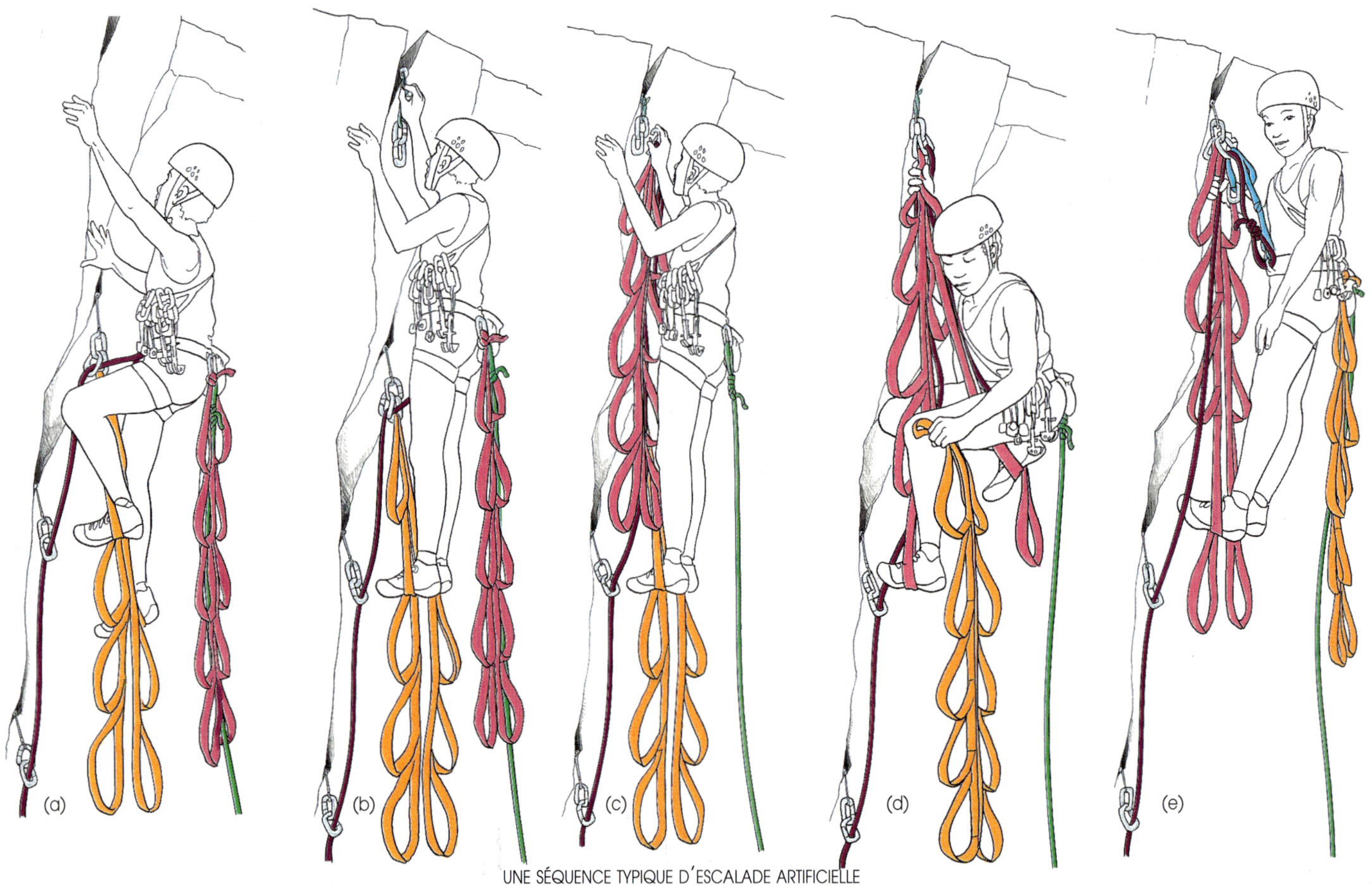

UNE SÉQUENCE TYPIQUE D'ESCALADE ARTIFICIELLE

Le grimpeur monte aussi haut que possible dans l'étrier à sangle orange (a); puis il installe le matériel aussi haut que possible (b); il mousquetonne le deuxième étrier rose et la deuxième corde rouge dans le point d'assurage (c); il grimpe dans l'étrier et redescend (d); puis il mousquetonne une dégaine bleue et planifie la séquence suivante (e).

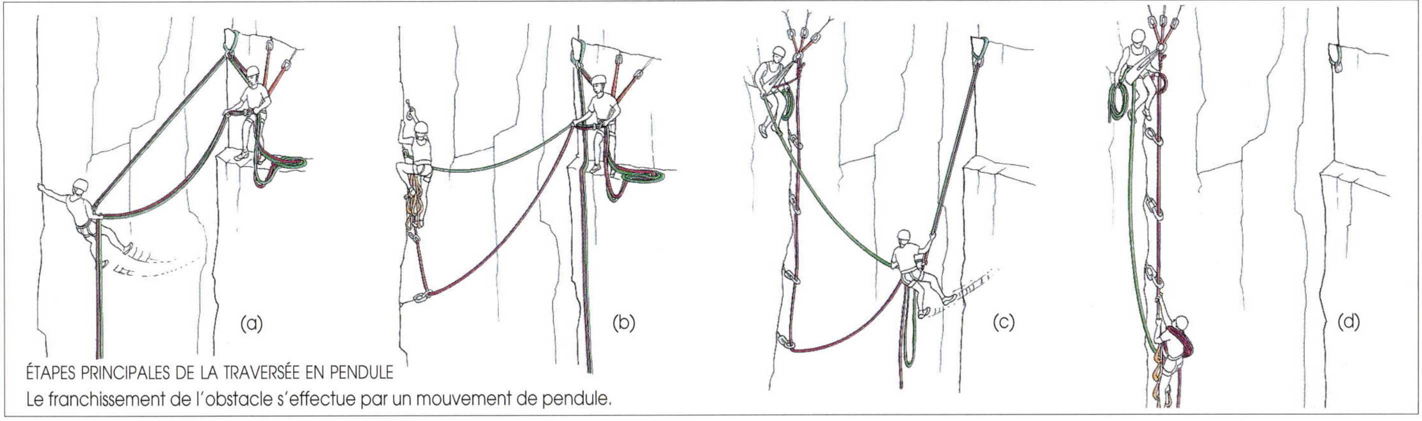

ÉTAPES PRINCIPALES DE LA TRAVERSÉE EN PENDULE
Le franchissement de l'obstacle s'effectue par un mouvement de pendule.

le premier en tirant la corde. Ce dernier utilise cette corde comme un point stable lorsqu'il est assuré à des points d'ancrage plus petits pour se déplacer plus ou moins à l'horizontale.

La traversée en pendule permet de franchir des obstacles plus importants, notamment une série de fissures. Dans ce cas, le premier de cordée place un point d'ancrage très solide aussi haut que possible dans la première fissure puis il descend jusqu'à disposer de suffisamment de corde pour lui permettre un déplacement aisé d'avant en arrière au-dessus de la paroi et jusqu'à ce qu'il prenne suffisamment d'élan pour se déplacer vers la deuxième fissure.

Le premier de cordée place alors le matériel dans la deuxième fissure et monte suffisamment haut pour installer un relais et assurer le second. L'usage de deux cordes pour la traversée en pendule offre au second une meilleure sécurité.

En bas à gauche *Un grimpeur est assuré par des points d'assurage précaires.*

Ci-dessous *El Capitan est l'un des sommets du Yosemite associé aux exploits de Royal Robbins.*

ROYAL ROBBINS

Le nom de Royal Robbins est étroitement lié aux parois granitiques et très raides du Yosemite. Né en 1935, Royal était déjà un adepte du bloc accompli à 15 ans. Le jeune prodige jeta très vite son dévolu sur le Yosemite. À 19 ans, il traversa sa première voie en ce lieu ; c'était le deuxième grimpeur qui s'attaquait au Yosemite Point Buttress. Robbins continua sur sa lancée en escaladant la voie de Salathé-Steck, sur la face nord du Sentinel Rock, qui est toujours considérée comme l'une des meilleures voies du Yosemite.

En 1957, Royal fut le premier à vaincre la face nord-ouest du Half Dome située à 610 m d'altitude. Après deux ans de service militaire, il retourna au Yosemite pour expédier en six jours et demi la deuxième ascension de la voie d'El Capitan. Sa voie suivante fut la face sud-ouest d'El Capitan, considérée comme « impraticable sans des centaines de pitons ». Avec deux équipiers, Royal passa neuf jours sur cette paroi et l'escalada avec 13 pitons seulement. Cette voie est connue sous le nom de Salathé Wall.

Les relais

En escalade artificielle, les relais sont essentiels car les deux équipiers finissent par s'y rencontrer avant de commencer la longueur suivante. Il faut donc s'organiser.

Placez un bon nombre de points d'assurage : reliez-les les uns aux autres et surtout au point d'ancrage principal du relais (en particulier vous-même).

Souvenez-vous que ces points peuvent être soumis à une tension considérable, surtout en cas de chute du premier de cordée, si le système de hissage se bloque ou si le second monte avec un jumar sur la corde restée attachée. Généralement, le premier de cordée hisse le système pendant ou après que le second est remonté, au cas où un blocage se produirait.

Le rôle du second de cordée

Ce rôle peut être plus excitant que celui de premier de cordée, notamment sur des parois en suspension ou sur des traverses nécessitant des déplacements spectaculaires pour retirer le matériel.

Sur une longue voie, le second utilise généralement un jumar pour la montée, bien qu'il soit plus facile de grimper en retirant le matériel sur son passage. Il ne se détache pas du bout de la corde mais simplement la laisse le « suivre », et fait généralement une série de nœuds en huit à mesure qu'il grimpe. C'est le cas lorsque le jumar ne répond pas ou se bloque au niveau des points d'ancrage. Lorsqu'il atteint le relais, le second de cordée réunit et défait les points d'assurage et prend généralement la tête de la cordée.

Les cordes s'usent facilement sur les aspérités de la roche. Évitez donc de rebondir et de vous balancer. Pour retirer les pitons, martelez-les doucement d'avant en arrière jusqu'à ce qu'ils se détachent. Une autre méthode consiste à relier une dégaine à un piton avec un mousqueton, ce qui permet de retirer celui-ci (un piton à ouverture spéciale est pratique car la force d'inertie du marteau contribue à libérer le piton). Les pitons plus malléables sont souvent difficiles à enlever et il vaut donc mieux les laisser en place.

Lorsque vous utilisez un jumar sur une traverse ou en suspension, le jumar du haut doit être relié à

***À gauche** Bien qu'il soit encombrant, le système de hissage de sac permet d'emporter suffisamment de provisions pour une longue ascension.*

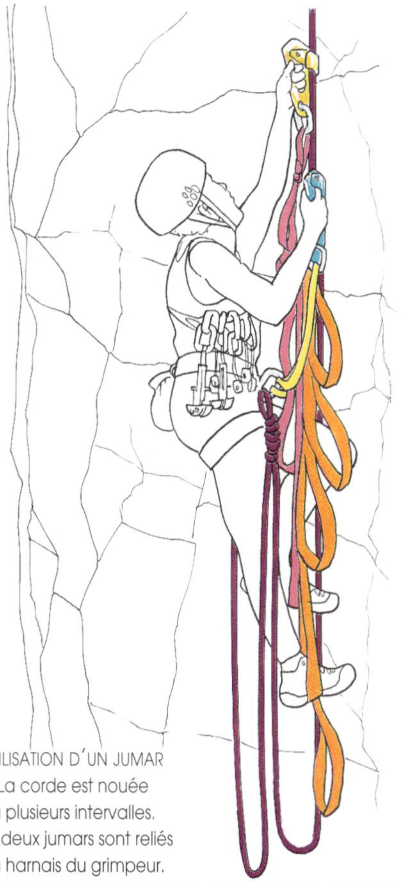

UTILISATION D'UN JUMAR
La corde est nouée
à plusieurs intervalles.
Les deux jumars sont reliés
au harnais du grimpeur.

un point d'assurage avant d'être retiré. Le jumar situé plus bas peut passer sur le point d'assurage et se bloquer, il faut donc maintenir le descendeur aussi bas que possible lorsque vous déplacez le jumar ou utiliser un nœud de Prussik pour remplacer le descendeur du bas.

Les surplombs

Sur un surplomb, ayez toujours des descendeurs ou de quoi faire des nœuds de Prussik. Si les points d'assurage cèdent, vous n'aurez pas d'autre moyen de retourner vers le rocher d'où vous venez.

L'usage de deux dégaines et d'au moins deux étriers vous aide à vous maintenir contre la roche et à garder l'équilibre.

__À droite__ Les voies autrefois réservées à l'escalade artificielle sont maintenant pratiquées en escalade libre à l'aide de matériels et de techniques modernes.

À l'extrême droite et ci-contre
L'immensité de la roche nous fait ressembler à des nains, mais les grimpeurs relèvent toujours le défi de l'ascension.

À gauche page suivante
Une longue ascension sur une paroi granitique, en Namibie.

Le hissage des sacs

Le hissage des sacs est problématique sur un Big Wall. Chaque jour, le sac semble de plus en plus lourd. C'est un exercice fatigant, mais on peut économiser son énergie en respectant quelques principes efficaces :

1. Maintenez le descendeur très près de vous afin d'éviter les mouvements vers le haut et vers le bas chaque fois que vous recommencez à hisser.
2. Utilisez votre corps comme contrepoids pour effectuer le hissage.
3. Si le sac est très lourd, il peut être utile de marcher sur la paroi. Gardez un jeu de cordes de 2 à 3 m puis marchez sur la paroi en tirant le sac. Grimpez dans l'étrier pour revenir sur vos pas et déplacez le jumar plus haut. Renouvelez l'opération.
4. Reliez une cordelette au second pour libérer le

sac si celui-ci reste bloqué. Ce système aide également à diriger le sac en suspension.

Les retraites d'urgence

Même si les spits sont décriés, il n'est pas inutile de s'en munir en cas d'urgence ou de tempête.

CHAPITRE SEPT

GLACE ET NEIGE

L'attrait de l'hiver

L'escalade de glace et de neige va des marches faciles à l'ascension de sommets neigeux ou de terrains glacés, jusqu'aux expéditions spectaculaires à 8000 m d'altitude. La plupart des équipements et des techniques sont les mêmes, bien que plus l'expérience est extrême et plus l'équipement et les techniques sont spécialisés. Les « bonnes » voies d'escalade de glace et de neige sont rarement des parties de plaisir. Souvent les journées sont courtes et la voie est désagréable et dangereuse. Il faut faire preuve de vivacité, d'efficacité dans ses gestes et de créativité pour trouver et installer le matériel de sécurité, et s'armer de courage. Cependant, c'est une expérience gratifiante. Il est également essentiel d'être compétent sur neige et sur glace si vous souhaitez pratiquer sur une voie alpine ou un sommet intéressant. La maîtrise de cette discipline difficile et complexe exige des heures de pratique. Dans ce chapitre, nous évoquerons l'équipement et les techniques.

Les joies de l'escalade dans la neige !

LES VÊTEMENTS

L'équipement de base est similaire à celui du grimpeur traditionnel et se compose de cordes, de matériel de relais, de sangles, de mousquetons et de matériel de sécurité. Néanmoins, les vêtements destinés à tenir le grimpeur au chaud et au sec diffèrent radicalement.

Un grimpeur sur les chutes de Marble, au Colorado,

LES CHAUSSURES

Elles doivent être suffisamment rigides pour supporter les crampons, assez confortables pour des marches

aux États-Unis. Ce fragile rideau de glace exige une technique de glace délicate.

Chaussures de glace modernes.

prolongées, montantes pour protéger les chevilles, chaudes et imperméables. La plupart des grimpeurs pensent sans doute que les chaussures idéales restent encore à inventer. Leur choix constitue donc un compromis déterminé en fonction du type d'escalade abordé et de préférences personnelles. Il existe des chaussures en plastique ou en cuir.

Les chaussures en cuir traditionnelles ont toujours été utilisées. Elles présentent pourtant beaucoup d'inconvénients : pas très imperméables, elles peuvent se gorger d'eau, ce qui les alourdit. Il faut les sécher et les imperméabiliser

constamment, et elles peuvent être dures et inconfortables à l'état neuf. Pourtant, pour les voies d'une journée, l'escalade mixte (sur rocher et sur glace) ou sur les voies de glace faciles, leur légèreté et leur confort les rendent plus qu'idéales, pourvu que vous ayez choisi les bons crampons.

Doublées et composées de deux couches de coque plastique et d'un chausson, les chaussures en plastique, de plus en plus populaires, sont à la mode malgré leur prix souvent prohibitif. Le plastique fournit beaucoup de chaleur et reste relativement léger. La coque peut être fabriquée en matériaux nouveaux comme les polycarbonates et la fibre de carbone. Il existe de nombreuses marques dont certaines offrent une isolation optimale pour l'hiver ou les expéditions. Cependant, dans ce dernier cas, les chaussures peuvent devenir extrêmement encombrantes, ce qui rend la marche difficile.

Ces chaussures sont imperméables, la condensation produite à l'intérieur de la chaussure peut mouiller et refroidir les pieds. Néanmoins, il est incontestable que, dans des conditions extrêmes, vos pieds restent plus au chaud et au sec.

Elles peuvent être totalement rigides, ce qui permet l'installation de crampons et constitue un grand avantage par temps froid, lorsque vos mains deviennent maladroites. Quand vous vous chaussez, il faut être attentif au confort des chaussons. D'abord, mettez des chaussettes, puis les chaussons avant la coque. Il faut avoir une aisance de 2 cm environ au niveau du talon et choisir une coque qui s'adapte parfaitement à vos chaussons. N'ayez pas peur de prendre une taille de coque différente. Certains fabricants prévoient plusieurs tailles de coque pour le même chausson. Prenez le temps nécessaire pour dénicher les chaussures adéquates. Votre confort et, peut-être, votre vie en dépendent.

Les guêtres

Elles sont indispensables pour empêcher la neige de pénétrer dans vos chaussures et pour améliorer l'isolation. Pour les voies courtes avec des marches limitées (approche) sur de la neige, des guêtres courtes suffiront. Pour des courses plus longues, des guêtres longues sont nécessaires. Certains modèles couvrent toute la chaussure, même les pieds et les talons, et sont munis d'une languette de caoutchouc qui se resserre et se glisse dans le haut de la chaussure, ce qui évite aux lacets de geler. Les surguêtres, difficiles à mettre et à enlever, sont laissées sur les chaussures. Essayez-les avant de les acheter et vérifiez qu'elles s'ouvrent suffisamment pour permettre d'enlever le chausson facilement. Vous devez aussi pouvoir accéder aux lacets. Il faut y penser pour une isolation supplémentaire pendant de longues ascensions.

Les chaussettes

La norme est de porter des chaussettes chaudes et épaisses. De nombreux grimpeurs ne jurent que par une paire fine et une autre plus épaisse par-dessus pour éviter les ampoules. N'empilez pas trop de chaussettes quand même car, trop à l'étroit dans vos chaussures, vous finirez par avoir froid aux pieds en réduisant la circulation. Il existe maintenant des chaussettes en fibre polaire (ce terme fait référence aux tissus synthétiques fabriqués par l'homme, comme le polyester) et en tissu imperméable qui ont leurs fervents partisans. Faites quelques essais pour trouver les plus adaptées à vos besoins.

Les gants

Ils sont indispensables. Beaucoup de grimpeurs choisissent une première paire très fine en soie ou en polyester et mettent une paire de « travail » par-dessus. Pour l'escalade de glace d'un bon niveau, la partie couvrant la paume de la paire extérieure doit comporter un renfort en cuir, en Nylon ou en caoutchouc pour augmenter l'adhérence sur le manche du piolet. Il vaut mieux qu'elle soit rembourrée tant pour isoler que pour éviter les chocs lorsqu'on utilise les piolets dans la glace. Les mitaines de laine sont encore très utilisées, bien qu'elles ne soient pas imper-

Ci-dessous *Les avantages des couches successives de vêtements se révèlent surtout lorsqu'on doit effectuer des tâches éprouvantes à une basse température. Ici, des grimpeurs ont détaché la partie haute de leur salopette pour éviter d'avoir trop chaud.*

méables. Leur épaisseur empêche de saisir aisément le matériel. Les fibres mélangées, en particulier la fibre polaire coupe-vent, conviennent parfaitement. Des gants en Gore-Tex ou en tissu similaire sont utiles par mauvais temps ou pour isoler de l'humidité de la neige. Un certain nombre de mitaines doublées possèdent une partie externe en Gore-Tex et une doublure en fibre polaire ou en polyester.

Les gants extérieurs doivent être reliés par un lacet ou un élastique au poignet ou à un vêtement, car il est très facile de les perdre lorsqu'on les retire pour effectuer une tâche délicate. Munissez-vous d'une paire de réserve.

Le passe-montagne

On peut perdre une forte proportion de chaleur par la tête, de sorte que le port d'un passe-montagne ou d'une capuche est indispensable. Si vous portez un casque, un passe-montagne en fibre polaire ou en soie plus fin suffira, mais emportez-en un autre plus chaud pour dormir en bivouac ou pour les longues marches jusqu'aux refuges.

Les différentes couches de vêtements

Le principe qui consiste à superposer différentes couches de vêtements plus légers au lieu d'un ou deux vêtements épais a indubitablement gagné la faveur des grimpeurs.

En combinant plusieurs types de tissus et de styles, il est possible d'enlever ou d'ajouter une couche de vêtement en fonction de la température ou de l'humidité. Cela permet d'emprisonner l'air, l'un des meilleurs isolants, entre chaque épaisseur de vêtement.

Pour la première couche, utilisez des sous-vêtements Thermolactyl qui « chassent » la transpiration. Par-dessus, portez une chemise en polyester peu absorbant, en fibre polaire fine ou en laine puis un pull ou une veste en fibre polaire plus épaisse ou en tissu synthétique de même type. Parmi la vaste gamme de vêtements, choisissez en fonction de vos goûts. La fibre polaire plus douce n'est parfois pas aussi chaude, mais si vous n'utilisez que cette matière, elle permet de limiter l'accumulation de neige en cas de tempête, ce qui peut entraîner de l'humidité lorsque la neige fond. Un tissu plus serré protège mieux contre le vent et est partiellement imperméable. Faites le tour des magasins, méfiez-vous des publicités des fabricants et procurez-vous des vêtements confortables et pratiques sans trop de gadgets. La fibre polaire a de grandes propriétés isolantes mais, à moins qu'il ne s'agisse de polaire coupe-vent, elle n'est pas imperméable.

Les sous-vêtements doivent être Thermolactyl et portés sous des pantalons à bretelles ou une salopette. Les salopettes avec une partie haute dans le dos sont idéales pour éviter que la neige ne pénètre dans les vêtements. Pour une escalade conséquente, elle doit être pourvue d'une fermeture à glissière sur toute la longueur de façon à pouvoir l'enlever sans retirer vos chaussures. Une languette spéciale pour les besoins pressants est très utile, même si cela n'est pas très élégant !

La couche extérieure doit être à la fois coupe-vent et imperméable. Les matériaux modernes respirants sont efficaces, mais onéreux. Malgré la controverse qui bat son plein sur ce sujet, le Gore-Tex, le MP+ ou les tissus similaires sont vraiment efficaces. Ils permettent à la transpiration de s'évacuer tout en limitant l'accumulation d'humidité.

Ci-contre
Un grimpeur entièrement équipé pour l'escalade alpine.

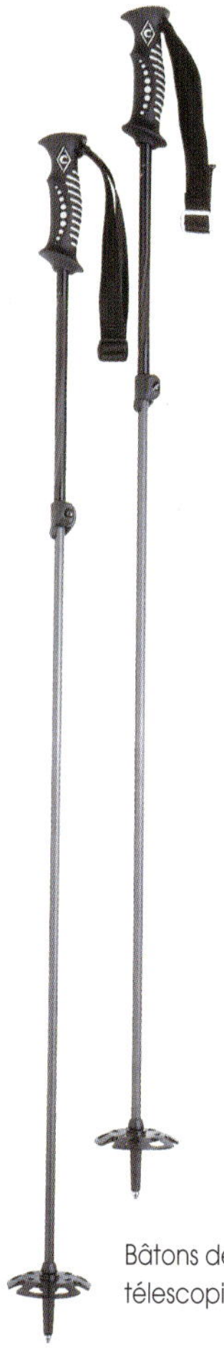

Bâtons de ski télescopiques.

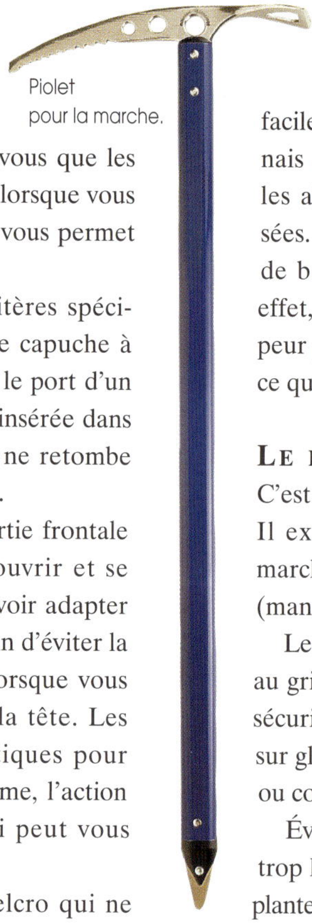

Piolet pour la marche.

Essayez la veste par-dessus tous les autres vêtements, car une veste trop étroite ou trop large peut devenir très gênante. Assurez-vous que les manches sont suffisamment longues lorsque vous levez les bras et que votre pantalon vous permet de lever les jambes haut.

La veste doit répondre à des critères spécifiques. Elle doit être pourvue d'une capuche à cordon et doit également permettre le port d'un casque. Une pièce de métal flexible insérée dans la partie frontale évite que celle-ci ne retombe sur le visage et éloigne pluie et neige.

La fermeture à glissière de la partie frontale (et toutes les fermetures) doit s'ouvrir et se refermer aisément. Vous devez pouvoir adapter la taille des poignets et les fermer afin d'éviter la pénétration de neige ou de glace lorsque vous plantez votre piolet au-dessus de la tête. Les manches amovibles sont très pratiques pour l'emploi du piolet car, sans ce système, l'action de votre bras est entravée, ce qui peut vous épuiser.

Attention tout de même aux Velcro qui ne fonctionnent pas nécessairement très bien lorsqu'ils sont gelés. Vérifiez que votre modèle s'adapte à tous les temps.

Souvent, les vêtements extérieurs ont des renforts aux genoux, à l'arrière et aux coudes. Les vêtements d'escalade sont désormais à la mode, et de plus en plus de gens, qui sans doute ne verront jamais une paroi de leur vie, arborent fièrement des vêtements d'escalade de marque. La plupart des vêtements vraiment fonctionnels ne font pas grande impression dans la boîte de nuit locale, cependant ils peuvent être appréciés dans les bars de Chamonix !

Sac à dos alpin.

L'ÉQUIPEMENT TECHNIQUE

LE SAC À DOS

Pour des ascensions à la journée, un sac de 40 à 50 litres est nécessaire. Il vaut mieux utiliser un modèle simple avec peu de poches ou de compartiments. Il est préférable qu'il soit léger et équipé d'une ceinture permettant de le maintenir à la taille.

LE HARNAIS

Il doit pouvoir être ajusté et enlevé facilement pour changer de vêtements. Les harnais complets ou dorsaux sont très utilisés par les alpinistes qui traversent des zones crevassées. Un harnais complet empêche le grimpeur de basculer s'il tombe dans une crevasse ; en effet, avec un harnais dorsal standard, le grimpeur peut basculer vers l'arrière en cas de chute, ce qui rend le sauvetage beaucoup plus difficile.

LE PIOLET À GLACE

C'est l'instrument universel de glace et de neige. Il existe deux modèles, les piolets pour la marche (manche long) et les piolets techniques (manche court).

Les premiers servent de cannes et permettent au grimpeur de garder l'équilibre et d'assurer sa sécurité dans les endroits difficiles sur neige ou sur glace. Ils sont utilisés pour stopper les chutes ou comme point d'ancrage.

Évitez de choisir un piolet dont le manche est trop long car, sur une paroi, cela vous obligera à planter le piolet trop haut. Si votre piolet est destiné à des ascensions longues sur des glaciers peu raides, choisissez-le assez long pour vous permettre de reposer la main sur la partie supérieure. La longueur idéale pour un adulte est de 70 à 75 cm en moyenne.

Le design des piolets pour la marche n'a pas varié depuis des siècles, seuls les matériaux ont changé. Un piolet se compose d'une partie supérieure d'une seule pièce dotée d'un pic légèrement recourbé, d'une panne et d'un long manche droit. Les piolets en bois manquent de solidité pour les points d'ancrage.

Les piolets de marche possèdent une longue dragonne attachée en haut du manche qui peut coulisser pour permettre de tailler des marches ou pour être utilisée comme piolet technique, et une autre plus longue et plus fine reliée au harnais pour éviter de perdre le piolet lorsque vous changez de mains ou vous reposez. Prévoyez une dragonne suffisamment longue pour pouvoir tenir le piolet dans chaque main sur des parois très raides.

À mesure que la pente s'accentue et que la glace durcit, vous avez besoin de piolets techniques. Le piolet n'est plus destiné à assurer l'équilibre du grimpeur mais, planté dans la glace, il doit créer un contrepoids. Il est également utilisé comme tournevis pour placer et enlever la quincaillerie ou comme point d'ancrage. Les piolets techniques mesurent entre 45 et 60 cm de long et possèdent des manches courts et généralement recourbés, des têtes modulables et des pics assez impressionnants.

Un bon piolet technique possède les qualités suivantes:

• Il a une tête bien équilibrée et est assez lourd pour une résistance suffisante mais pas trop. Plus la glace est dure et raide, plus la tête est dure, et plus vous serez fatigué. On peut retirer ou ajouter du poids sur certains modèles.

• Le trou est assez large pour permettre le passage d'un mousqueton pour les relais et d'une dégaine qu'on attache au poignet.

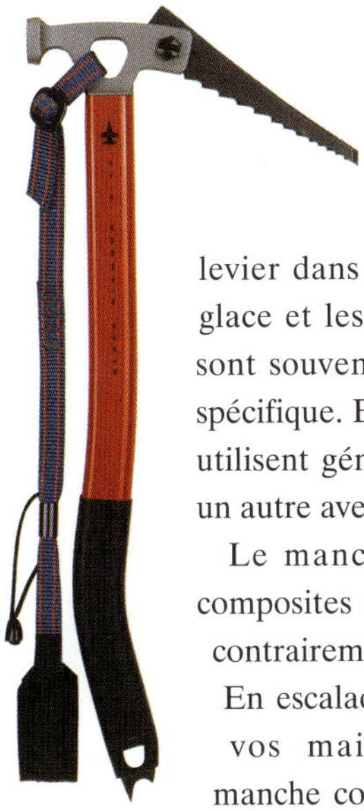

Piolet technique pour la glace.

La partie supérieure comprend un sommet, une panne ou un marteau. Les modèles actuels permettent de changer cette partie en fonction des besoins. Généralement, on ne change que le pic. Il est donc inutile de se procurer un modèle plus luxueux permettant de changer le marteau qui est utilisé sur des piolets techniques en cas d'installation de vis ou de pitons.

C'est le pic qui a le plus évolué. Un pic d'un angle de 65 à 70 degrés par rapport au manche est adapté pour l'alpinisme mais, pour la glace plus dure et sur une pente plus accentuée, il vaut mieux un pic courbé à 50-60 degrés. Il doit être pourvu de dents pour mieux adhérer à la glace; prévoyez des dents bien aiguisées si vous vous attaquez à une tâche plus rude. L'acier composite moderne permet des pics efficaces et fins; il existe des pics de forme allongée pour la glace fondue.

L'angle à l'extrémité du manche a une incidence sur la capacité du piolet à se bloquer lorsque vous le plantez pour enrayer une chute. Un pic avec un angle neutre ou négatif s'adapte aux pentes raides et à la glace dure, un pic trop réactif se bloque trop facilement, obligeant le grimpeur à le lâcher. Toutefois, il demeure difficile de contrôler une chute sur des pentes vraiment raides. C'est pourquoi les modèles de pics se sont standardisés.

La panne est utilisée pour la taille de la marche (pratique peu répandue de nos jours) ou pour retirer la neige molle sur de la glace plus dure avant de placer une broche.

Actuellement, pour l'escalade de glace de haut niveau, le piolet est souvent utilisé pour faire levier dans les fissures ou entre le rocher, la glace et les sommets; la panne et le marteau sont souvent conçus en fonction de cet usage spécifique. En escalade technique, les grimpeurs utilisent généralement un piolet avec panne et un autre avec marteau.

Le manche est aujourd'hui fabriqué en composites de Kevlar ou en alliages nouveaux, contrairement aux modèles anciens en bois.

En escalade technique, si vous tenez à vos mains, procurez-vous un manche courbé qui vous permettra de maintenir celles-ci éloignées de la glace lorsque vous travaillez. Testez le mouvement et choisissez un angle qui s'adapte à votre technique. La partie antidérapante sur le manche est importante car, si vous devez agripper trop fortement le piolet, vous risquez de fatiguer. Le revêtement en plastique dur permet d'amortir les chocs et d'améliorer votre prise.

Un point souvent négligé est la dragonne qui s'attache au poignet. Elle évite une trop grande pression sur la main lorsque vous escaladez des pentes très raides et permet de lâcher le piolet lorsque vous assurez ou saisissez une prise. La plupart sont de mauvaise qualité. Une dragonne ajustable facilite l'usage du piolet dans différentes conditions. Vous devez pouvoir resserrer ou desserrer l'attache avec vos dents sur votre bras. Sa longueur doit être la même que celle du manche, adaptée pour vous permettre de vous reposer. Utilisez-en une assez solide pour servir de sangle en relais – cela vous fera gagner du temps et vous évitera des problèmes.

Pour l'escalade sur roche, mixte ou en rappel, des piolets courts sont souvent placés sur le harnais ou sur la ceinture du sac à dos au niveau des hanches. Les porte-marteaux sont un bon investissement.

PIOLET TECHNIQUE POUR LA GLACE

Les crampons munis d'attaches sont mieux adaptés aux chaussures de cuir.

Les crampons

Les bergers européens furent les premiers à utiliser des crampons, alors des pointes attachées aux talons de leurs bottes, qui leur permettaient de se déplacer sur la neige. Les premiers crampons modernes ont été inventés au début du XXe siècle par l'Anglais Oscar Eckenstein. Celui-ci a créé des crampons à huit pointes qui s'attachaient sur la surface des bottes rigides qu'il a également conçues. Au début, les crampons avaient huit ou dix pointes mais aucune à l'avant. Ainsi l'ascension s'effectuait en plantant le piolet dans la glace, ce qui était long et épuisant. À la fin des années 30, les crampons à 12 pointes se développèrent, mais ils ne furent vraiment utilisés que dans les années 50. Ces crampons ont révolutionné l'escalade de glace car ils ont permis de grimper sur des pentes très raides sans avoir recours au piolet grâce aux pointes placées à l'avant.

Les crampons tout-terrain sont équipés de 12 pointes. Les attaches permettent une adaptation parfaite aux chaussures, lesquelles ne sont pas complètement rigides. Une série de lanières entrecroisées empêchent les crampons de glisser. Si ces crampons sont parfaits pour les glaciers courants et la progression dans la neige, ils ne conviennent pas pour l'escalade de glace technique. En effet, ils ont souvent une partie avant large et horizontale munie de pointes avant fixes.

Les crampons à glace techniques possèdent eux aussi 12 pointes, parfois 13, la treizième pointe étant un pic ou une monopointe située au milieu. Ils sont rigides ou semi-rigides et nécessitent le port de chaussures en coque plastique. Il existe de nombreuses formes de pointes orientées à des angles très variables et fabriquées dans divers matériaux. Le choix final ne résulte finalement que de vos préférences. Il suffit de savoir que les grimpeurs choisissent des pointes modérément recourbées pour les techniques de glace. Les pointes avant peuvent être modulables et les verticales ont supplanté les pointes horizontales pour la glace technique.

Les crampons semi-rigides sont chers, plus lourds que les crampons flexibles et rendent la marche plus hasardeuse. Cependant, ils sont plus adaptés à la glace car ils maintiennent le pied et permettent des placements plus précis. Ce sont les plus populaires parmi les alpinistes et les grimpeurs occasionnels.

Les crampons doivent être choisis à la bonne taille. Il vaut mieux passer du temps à les acheter plutôt que de les voir glisser en pleine ascension ! Beaucoup de grimpeurs continuent à priser les crampons avec lanières, alors que les attaches des chaussures en coque plastique se montrent sûres malgré leur apparence rudimentaire. Les attaches s'adaptent parfaitement aux chaussures (les chaussures sont conçues pour les crampons) et consistent en une partie métallique située à l'avant et en un anneau du même métal à l'arrière, au niveau du talon. Une attache ajustable au niveau des chevilles contribue à maintenir l'anneau en place à l'arrière. Emportez du matériel pour réparer les attaches ou les remplacer, en particulier si vous étrennez vos crampons. Les attaches en Néoprène sont très performantes car elles ne se détendent presque pas.

Un autre truc consiste à acheter ou à fabriquer ses « antibottes » (protections en caoutchouc fixées sous les crampons). De même, cela vaut la peine d'investir dans des protections qui couvrent les pointes de vos crampons lors de leur transport.

Les pointes devraient être aiguisées régulièrement avec une meule à main plutôt qu'une meule électrique, qui risque de détremper le métal. Il faut aiguiser d'un mouvement de haut en bas les pointes avant ainsi que les extrémités des autres pointes. Ne les aiguisez pas trop car les pointes s'enfonceraient trop vite.

La protection en escalade de glace

Le matériel va du sublime au ridicule, a-t-on dit : à mesure que les exigences s'accroissent, l'équipement devient de plus en plus étrange. Pourtant, il se révèle fiable et sûr.

Les broches et les pitons à glace tubulaires

Il existe une multitude de broches et de pitons à glace. Les plus utiles mesurent de 18 à 23 cm de long. Les broches tubulaires possèdent un filetage denté et une partie creuse pour permettre à la glace d'être évacuée lorsque la broche y pénètre. Cela évite à la glace de se fendre.

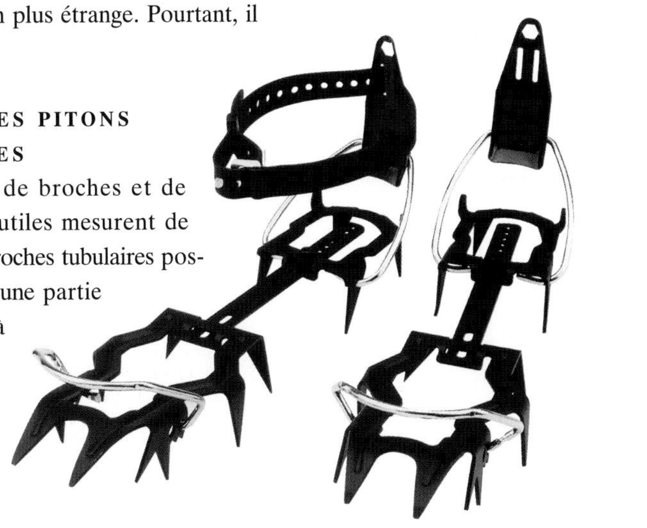

Crampons modernes semi-rigides.

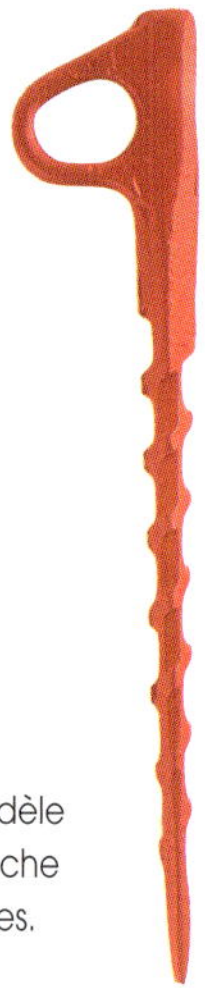

Un modèle de broche à épines.

Les broches à vis offrent une bonne protection à des températures situées au-dessous de 0 °C, mais pas dans la glace molle. Elles se détachent lorsque la glace fond, car leur filetage rend leur déplacement malaisé, et ont tendance à fendre la glace pendant la mise en place ou sous charge. Les avantages qu'elles offrent sont liés à la facilité de leur placement.

Un bon compromis consiste à utiliser les broches qu'on peut retirer avec un marteau qui possèdent un filetage fin et une partie creuse. Elles s'adaptent bien à la glace dure et froide mais pas à des températures situées au-dessous de 0 °C. La meilleure solution est d'acheter des broches et des pitons de taille moyenne qui peuvent être retirés si vous ne parvenez pas à les installer. Les longues broches tubulaires à vis peuvent se montrer indispensables dans la glace fondue, en alpinisme ou dans la glace molle. Un filetage plus épais supporte une charge plus lourde.

Les broches à vis peuvent bénéficier des normes UIAA, mais de nombreux grimpeurs considèrent les tests comme peu réalistes. Une certification internationale pourrait sans doute permettre un consensus sur le design mais l'absence de certification ne signifie pas que le produit est de moindre qualité. Si vous acquérez une marque de renom, vous serez aussi sûr que possible de votre matériel. Mais faites preuve de prudence car dans le monde de l'alpinisme circule une blague sur les « broches à vis russes » fabriquées en titane dans des usines russes (probablement d'anciennes usines militaires). Certaines sont d'excellente qualité, d'autres cèdent sous des poids excessivement faibles.

Les crochets à glace fournissent une protection dans les fissures de glace, la glace fine et les fissures remplies de glace. Cette protection n'est utilisée que marginalement, mais une ou deux broches de ce type sur un porte-matériel peuvent faire la différence.

L'ASSURAGE POUR LA NEIGE

Il n'existe que deux types d'assurage reconnus pour la neige : le corps mort et l'ancre à neige.

Le corps mort est une plaque en métal en forme de bouclier de 20 sur 25 cm au milieu duquel se trouve un long câble métallique. Il est essentiel de savoir placer cet outil correctement (voir page 122).

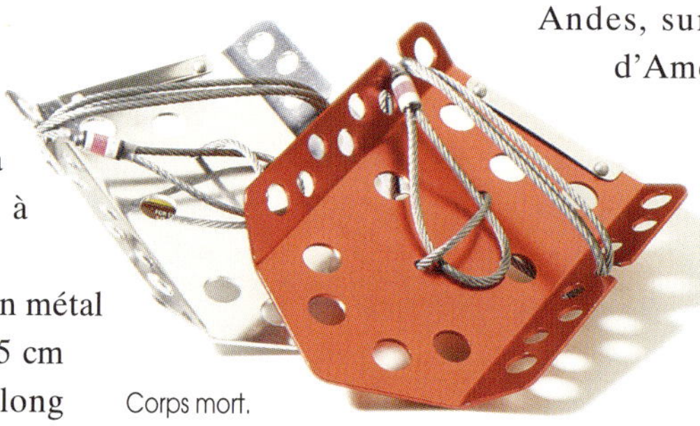

Corps mort.

L'ancre à neige est rarement utilisée en raison de son encombrement. Cependant, elle peut se montrer utile dans la neige poudreuse et dans les Andes, sur les colonnes effilées d'Amérique du Sud ou dans l'Himalaya. Souvent fabriquée en alliage d'aluminium, elle a une forme en V ou en T et mesure de 50 à 75 cm de long. Elle est percée

Un échantillon de quincaillerie d'escalade et de glace qui comprend plusieurs types de broches à vis.

de trous afin de l'alléger. Comme le corps mort, l'ancre à neige est munie d'un long câble situé sous la partie médiane. La plupart des modèles autorisent plusieurs hauteurs d'attache.

D'autres matériels de protection utilisés pour la neige comprennent les piolets ou les pieux à neige.

Équipements divers

Les lunettes

La neige réfléchit les rayons ultraviolets qui peuvent endommager la cornée et la rétine. Plus l'altitude est élevée, moins les rayons ultraviolets sont atténués par l'atmosphère terrestre et plus le risque est grand. Une bonne paire de lunettes de soleil permet de réduire ces dangers et de protéger les yeux des éclats de glace pendant l'ascension. Les lunettes de glacier contribuent à diminuer les reflets et la pénétration de particules de glace.

Les lunettes de ski sont utiles en cas de tempête ou lorsque des particules de glace s'élèvent dans les airs. Assurez-vous qu'elles sont pourvues d'aérations suffisantes pour éviter l'accumulation de vapeur d'eau.

Équipement d'autosecours

Il est courant, sur terrain glacé, d'être assuré par au moins deux points d'assurage et une longue sangle en cas d'autosecours (voir page 122).

À droite *De la bonne neige, comme ici sur le Langtang Lirung, au Népal, peut paraître excitante. Cependant, il faut toujours négocier les corniches avec une grande prudence.*

TECHNIQUES DE NEIGE

La texture de la neige varie, allant de la poudreuse à la neige dure comme la glace. Les techniques utilisées doivent donc s'adapter à ces variations mais aussi à l'inclinaison du terrain, à son aspect.

La « neige » désigne un terrain où la marche peut être difficile mais où il est possible de marcher sans crampons même avec peine. Sur terrain glacé, les crampons sont indispensables.

La neige molle peut atteindre la taille du grimpeur ou sa poitrine et n'impose aucune difficulté technique mais plus d'efforts physiques. Le premier de cordée doit être fréquemment relayé. L'emploi de bâtons télescopiques économise l'énergie et facilite le maintien de l'équilibre. De nombreux grimpeurs utilisent des bâtons même sur des terrains de difficulté modérée. Ils diminuent la pression exercée sur les articulations des genoux et la colonne vertébrale et aident les grimpeurs sur terrain glissant, les descentes et les roches se détachant facilement.

Munissez-vous de chaussures et de skis alpins pour la neige douce et profonde. Une bonne paire de chaussures et un piolet à glace sont nécessaires.

Ci-contre *Un sommet alpin facile est traversé par le grimpeur avec des bâtons pour garder l'équilibre.*

À l'extrême droite *Sur neige et sur glace, les mouvements doivent être rapides et efficaces, comme le prouve cette photo de l'Alpamayo, au Pérou.*

La progression frontale

Plantez le piolet en vous appuyant sur celui-ci pour maintenir votre équilibre. Vous pouvez suivre directement la pente mais une progression en diagonale économise de l'énergie. Pour des marches sûres, vous pouvez avoir besoin de planter votre piolet plusieurs fois, notamment dans de la neige dure.

Sur une pente plus raide, variez l'angle du piolet et utilisez un piolet traction. En suivant une progression en diagonale, le piolet doit être tenu en hauteur et peut être utilisé pour s'appuyer légèrement sur la pente. Évitez de vous appuyer trop car cela limite l'adhérence des chaussures dans la neige. Sur des pentes très raides, vous pouvez avoir à effectuer une traversée en vous tenant face à la pente et frapper directement dans la pente, bien que cet exercice prenne beaucoup de temps et doive être évité au maximum.

En descente, tout est généralement plus difficile : plantez le talon dans la neige d'un geste sec. Sur pentes raides, vous pouvez descendre face à la pente en creusant des marches directement vers le bas.

PROGRESSION EN DIAGONALE

La taille de la marche

De nos jours, bien qu'elle soit largement supplantée par l'usage des crampons, cette technique peut être utile lorsqu'un équipier est fatigué ou peu sûr de lui ou si vous endommagez ou perdez vos crampons. La majorité des pentes alpines furent à l'origine franchies grâce à cette technique.

La progression varie selon l'inclinaison de la pente et du manteau neigeux mais suit dans l'ensemble un schéma standard. Souvent, une seule série de marches suffit ; sur des pentes extrêmes, deux séries de marches peuvent se révéler nécessaires.

On peut creuser les marches de côté à l'aide d'un seul coup de piolet pour permettre un mouvement en diagonale dirigé vers le haut. Cette méthode est facile et rapide mais n'est ni sûre ni indiquée sur pente très raide.

La taille de la marche en descente est beaucoup plus difficile à réaliser et il est préférable que le premier de cordée se place plus bas, ce qui lui permet de tailler les marches plus facilement et en toute sécurité dans le relais. Le second peut alors descendre les marches.

L'autofreinage

Si vous glissez sur une pente très raide, vous pouvez enrayer votre chute en plantant votre piolet. Cette technique nécessite d'être entraîné.

La méthode la plus courante consiste à planter le piolet dans la neige dure dès que possible pour éviter de prendre de la vitesse. Veillez à ce que les crampons ne se plantent pas dans la pente, ce qui vous projetterait vers l'arrière ou vous blesserait. Essayez de maîtriser cette technique sans utiliser vos crampons.

Si vous tombez les pieds en avant, agrippez le piolet par la partie haute fermement d'une main et par le manche de l'autre, puis roulez doucement côté piolet. Cette technique est très efficace si la panne est tenue dans la main pressée contre le cou et le sommet placé du côté de la pente à la hauteur de l'épaule (voir dessin ci-contre).

Lorsque vous glissez sur le ventre, gardez vos pieds levés pour éviter que vos crampons ne se plantent brusquement. Si aucune pointe n'est endommagée, utilisez les crampons pour aider au freinage.

Si vous glissez la tête la première, utilisez le piolet comme levier en le plantant devant vous pour tourner votre corps et vous remettre les pieds en avant.

Entraînez-vous à effectuer ces exercices. De nombreux grimpeurs ont échappé à une mort certaine grâce à un autosecours efficace (et parfois chanceux).

FREINAGE D'UNE CHUTE LA TÊTE LA PREMIÈRE

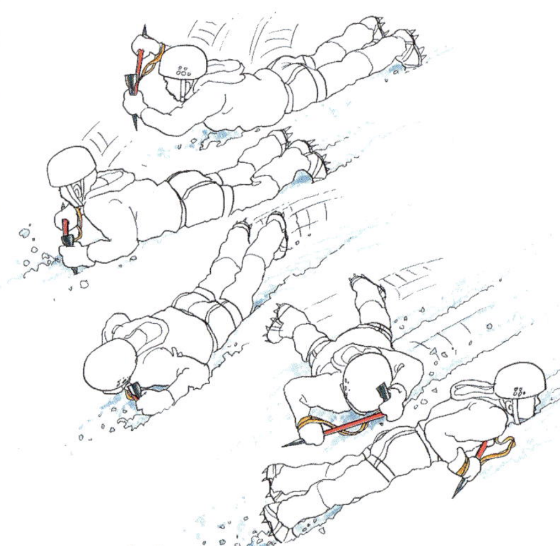

Plantez le piolet loin devant en vous appuyant sur le manche. Relevez vos crampons pour éviter qu'ils ne s'enfoncent dans la glace ou la neige.

AUTOFREINAGE D'UNE CHUTE LES PIEDS EN AVANT

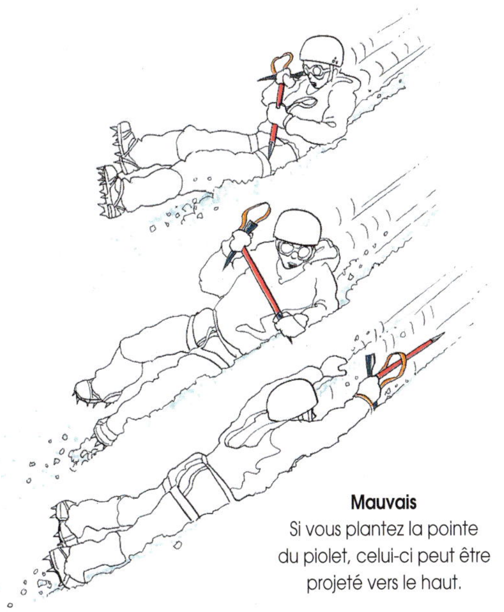

Mauvais
Si vous plantez la pointe du piolet, celui-ci peut être projeté vers le haut.

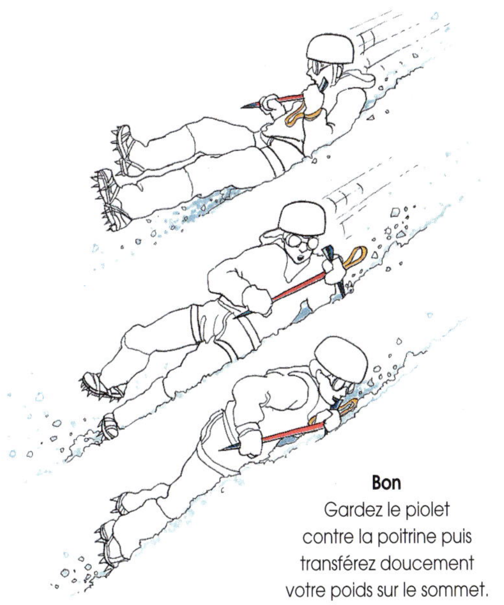

Bon
Gardez le piolet contre la poitrine puis transférez doucement votre poids sur le sommet.

La descente par glissade

Descendre en glissant de façon contrôlée peut être excitant et vous faire gagner temps et énergie. On apprend cette technique en même temps que celle du freinage. On peut glisser debout, ce qui est confortable et élégant mais exigeant pour les muscles des cuisses, ou bien accroupi ou assis, ce qui nécessite un coccyx solide !

La progression sur glacier

La façon la plus courante d'aborder plus sérieusement les techniques de la glace et de la neige est d'effectuer la traversée d'un glacier. Les pentes sont souvent modérées et la neige bonne. Les dangers résident plutôt dans la nature du glacier car il bouge, créant des crevasses souvent cachées.

Gardez à l'esprit que les crevasses les plus dangereuses se forment aux endroits où la pente s'accentue ou se creuse brusquement. Les glaciers sont stables dans le froid au petit matin. Les « glaciers mouillés » (ceux couverts de neige) sont plus dangereux que les « glaciers secs », où les crevasses sont visibles et peuvent être évitées. Cependant, à moins que le glacier ne soit bien connu, il est conseillé de s'encorder.

L'encordement

Les accidents les plus graves sur glacier concernent des équipes non encordées. L'usage d'une corde est une excellente mesure de sécurité qui peut aussi faire gagner du temps en empruntant des voies plus directes dans des zones moins sûres.

Enroulez la corde autour de votre corps pour la raccourcir. Placez-la de façon à vous fabriquer un baudrier et à vous constituer une réserve de corde. Une fois nouée, la corde doit, par sécurité, être mousquetonnée dans le nœud au baudrier. Entre deux grimpeurs, la corde doit mesurer environ 8 à 10 m au minimum. Chaque grimpeur doit s'encorder avec un nœud de Prussik à la corde située devant lui en cas de sauvetage, d'autosecours ou pour assurer un relais.

COMMENT RACCOURCIR LA CORDE

***À gauche** En pleine glissade.*

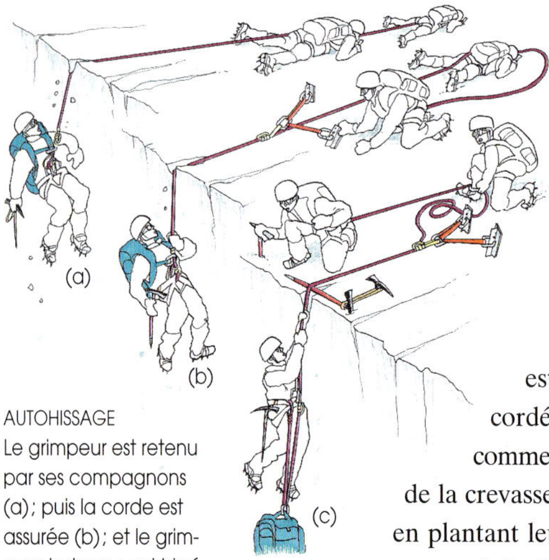

AUTOHISSAGE
Le grimpeur est retenu par ses compagnons (a); puis la corde est assurée (b); et le grimpeur indemne est hissé (c). Son sac à dos sert de contrepoids pour faciliter le hissage et pour réduire le poids du grimpeur.

SORTIE D'UNE CREVASSE

S'il est correctement encordé, le grimpeur tombé dans une crevasse peut être secouru par ses compagnons de cordée. C'est ce qui se passe lorsque la personne retenant la chute est en alerte et que la corde reliant les grimpeurs est solidement tendue. Si le premier de cordée tombe dans une crevasse, la corde commence par ralentir la chute sur le rebord de la crevasse. En tombant puis en s'asseyant tout en plantant leurs talons, les autres grimpeurs peuvent retenir la chute du premier.

Souvent, la victime peut grimper et sortir elle-même de la crevasse sans avoir besoin d'aide. Dans ce cas, les autres grimpeurs qui retiennent la corde doivent reculer à mesure que le premier de cordée grimpe de façon que la corde reste tendue. Évitez de mettre en place une opération de secours compliquée avant de savoir si le grimpeur est capable de remonter sans aide.

La victime peut aussi faire un nœud de Prussik sur la corde, créant ainsi un point d'assurage supplémentaire. Chaque grimpeur doit être assuré par au moins deux points d'assurage et une longue sangle.

Si le grimpeur n'est pas capable de remonter seul, il peut être hissé. Cette manœuvre très facile a permis de sauver de nombreuses vies. Le grimpeur qui retient la chute doit tout faire pour installer des points d'assurage (avec des broches à vis, un corps mort ou autre) et soulager la charge en assurant la victime. Lorsqu'il y a trois grimpeurs, cette tâche est facilitée car l'un d'eux peut tenir la corde tandis que l'autre installe un relais. Le sauvetage s'effectue par hissage selon la technique décrite dans le chapitre cinq.

HISSAGE ASSISTÉ
Remarquez la présence de la poulie et du piolet sur le bord de la crevasse pour réduire le frottement.

À droite *Un grimpeur est hissé hors d'une crevasse.*

LES RELAIS

Ils sont souvent moins sûrs que prévu mais sont parfois la seule solution.

Dans les relais en neige, la position du corps des grimpeurs est un facteur essentiel. Il vaut mieux en effet s'asseoir en maintenant chaque jambe écartée dans une tranchée creusée dans la neige et adaptée à la forme de son corps. C'est une technique fréquemment utilisée, sinon la chute finirait par une glissade. Le corps peut ainsi absorber une partie du choc.

On utilise également cette technique pour descendre des pentes raides. Le premier grimpeur est assuré par le haut et le grimpeur le plus habile descend assuré d'en bas. Pour secourir des grimpeurs blessés ou épuisés (lorsque aucune équipe de secours extérieure n'est présente ou nécessaire), il est important de connaître ce type de relais.

LES ANCRES

Le corps mort est placé à un angle critique situé à 40 degrés par rapport à la pente. Celui-ci est mesuré par rapport à l'axe de l'ancrage et à sa partie arrière. Une marche doit être creusée et le corps mort enfoncé avec un marteau à l'arrière de la marche à un angle adéquat. Le câble est tendu et étiré dans la neige. Veillez à ce qu'il demeure tendu au milieu de l'ancrage et ne glisse pas sur les côtés car cela risquerait de pousser l'ancrage vers le haut et de l'enlever.

Le corps mort est plus adapté à la neige dure. Il faut donc enlever la neige poudreuse à la surface avant de le poser.

Faites un relais à quelques mètres sous le corps mort et mousquetonnez-le uniquement après l'avoir bien enfoncé dans la neige.

Les ancres à neige se placent en fonction de l'inclinaison de la pente et sont surtout utilisées sur terrain peu sûr ou dans la neige peu compacte. Sur des pentes moins inclinées, elles se placent à quelques degrés plus bas que la verticale, mais plus la pente est raide, plus l'angle se rapproche de 45 degrés.

Il peut être difficile de retirer une ancre. On en trouve d'ailleurs souvent abandonnées sur place,

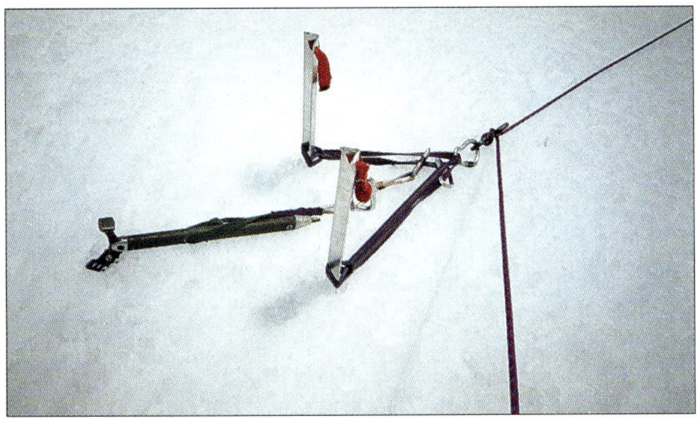

notamment celles qui ont servi pour des descentes. On les utilise plutôt dans la neige fondue ou dans la glace.

Les pieux à neige sont coupés sur 20 cm dans un morceau de métal en forme de fer à cheval dont la partie la plus large est relevée. Ils peuvent constituer des ancres très utiles et sont souvent utilisés pour les descentes. Ils ne doivent pas être abandonnés sur place et, avec un peu de précaution, la corde peut être retirée. Il faut les enfoncer avec un piolet, un marteau ou un piton. Ils peuvent également être utilisés à la verticale dans la neige en haut du pieu.

Les points d'ancrage fabriqués avec des piolets sont très efficaces dans la neige assez dure. Les illustrations qui suivent montrent différentes options possibles, selon les caractéristiques de la neige et les piolets disponibles.

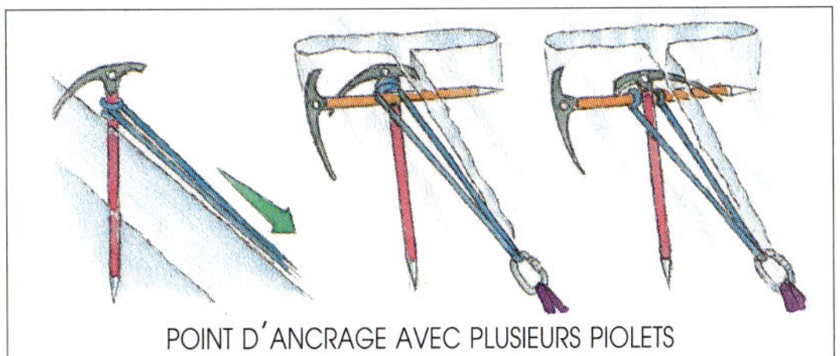

POINT D'ANCRAGE AVEC PLUSIEURS PIOLETS
Ce point d'ancrage ne peut être réalisé que dans de la neige assez compacte.

Le relais est placé bien en dessous du piolet pour améliorer l'angle formé par la sangle.

En utilisant le piolet et le pied du grimpeur, le piolet est enfoncé dans la neige ou la glace contre la chaussure du grimpeur. La corde entoure la poignée du piolet et la chaussure, ce qui permet un bon assurage. Cette méthode est utilisée pour assurer un autre grimpeur qui descend sur une pente légèrement inclinée.

TECHNIQUES DE PROGRESSION SUR GLACIER

- Gardez la corde tendue.
- Marchez à angle droit par rapport aux crevasses.
- Dans des zones où les crevasses sont nombreuses, le premier de cordée sonde le sol pour en vérifier la sécurité.
- Lorsqu'on franchit une crevasse, on installe un relais temporaire en s'assurant qu'il y a suffisamment de corde.
- Laissez-vous tomber vers l'avant après avoir sauté par-dessus une crevasse en plantant votre piolet dans la neige, car le bord de la crevasse peut être fragile.
- Surveillez les creux dans la neige qui peuvent cacher des crevasses.
- Un nœud en huit tous les 2 m entre les grimpeurs peut éviter une chute dans une crevasse. Cette précaution peut se révéler particulièrement utile dans une cordée de deux grimpeurs.

À gauche Dans de la neige dure, plusieurs points d'ancrage peuvent être utilisés.

À l'extrême gauche La longueur des sangles doit être soigneusement ajustée.

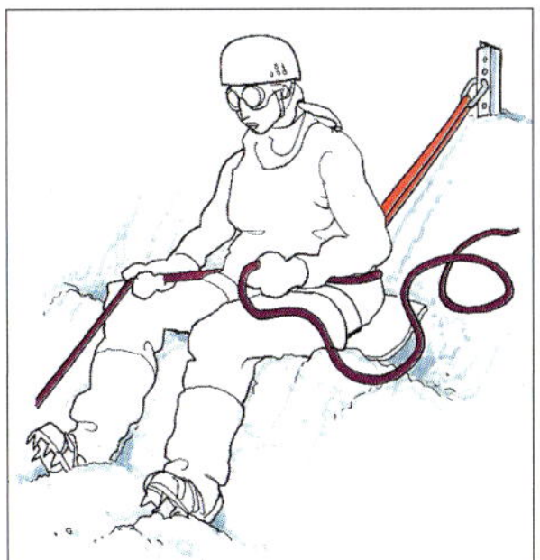

RELAIS ASSIS
Le grimpeur utilise ses pieds et ses hanches pour réduire la pression exercée sur un seul point d'assurage.

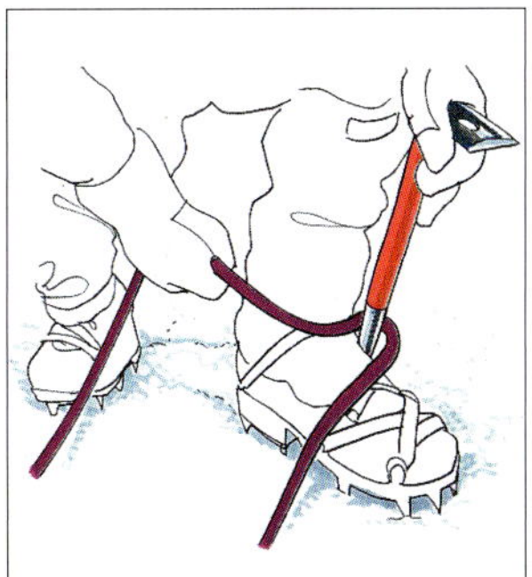

UTILISATION DU PIED ET DU PIOLET
Cet assurage est modérément sûr et n'est pas adapté à des pentes très raides.

Ci-contre Voici comment franchir une crevasse. Le premier de cordée doit se tenir à angle droit par rapport à la crevasse, la corde est maintenue tendue et le second se place sur un côté.

UTILISATION DE LA TECHNIQUE AMÉRICAINE EN DESCENTE

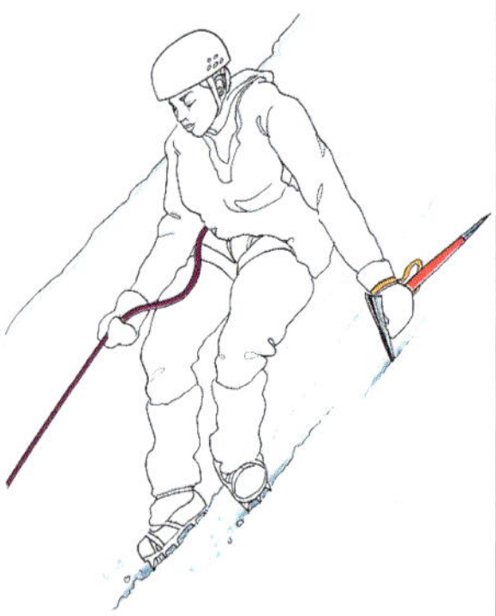

Elle aide à garder l'équilibre et permet une descente rapide.

L'ESCALADE DE GLACE

UTILISATION DES CRAMPONS

Les crampons modernes s'utilisent avec deux techniques, la technique française et la progression frontale, qui peuvent être combinées selon les contextes.

La technique française peut sembler difficile car elle consiste à progresser en plaçant les pieds à angle droit par rapport à la pente pour que tous les crampons entrent en contact avec la glace. Il est plus facile d'apprendre cette technique sur des pentes peu raides et d'évoluer lentement vers des pentes plus inclinées. Lorsqu'elle est bien maîtrisée, elle permet d'avancer à un rythme très rapide en parfaite sécurité.

TECHNIQUE FRANÇAISE

Gardez les pieds contre la pente dans un relais ouvert pour éviter que les crampons ne se prennent dans les vêtements. Il n'est pas nécessaire d'appuyer fortement contre la pente avec les pieds car les crampons s'enfoncent facilement sous le poids du corps, même dans la glace la plus dure.

Les genoux doivent être pliés et les hanches et les genoux parallèles à la pente. Le piolet permet de maintenir l'équilibre. Il est difficile de pratiquer cette technique sur des pentes très raides. La progression s'effectue en diagonale.

À mesure que la pente s'accentue, on change de position et le pied situé vers l'extérieur passe devant et légèrement au-dessus de l'autre. On effectue deux pas puis on plante le piolet, puis de nouveau deux pas, et ainsi de suite. Pour s'orienter vers une nouvelle direction dans la diagonale, il faut s'appuyer sur le piolet et planter le pied.

À mesure que la pente s'accentue, vos pieds prennent une orientation de plus en plus horizontale et la pression augmente.

En position de descente, vous devez vous tourner face à la pente. Gardez les pieds à plat pour que toutes les pointes des crampons soient en contact avec la surface du sol. Le piolet s'utilise comme un bâton de randonnée. C'est une technique très éprouvante, en particulier pour les cuisses. À mesure que l'inclinaison s'accentue, tournez-vous de côté et abandonnez la position face à la pente.

La progression frontale a été développée par des grimpeurs allemands et autrichiens dans les Alpes orientales. Il vaut mieux employer cette méthode sur des pentes raides et glacées, mais elle nécessite beaucoup de pratique avant d'acquérir une bonne coordination des mouvements. Elle reste pourtant assez simple. Il suffit de planter les pointes avant des crampons dans la glace puis de grimper en utilisant le piolet. Il vaut mieux procéder par tâtonnements pour planter les crampons plutôt que de les planter d'un seul coup au risque de se blesser les pieds.

Il est important de garder les pieds à l'horizontale car la tendance naturelle est de lever le talon, ce qui fait se soulever les pointes enfoncées dans la glace comme lorsqu'on s'appuie sur le piolet. Il est finalement moins éprouvant de rester à la verticale; cela permet de maintenir les crampons en contact avec la glace. Les pieds doivent être bien écartés. Vous vous fatiguerez moins si vous faites des pas plus courts et plus nombreux.

Sur des pentes peu raides, vous pouvez combiner ces deux techniques qui deviennent ainsi très efficaces: c'est la technique américaine.

PROGRESSION FRONTALE SUR PENTE PEU INCLINÉE

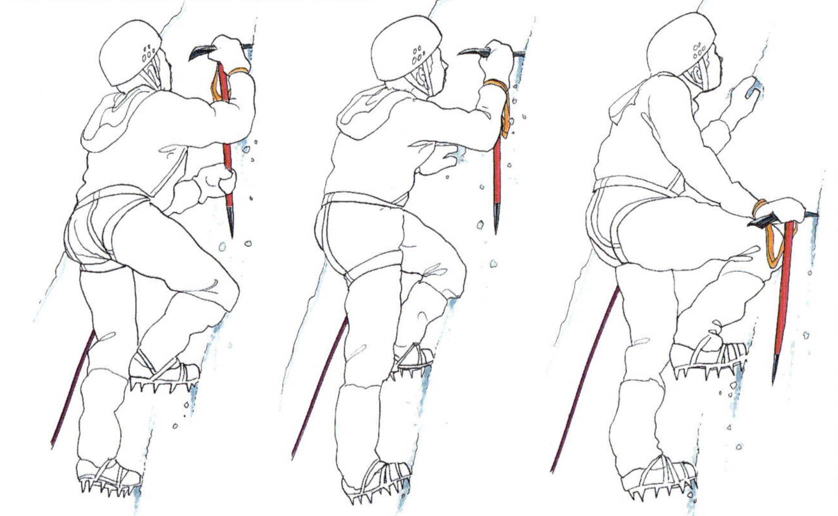

Si vous n'utilisez qu'un seul piolet, vous devrez sans doute tailler des prises.

Un grimpeur utilisant deux piolets. Technique pour une progression délicate sur un rideau de glace très raide.

UTILISATION DU PIOLET

Sur des pentes très raides et glacées, cet instrument sert d'appui. Il est courant d'en employer deux sur terrain incliné, l'un muni d'un marteau et l'autre d'une panne. En raison des limites qu'impose un piolet à manche court, suffisant sur une glace modérément dure, un autre piolet à manche long est utilisé en complément sur glacier.

Les grimpeurs expérimentés sur glace dépensent peu d'énergie, exploitant le piolet au maximum et adaptant sa taille à la qualité de la glace. Planter un piolet avec trop de force fait perdre de l'énergie et peut endommager la glace fragile. Les débutants commettent souvent cette erreur, sous-estimant la sécurité que peut offrir un piolet enfoncé dans quelques centimètres de glace !

L'escalade sur glace sur pentes longues et ouvertes ne nécessite bien souvent qu'une progression régulière : plantez d'abord le piolet bien au-dessus de votre tête puis recommencez avec le second piolet, avancez un pied puis l'autre et continuez à petits pas jusqu'à ce que vos épaules atteignent les piolets plantés (voir illustration), puis recommencez. Rappelez-vous que ce sont les jambes qui fournissent le plus d'efforts.

Sur une pente plus raide, ce sont les bras qui travaillent le plus. Le coup de poignet est essentiel, car ce sont les poignets qui subissent la pression la plus forte. Les équipements et les pieds doivent être maintenus loin les uns des autres.

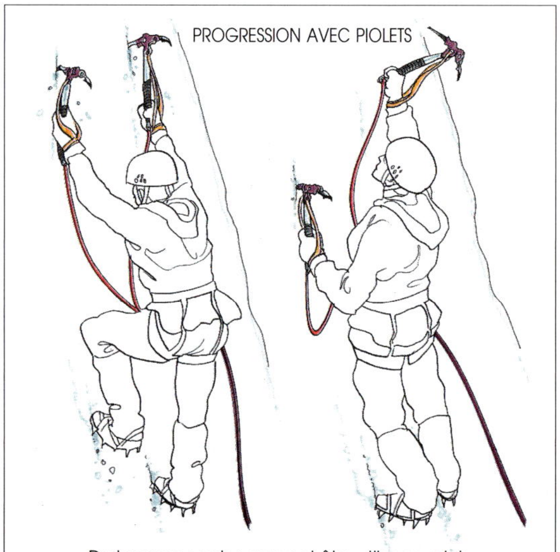

De longues cordes peuvent être utiles en relais.

Lorsque la roche affleure, on utilise souvent le piolet pour pratiquer une ouverture ou le planter. Ainsi, on obtient un assurage permettant une progression rapide et sûre.

L'escalade de glace exige de la constance, de l'équilibre et de l'intrépidité. Rappelez-vous qu'une

descente sur glace est extrêmement difficile et que les retraites peuvent se révéler quasi impossibles. Une voie glacée requiert des ressources suffisantes sur le plan mental, physique et matériel.

La sécurité sur la glace

Les broches à glace peuvent fournir d'excellents points d'assurage. Elles sont plus sûres lorsqu'elles sont installées à un angle de 100 degrés par rapport à la pente. Pour un placement solide, il est nécessaire de retirer la neige et la glace peu stables sur le sol au niveau duquel se trouve la tête de la broche orientée vers le bas. S'il est impossible d'enfoncer complètement la broche, attachez-la avec une sangle contre la glace pour limiter l'effet de levier.

La plupart des broches à glace peuvent être vissées et dévissées. Pour détacher le filetage de la glace, il faut parfois employer le marteau. On peut utiliser un pic ou une férule comme levier pour retirer les broches récalcitrantes. Les morceaux de glace demeurés dans la partie creuse du filetage doivent être retirés avant réutilisation. Chauffez la broche à

INSTALLATION DES BROCHES À GLACE

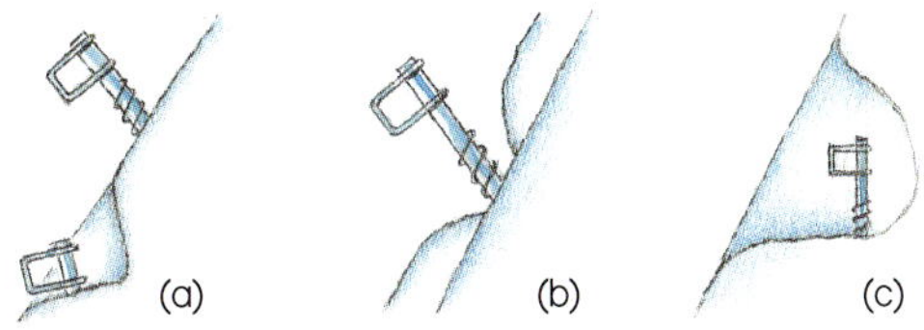

Dans la glace dure (a), dans de la glace dure entre deux couches détachées (b), sous une couche de glace détachée (c).

la chaleur de votre corps s'il reste de la glace. On peut aussi souffler sur la broche (mais attention aux lèvres qui peuvent rester collées !).

Sur une glace peu sûre, creusez une marche pour placer la broche à la verticale. Dans la glace friable, lorsqu'une couche de glace se détache quand vous placez la broche, il est souvent préférable d'installer la broche sous la couche détachée, zone moins susceptible de se détacher à son tour.

Les piolets à glace constituent un excellent assurage sur relais et permettent au premier de cordée de se reposer ou de se suspendre pendant qu'il place les points d'ancrage.

Le rappel sur la neige et sur la glace

La seule différence avec la descente en rappel classique est que la corde peut être gelée, et donc difficile à manier, et les points d'ancrage plus incertains.

Si vous descendez en rappel avec une broche à glace, attachez une sangle plutôt qu'une corde autour car, sous la pression, la corde peut geler.

Entraînez-vous à effectuer cette manœuvre car il ne faudrait pas que votre matériel se détache ou, au contraire, se bloque en pleine descente !

FABRICATION DU FILETAGE AVEC UNE BROCHE À GLACE

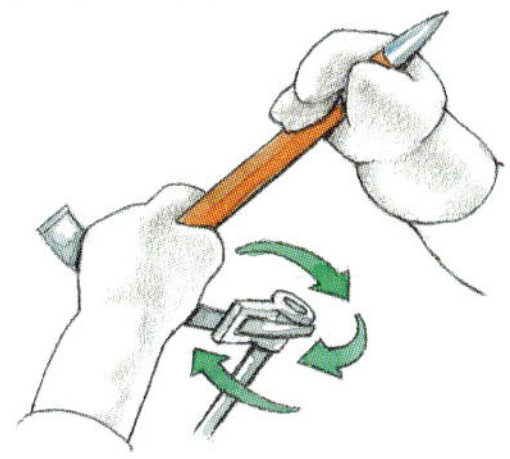

Insertion d'une protection avec broche à glace (carottage).

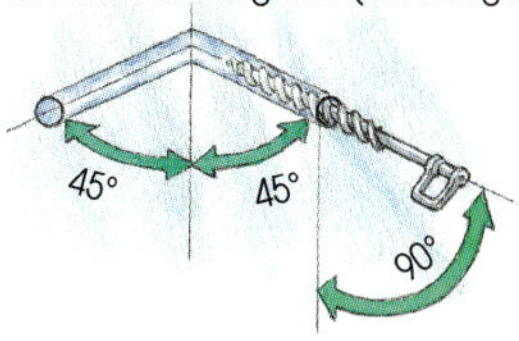

La broche doit être enfoncée au moins à 90° degrés par rapport à la pente.

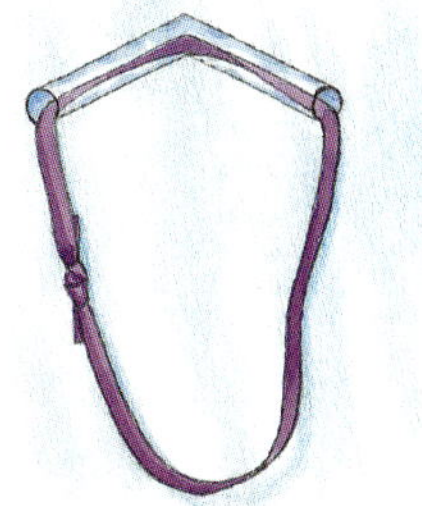

Sangle placée dans la glace.

À gauche *Escalade en solo sur une cascade gelée.*

À l'extrême gauche *Escalader une cascade gelée exige la maîtrise d'une technique délicate.*

ASSURAGE DES BROCHES À GLACE AVEC DES PIOLETS

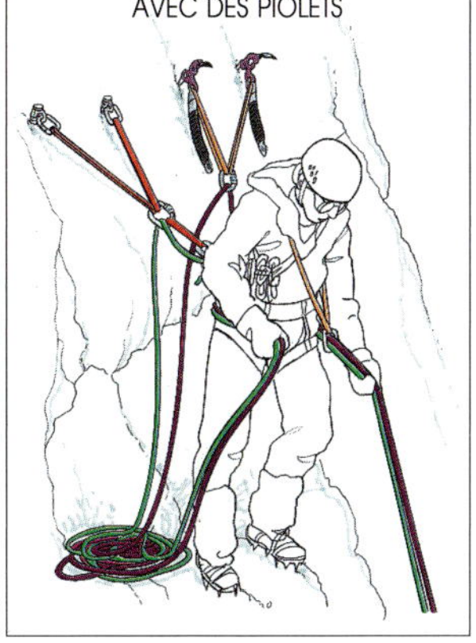

À droite et à l'extrême droite
Les avalanches de poudreuse peuvent être dévastatrices.

Avalanches, corniches, séracs et autres aléas de la neige et de la glace

Dans la neige, les avalanches représentent le risque numéro un. Savoir évaluer la stabilité du manteau neigeux exige des connaissances techniques très approfondies que nous ne développerons pas ici. Écoutez les conseils des spécialistes locaux et évitez les zones à risques.

Quatre-vingts pour cent des avalanches se produisent pendant ou juste après une tempête de neige. Le danger augmente si les chutes de neige excèdent 2 cm à l'heure et parvient à son niveau maximal lorsque le manteau neigeux atteint 30 cm ou plus. Les variations brutales de températures après les tempêtes de neige, en particulier si la température augmente, peuvent accroître ces dangers.

Pour aborder cette corniche alpine typique, le grimpeur doit se tenir loin du rebord.

La neige et les avalanches

La neige est constituée de cristaux formés dans l'atmosphère lorsque les gouttes d'eau se réchauffent puis se solidifient autour de particules de poussière. Les flocons de neige alourdis tombent alors et grossissent par sublimation (une couche de vapeur d'eau se dépose sur les cristaux) ou en se transformant en givre (d'autres gouttes d'eau gèlent sur les cristaux). Les cristaux ont une forme hexagonale.

Les flocons changent sans cesse pendant le cycle de transformation en eau et en vapeur d'eau puis de nouveau en neige. Ce sont ces changements et leurs incidences sur la formation du manteau neigeux que le grimpeur doit considérer.

Métamorphose isotherme. C'est le moment où les cristaux de neige sous pression passent d'une forme allongée à une forme arrondie qui se produit à basse température (au-dessous de 0 °C) dans le manteau neigeux. Les liens créés entre les cristaux se défont, entraînant la formation d'une neige peu compacte. Si la température reste basse, les cristaux se lient entre eux. Il est dangereux de grimper ou de skier immédiatement après des chutes de neige.

Métamorphose du gradient de température. Il se caractérise par la formation de cristaux en forme de gobelets et peut entraîner de très grands risques d'avalanche. Il se produit lorsque de la neige peu collante couvre le sol plus chaud. De nouvelles chutes de neige conduisent à l'accumulation d'une neige douce, compacte et granuleuse sur des couches antérieures plus dures. Les cristaux agissent comme autant de billes, ce qui produit une avalanche en plaques.

Métamorphose de compression et de fonte. Elle est courante lorsque la neige est issue de variations de températures au-dessous puis au-dessus de 0 °C. Les cristaux se rétrécissent, formant une couche plus fine d'eau puis gèlent de nouveau. Une couche compacte et stable de neige s'accumule.

Les différents types de neige

La neige poudreuse, peu collante, se rencontre à moins de 0° avec peu de vent. Elle est sujette à une métamorphose isotherme et conduit à des avalanches avant stabilisation du manteau neigeux (qui prend quelques jours ou quelques semaines). Si la couche est profonde, la progression est éprouvante.

La neige soufflée se forme lorsque la neige tombée ou en train de tomber est soulevée par le vent puis redéposée. Les cristaux sont écrasés puis se lient après avoir été redéposés. Plus le vent s'intensifie, plus l'avalanche est importante. La neige en montagne est souvent le résultat de ce phénomène.

Le névé, rêve du grimpeur, est assez solide pour supporter son poids et assez doux pour laisser les crampons s'enfoncer. Le manteau neigeux est stable et formé par métamorphose de compression et de fonte. Il est bien aéré, à la fois poudreux et solide.

Le type de neige et les conditions de formation du manteau neigeux déterminent les risques d'avalanche. Les arêtes et les contreforts offrent un terrain sûr, les ravins et les couloirs sont risqués. Les arêtes balayées par les vents provoquent des amoncellements de neige où des vents d'avalanche se produisent.

Une formation connue sous le nom de « pénitent » qui peut rendre la progression difficile. Quelquefois, on trouve des « pénitents » ainsi formés, qui peuvent mesurer plus de 1 m de hauteur !

VOIE LA PLUS SÛRE POUR ÉVITER UN RISQUE D'AVALANCHE

Les risques d'avalanche

Si l'adhérence entre les différentes couches neigeuses ou entre le sol et le manteau neigeux diminue, la neige glisse. Le seul moyen de s'assurer des conditions du manteau neigeux consiste à creuser dans la neige et à mesurer une carotte de neige, ce qui est assez contraignant. Les meilleures carottes de neige couvrent toute la longueur du manteau neigeux. Le danger s'accroît en présence de couches molles et dures alternées avec une couche épaisse et molle par-dessus une couche plus dure.

La dureté de la neige se mesure entre 1 (on peut planter son doigt ganté dans la neige poudreuse) et 5 (il faut utiliser un piolet dans le névé durci). S'il existe une différence de trois niveaux entre deux couches successives, il y a danger. La consistance de la neige joue aussi un rôle. Si elle est mouillée, lourde et lubrifiée, elle glisse plus facilement. La neige sèche (niveau 1) ne permet pas de faire des boules de neige, la neige humide (5) peut être pressée.

La présence de cristaux en forme de billes dans une couche médiane ou basse accroît les risques d'avalanche. L'inclinaison du sol joue un rôle important; la plupart des avalanches se déclenchent sur des pentes convexes de 30 à 45 degrés qui mettent la neige sous tension.

Les avalanches de plaque à vent sont les plus courantes. La neige accumulée « craque » sous les pieds et forme une belle surface, une texture douce et mate. Des températures élevées provoquent une fonte des couches internes, ce qui déplace la couche externe. Souvent, il suffit d'un bruit ou d'un pas pour séparer les couches peu collantes.

Les avalanches de poudreuse, fréquentes dans l'Himalaya, se produisent peu après d'importantes chutes de neige. D'énormes volumes de neige fine projettent des murs d'air.

Les avalanches de neige mouillée sont souvent précédées par des boules de neige dévalant une pente. Elles se produisent lorsque les températures s'élèvent au-dessus de 0 °C, en fin d'après-midi. Dans des zones à risques, toute élévation de la température doit conduire à une extrême prudence.

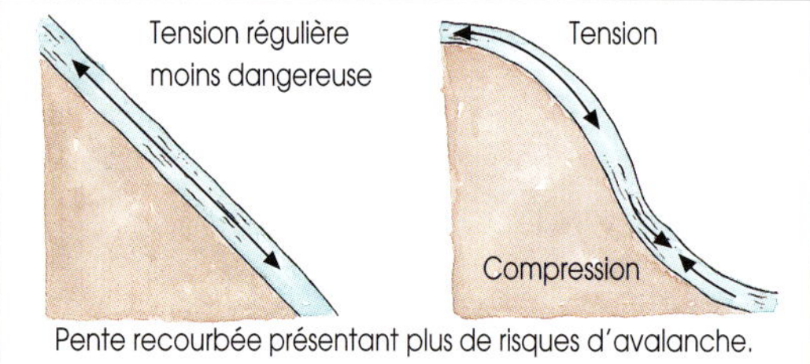

Pente recourbée présentant plus de risques d'avalanche.

À l'extrême droite
Une crevasse stable fournit un point de repos abrité. Les grimpeurs sont ici assis à l'abri de la glace en surplomb. Les protège-nez les prémunissent contre l'action destructrice des rayons ultraviolets en haute altitude.

Survivre à une avalanche

Si vous effectuez des mouvements de brasse en remontant l'avalanche ou en roulant vers le côté ou la surface, vous pouvez diminuer la quantité de neige qui va vous recouvrir. Lorsque l'avalanche diminue d'intensité, essayez de faire ces mouvements vers la surface si vous parvenez à vous orienter.

Dans un ultime effort, tentez de dégager un espace suffisant autour de vous avant que la couche neigeuse se consolide. Dans la mesure du possible, ne paniquez pas car vous avez besoin d'économiser de l'oxygène. Ne criez que si vous entendez quelqu'un appeler dans votre direction.

Le sauvetage

Le témoin d'une avalanche peut accroître les chances de survie des victimes car il connaît l'endroit où elles se trouvaient. Commencez immédiatement les recherches en sondant la neige à l'aide d'un bâton de ski ou d'un piolet. Criez mais attendez une réponse éventuelle. Si vous découvrez la victime, dégagez d'abord la neige recouvrant sa bouche et essayez immédiatement de la ranimer, avant de la dégager entièrement. Les quinze premières minutes sont vitales, bien que des victimes d'avalanches aient été retrouvées vivantes après quelques heures. Les balises de détresse peuvent se révéler précieuses.

La glace

La neige finit presque toujours par former de la glace, dont la consistance dépendra du mode de formation, de l'angle de la pente et de toute matière susceptible de s'agglomérer à elle, comme le givre. Les séracs et les chutes de glace se produisent lors de brusques changements de température. La glace demeure généralement stable le matin et par nuits froides.

Les corniches

Ces accumulations de neige suspendues se forment sur des arêtes sous l'action du vent. Elles peuvent être énormes et dangereuses. De nombreux grimpeurs ont été piégés sous des corniches. Pour les

OÙ CHERCHER LES VICTIMES D'UNE AVALANCHE ?
Le point **(a)** indique l'endroit où l'avalanche s'est déclenchée (remarquez la voie brisée en dessous); le point **(b)** indique le dernier endroit où la victime a été vue; donc, l'endroit le plus probable où se trouve la victime est la zone **(c).**

éviter, suivez une ligne conduisant bien en dessous de la corniche car celle-ci a tendance à céder au niveau de la ligne verticale du rebord.

Si vous progressez sous une corniche, il vaut mieux faire un long détour. Souvent, il faut passer dans un tunnel situé sous la corniche. Dans ce cas, il est préférable que le second de cordée reste éloigné.

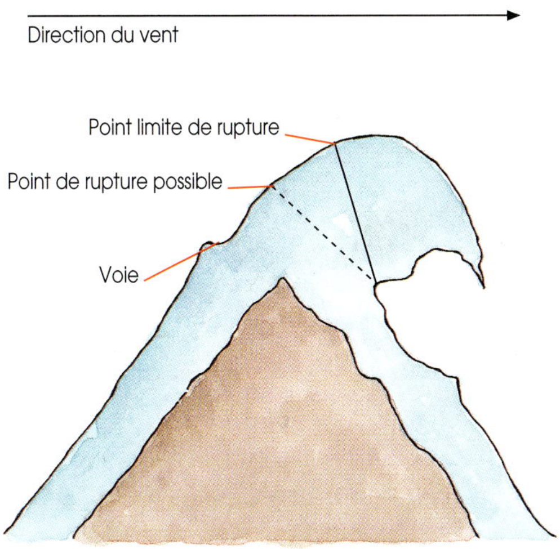

VUE EN COUPE D'UNE CORNICHE
PERMETTANT DE DÉFINIR UN PASSAGE SÛR

CHAPITRE HUIT

L'ALPINISME

Respecter la montagne

Pendant les grandes années de l'alpinisme au tournant du siècle, les Alpes ont constitué un terrain privilégié. Depuis, de nombreuses zones ont été découvertes en Nouvelle-Zélande, aux États-Unis et au Canada, en Amérique latine et même en Afrique. Nous entendons par alpinisme une ascension d'une journée qui exige une technique mixte d'escalade sur tout terrain où l'équipe se munit de tout le matériel d'escalade sans établir un camp. Ce type d'ascension peut également s'effectuer dans l'Himalaya, à 8 000 m d'altitude, mais le principe d'autosuffisance demeure.

La vitesse est essentielle si l'on veut vaincre une voie un peu technique ; l'équipe doit être en mesure de se déplacer ensemble assez vite sur des terrains divers. L'alpinisme exige donc une équipe homogène et complémentaire sur le plan technique et une certaine expérience de l'escalade. Cette discipline combine toutes les joies mais aussi tous les risques de l'escalade de rocher, de glace et de neige. Elle exige des mouvements précis et une connaissance des techniques d'orientation et de navigation.

Les échelles sont utiles pour franchir les larges crevasses.

PRÉPARATION POUR L'ALPINISME

L'alpiniste doit bien maîtriser les techniques de l'escalade traditionnelle et celles de la glace et de la neige. Il peut sembler puéril de s'entraîner à un sauvetage en crevasse sur un terrain sec ou sur une colline sur votre lieu d'entraînement habituel,

Le Karakorum, au Pakistan, possède des voies alpines magnifiques de moyenne ou de grande difficulté.

Refuge dans un abri de neige.

mais le jour venu, cela vous sera utile. De même, utiliser des mètres de corde sur une voie facile, dans un environnement familier, est plus propice à l'apprentissage que sur une arête alpine exposée, en haute altitude et par temps froid.

Il est possible d'apprendre l'alpinisme sans aucune notion préalable, mais il serait assez hasardeux de ne pas prendre le temps d'assimiler en commençant par la marche sur glacier en de courtes séances pour passer ensuite à des objectifs plus ambitieux.

Le mieux est de profiter du savoir-faire des écoles d'alpinisme et de leurs guides pour acquérir les connaissances et l'expérience nécessaires.

Ci-dessus *L'approche d'une ascension peut impliquer une marche longue et hasardeuse, souvent dans un décor spectaculaire.*

À droite *L'équipement et les grimpeurs doivent être correctement reliés au bivouac.*

Dans un endroit inconnu, il est préférable d'aborder des voies un peu en dessous de votre niveau car la familiarisation avec l'environnement est un processus long qui peut réserver des surprises. Il ne faut pas non plus négliger les effets de l'altitude. Pour commencer, il vaut mieux choisir une voie stable et des conditions prévisibles de façon à limiter les difficultés.

Contrairement à une journée normale sur votre lieu d'entraînement habituel, une voie alpine exige une planification soignée qui doit tenir compte, selon les cas, des points suivants :

• Déterminez quelle est la meilleure saison de l'année.

• Effectuez une étude détaillée de la toponymie et des voies et emportez avec vous un résumé sur un papier plastifié.

• Pratiquez une voie pas trop éloignée de celle que vous allez suivre pour examiner de plus près vos objectifs et établir des voies de descente.

• Vérifiez l'équipement personnel (en prévoyant un bivouac ou des équipements d'urgence) et l'équipement d'escalade prévus pour tous les terrains.
Il faut souvent faire un compromis entre le poids de l'équipement et la vitesse de progression. Rappelez-vous que trop ou pas assez d'équipement peut mettre en danger votre vie car vous serez ou sous-équipé ou trop chargé.

• Envoyez un éclaireur, y compris pour les camps, les tentes ou les bivouacs depuis lesquels vous partez.

• Prévoyez des voies de secours en apportant un plan et une boussole en cas de brouillard, de pluie ou de neige.

• Informez-vous sur les conditions et les prévisions météorologiques.

• Vérifiez les conditions neigeuses et les voies auprès d'autres personnes ayant approché récemment les zones où vous allez vous rendre.

L'ÉQUIPEMENT ALPIN

Selon les voies, prévoyez un équipement mixte, fiable et aussi léger que possible. L'équipement moderne est très léger sans pour autant sacrifier à la solidité et à l'efficacité.

Dans la plupart des cas, seules l'approche et une partie de l'ascension s'effectuent sur glacier, sur de la neige ou de la glace, la majeure partie du parcours étant constituée de roche. Chaque grimpeur doit normalement disposer de :

- Un sac à dos d'au moins 35 litres avec ceinture de confort.
- Plusieurs couches de vêtements (voir le chapitre sept), des chaussures en coque plastique et des crampons, des guêtres, un passe-montagne, des lunettes de soleil, un casque, une paire de gants fins et une autre épaisse.
- Une paire de chaussons d'escalade, si on prévoit beaucoup d'escalade technique (pour l'alpinisme, munissez-vous d'une paire supplémentaire pour la porter avec des chaussettes et vous réchauffer).
- Soit un piolet de marche, soit deux piolets techniques, selon le niveau des voies.
- Une trousse de secours.
- Une torche, des piles et une ampoule de rechange.
- Une gourde d'eau.
- Des barres énergétiques, du chocolat ou du fromage.

Réchaud tempête suspendu.

Une voie alpine un peu longue exige que les grimpeurs disposent du matériel suivant :

- Deux cordes de 9 mm de diamètre.
- Un porte-matériel comprenant des coinceurs, quelques dégaines et quelques sangles plus longues (pour enlever les broches à glace et les piolets ou pour allonger les dégaines).
- Quatre ou cinq broches à glace ; un ou deux corps morts ; un plan détaillé, une boussole et souvent un altimètre, utile pour vérifier le temps et l'altitude.
- Quelques mètres de corde en Nylon pour les descentes en rappel et un couteau pour couper la corde, un kit de secours et de réparation pour l'équipement, comme les crampons.

De nombreux grimpeurs ajoutent un Thermos en acier inoxydable pour les boissons chaudes, des bâtons de ski télescopiques pour la marche et une gourde.

Si vous prévoyez un bivouac, il vous faut un réchaud, une gamelle, des allumettes et de la nourriture de réserve ainsi qu'un sac de couchage. Ajoutez un sac de couchage ou un anorak supplémentaire.

Le principal problème de l'alpinisme se pose encore ici : si on s'équipe trop, on peut compromettre sa progression en la ralentissant et devoir utiliser tout l'équipement ; en se sous-équipant, on peut gagner du temps mais passer une dangereuse nuit sans bivouac en raison du mauvais temps ou d'un imprévu.

Cette décision tient en partie à l'expérience de l'équipe et à la nature de la voie. En dernier lieu, elle est déterminée par l'intrépidité et l'implication des grimpeurs. Il n'y a pas de loi en la matière.

Une boisson chaude et une barre chocolatée peuvent sauver un grimpeur.

À droite Les refuges en montagne peuvent être équipés de façon précaire ou luxueuse.

Ci-dessous Un grimpeur fait sauter une crêpe dans un abri de neige confortable.

Ci-dessous à gauche Dans de bonnes conditions, il est possible d'installer un campement presque partout, pourvu que vous disposiez de l'équipement suffisant.

Ci-dessous à droite Une tente installée sous un abri de neige peut procurer une bonne isolation et un refuge sûr.

À gauche, page suivante Dans la Vallée Blanche, la foule illustre la pression exercée sur l'environnement alpin.

À droite, page suivante Des drapeaux flottent au-dessus de l'expédition organisée sur l'Annapurna, au Népal.

LES TECHNIQUES SPÉCIFIQUES DE L'ALPINISME

L'APPROCHE

Les refuges font partie de la tradition alpine. On en trouve dans des endroits parfois surprenants. Il peut s'agir d'abris spartiates ou d'hôtels luxueux. S'ils ne sont pas entretenus, il faut respecter l'éthique et l'environnement et les laisser dans l'état où vous les avez trouvés (ou dans un meilleur état). Dans des refuges entretenus, les gardiens sont maîtres des lieux et peuvent avoir une grande influence sur votre séjour (ils peuvent vous ruiner ou vous procurer le meilleur lit !). Il s'agit souvent de grimpeurs expérimentés et il vaut donc mieux écouter leurs précieux conseils.

Si vous êtes membre d'un club de montagne reconnu par l'UIAA, vous pouvez bénéficier de tarifs préférentiels. Munissez-vous de votre carte de membre. Beaucoup de gardiens de refuges préfèrent être réglés d'avance, ce qui est plus commode car l'habitude, en montagne, est de repartir tôt le matin.

Voici quelques règles de vie en refuge :

- Les refuges sont des lieux très fréquentés qui peuvent être bondés pendant la haute saison. Les plus populaires (en Europe) doivent être réservés d'avance pour éviter toute mauvaise surprise et une nuit d'amertume à la belle étoile, dans le froid, passée recroquevillé dans votre sac de couchage.
- L'eau chaude est fournie contre un supplément ou gratuitement. Beaucoup de refuges des Alpes sont de véritables hôtels cinq étoiles et les repas, les boissons, etc., peuvent y être achetés. La plupart sont équipés de cuisine et certains offrent le repas sans supplément. Il est cependant prudent de se renseigner.
- Les couvertures sont fournies dans les refuges les plus spacieux, ce qui évite de transporter une literie encombrante. Pour plus de confort et de tranquillité, prévoyez tout de même un drap.
- Ne vous attendez pas à une bonne nuit de repos à moins que vous ne soyez insensible au bruit. Les occupants des refuges se couchent à partir de 17 heures et les départs ont lieu à toute heure. Certains grimpeurs se lèvent à minuit pour profiter de la fraîcheur de la glace et de la neige ou en raison de la longueur de la voie. Les plus solides ne dorment pas du tout et font bruyamment la fête jusqu'à l'heure du départ ou manipulent leur quincaillerie pendant des heures. Il y a aussi les inévitables ronfleurs et les grognons ou les nerveux qui vous donnent des coups de pied en passant.
- Les boules Quiès sont utiles, mais assurez-vous que quelqu'un va vous réveiller !
- Si vous aimez le bon air, dormez près d'une fenêtre, mais attendez-vous à un combat incessant entre ceux qui voudront l'ouvrir et ceux qui voudront la fermer.
- Dans votre intérêt et celui des autres, préparez votre sac avant de vous coucher. Vous partirez plus vite et n'aurez pas à tâtonner pour retrouver vos affaires.

• Cela peut paraître un peu fastidieux et démodé, mais il peut être utile de marquer lisiblement vos affaires. Choisir des couleurs laides et démodées peut réduire les risques de vol qui, malheureusement, se multiplient.
• Assurez-vous que votre torche est facilement accessible et qu'elle contient des piles neuves pour éviter d'être retardé le matin.
• Buvez suffisamment avant de quitter le refuge et assez souvent pendant l'approche.

Les bivouacs

Dans de nombreuses régions d'Europe, l'installation de tentes et de bivouacs est découragée, voire interdite, par exemple dans la Vallée Blanche, à Chamonix, envahie par les grimpeurs et leurs déchets pendant la haute saison. Renseignez-vous pour éviter les surprises.

Un bivouac peut simplement consister à vous glisser dans votre sac de couchage et à vous assurer sur une petite saillie ou, plus luxueux, à installer une confortable tente dans une vallée.

Il est important de se munir d'un réchaud. En dessous de 6 000 m, un réchaud propane-butane constitue l'option la plus pratique, bien que certains grimpeurs ne jurent que par leur réchaud à essence. Le régime alimentaire du grimpeur est en effet constitué d'une grande quantité de boissons chaudes, comme le chocolat, la soupe ou le thé.

Une protection pour la tête évite les insolations (beaucoup de sacs de couchage en sont pourvus) et une sous-veste ou un sac à viande sont confortables. Vous n'aurez peut-être pas d'autre choix que de dormir avec votre gourde, vos chaussures et votre corde pour être sûr que ces objets ne gèleront pas durant la nuit et seront utilisables le lendemain matin.

La voie

Faites une reconnaissance de la première partie de la voie à la lumière du jour, par avance, car vous devrez l'aborder ensuite dans le noir.

Beaucoup d'équipes s'encordent dans la chaleur de la tente et marchent encordées en bas de la voie. Cela fait rarement perdre de la vitesse et de la joie. On utilise la technique standard d'encordement (voir page 121). C'est au petit matin que la neige et la glace sont généralement les plus stables, après

Ci-dessus Les effets de l'altitude à 4 000 m dans les Alpes européennes ne doivent pas être sous-estimés. Cette cordée semble à cet égard quelque peu suspecte !

À droite Ce coucher de soleil sur le Santa Cruz, en Amérique latine, salue un nouveau jour et un nouveau défi. La voie normale suit la ligne évidente située sur l'arête centrale en escalier.

les températures modérées de la nuit. Les conditions se stabilisent de nouveau dans la soirée. Beaucoup d'expéditions s'organisent pour terminer avant le jour. Il est courant de commencer l'ascension à la lumière des torches, surtout sur les voies les plus longues.

Ayez un minimum d'informations sur la voie, au moins pour les premiers mètres. Utilisez des jumelles (il est indispensable d'emporter une paire de jumelles de petite taille et de bonne qualité).

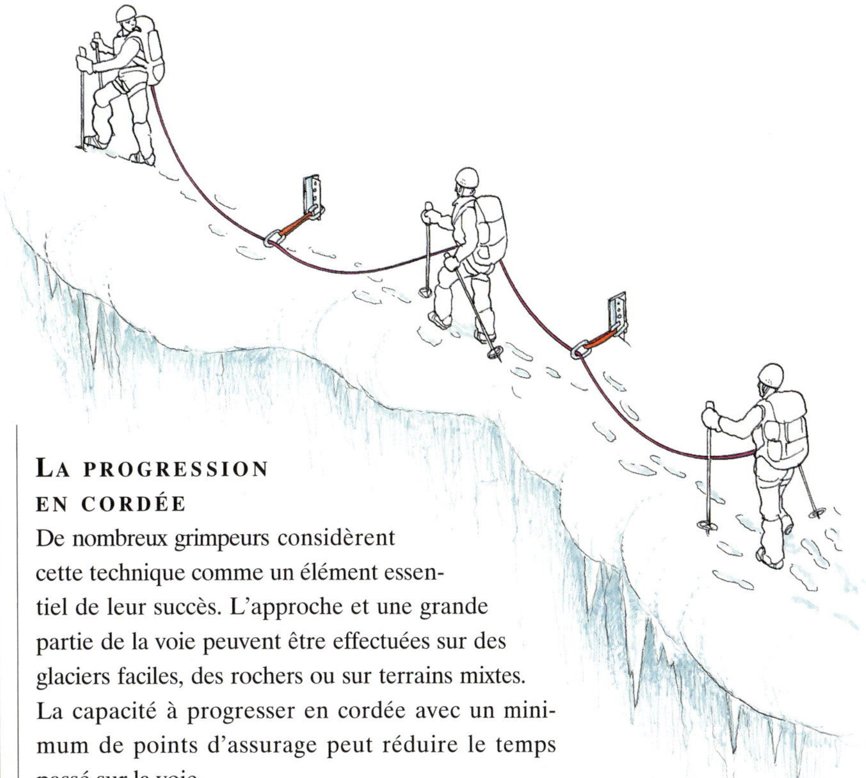

PROGRESSION EN CORDÉE
Ici, les grimpeurs évoluent en assurant leur progression.

La progression en cordée

De nombreux grimpeurs considèrent cette technique comme un élément essentiel de leur succès. L'approche et une grande partie de la voie peuvent être effectuées sur des glaciers faciles, des rochers ou sur terrains mixtes. La capacité à progresser en cordée avec un minimum de points d'assurage peut réduire le temps passé sur la voie.

Il est préférable de s'entraîner d'abord sur un terrain facile et familier.

Il est courant d'utiliser une corde de 10 à 20 m selon les terrains et les relais possibles. Le premier de cordée s'éloigne tandis que le second le suit avec une corde tendue. Le premier prévient le second qu'il a placé une dégaine, puis les deux grimpeurs s'arrêtent, le premier place le point d'ancrage, et les deux grimpeurs continuent leur progression. Le premier point d'assurage est retiré par le second de cordée seulement quand le premier a placé un autre point d'assurage, ou même deux, ce qui est préférable.

Lorsque le premier de cordée n'a plus de matériel, le second le rejoint en rappel et prend sa place. Ainsi, une équipe de deux grimpeurs chevronnés peut surmonter assez rapidement des passages techniques dans de bonnes conditions. Très souvent, on utilise pour le rappel un descendeur par souci d'efficacité.

La corde peut être utilisée comme protection. Sur des voies faciles, il existe souvent des sommets ou des rochers autour desquels on peut l'attacher. Dans de nombreuses régions d'Europe, les Via Ferrata (de longues voies ou des traverses protégées par des câbles) offrent des passages faciles vers les sommets ou des passages plus difficiles mais protégés. Il est aisé de les parcourir encordé pour accélérer la progression.

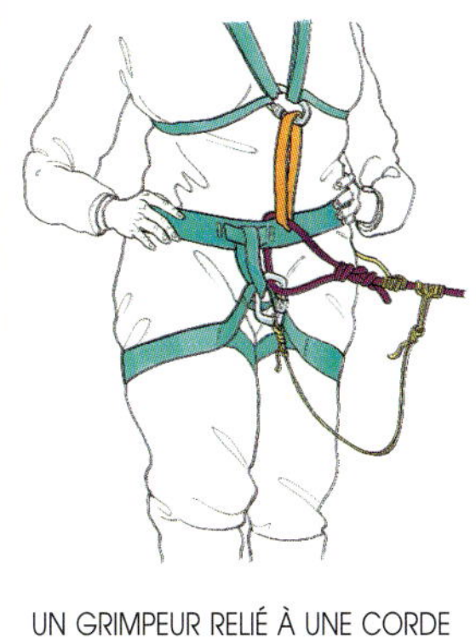

UN GRIMPEUR RELIÉ À UNE CORDE POUR LA TRAVERSÉE D'UN GLACIER
Remarquez le nœud de Prussik et le baudrier dorsal relié à la corde.

SYMBOLES TOPONYMIQUES
LES PLUS COURANTS

- Dièdre
- Dalle
- Surplomb
- Fissure
- Point de rappel
- Piton
- × Spit
- o Relais
- 5^+ Cotation (UIAA)

La météorologie

Le temps sur les sommets alpins peut changer très vite. Il est souvent plus avisé d'attendre dans la vallée plutôt que de se précipiter. Patience et facilité d'adaptation sont des qualités essentielles du grimpeur.

Un altimètre reste un objet tout à fait abordable. Les modèles incorporés à une montre offrent des prévisions moins précises mais convenables.

Une baisse soudaine du baromètre en quelques heures dans un endroit précis doit être prise très au sérieux.

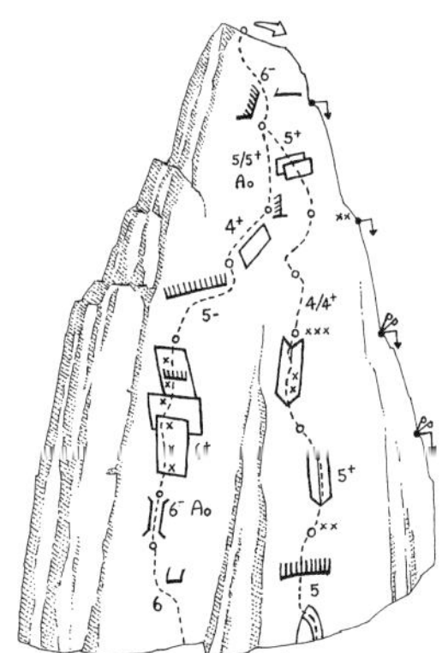

DESCRIPTION SCHÉMATIQUE D'UN TOPO

Les dangers objectifs

Les zones alpines recèlent des dangers différents de ceux d'autres zones d'escalade ou de randonnée : chute de rochers, avalanches, crevasses, séracs, qui ne peuvent pas toujours être prévus. Cependant, les risques peuvent être limités si l'on se déplace à une heure favorable ou sur une voie bien choisie. Les voies alpines doivent être commencées tôt car la neige et la glace sont gelées pendant les nuits froides, ce qui limite les chutes de pierres ; les crevasses et les zones d'avalanche sont plus stables.

En choisissant des arêtes plutôt que des pentes exposées et en évitant des pentes convexes, vous diminuez les risques d'avalanche et de chutes de pierres. Les risques liés aux orages sont plus grands si vous vous trouvez dans une zone de crevasses. Lors d'un violent orage, lorsque votre quincaillerie siffle et que vos cheveux se dressent sur la tête, une isolation partielle peut être obtenue en vous asseyant sur votre sac à dos, loin des fissures et des pentes rocheuses. Souvenez-vous également qu'une couche de neige fraîche sur une autre plus ancienne est particulièrement sujette aux avalanches et qu'il faut attendre quelques jours pour que la seconde couche soit consolidée et adhère aux couches plus profondes.

Trop souvent, les expéditions s'en prennent aux conditions météorologiques alors que c'est leur préparation psychologique et physique ou leur équipement ou même leur choix de voie qui étaient déficients.

Garder le cap

Il existe de nombreuses cartes toponymiques des voies récentes. Il faut en connaître les symboles. Cela vous aide à explorer le terrain à l'aide de jumelles en étant capable de les décrire à l'aide de signes toponymiques.

La gestion de la corde

S'il est important, en escalade, de bien maîtriser l'utilisation de la corde, c'est un point essentiel en alpinisme. Une corde mal installée en haut d'une voie peut conduire à une tragédie alors qu'un grimpeur gelé et épuisé tente vainement de la dégager pour descendre en rappel ; une corde mal rangée peut tomber du haut d'un minuscule relais, buter contre des arêtes et provoquer une chute de pierres. Sur un relais très réduit, il est utile de coincer la corde sous les pieds, bien rangée, en cas de besoin.

La descente

Dans les régions alpines, il faut souvent descendre en rappel. Il est donc indispensable de se munir de longues sangles pour vous assurer en utilisant les pitons déjà sur place ou sur le rappel lui-même. La plupart des équipes emportent de 10 à 12 m de sangle ou de corde à cet usage. Il est recommandé de prévoir de la corde Spectra pour les descentes sur pentes accidentées car elle est beaucoup plus résistante que la corde ou la sangle ordinaire.

Une fois loin des rochers, une bonne carte et une boussole de qualité sont essentielles, en particulier s'il se met à neiger, si le temps se couvre ou si la nuit tombe. Un altimètre peut vous aider à franchir des traverses, des cols ou des passes.

Pendant les descentes, de nombreux grimpeurs multiplient les erreurs de jugement car ils sont fatigués. Chaque grimpeur doit donc être attentif à ses compagnons et déceler les signes d'épuisement ou d'hypothermie. Il faut s'arrêter pour boire ou avaler un carré de chocolat. N'oubliez pas que l'expédition ne s'achève que lorsque chaque grimpeur est de retour chez lui sain et sauf.

Ci-dessus *Les trois tours du Paine, en Patagonie, sont prisées pour les expéditions d'alpinisme extrêmes.*

À gauche *Approche facile de la Tour Ronde (massif du Mont Blanc), dans les Alpes françaises.*

L'ALPINISME ET LES SITUATIONS D'URGENCE

En raison de leur nature extrême, les zones alpines créent des situations d'urgence. Tous ceux qui sont allés à Chamonix connaissent bien le ronronnement incessant des hélicoptères pendant la haute saison.

Une préparation aux situations d'urgence les plus courantes peut sauver des vies. Rappelez-vous que garder son calme aide tant les sauveteurs que les victimes et que la précipitation ne fait que compliquer les choses. Surtout, ne mettez pas en péril la sécurité de vos compagnons pour sauver une autre équipe. Ne jouez pas les héros.

Page suivante *Une avalanche s'approche de la base de ce camp situé dans l'Everest, sur le glacier du Khumbu.*

Apple Computer

À droite Une expédition d'envergure dans son camp de base en Bolivie.

LES EXPÉDITIONS

Pour bien des grimpeurs, les expéditions représentent l'aboutissement de nombreuses années de rêves et de projets. Dans les grands principes, les techniques d'escalade elles-mêmes ne varient pas fondamentalement. Cependant, plus l'expédition est longue, plus la logistique devient complexe et les effets de l'altitude et du temps plus importants.

Dans les expéditions de grande envergure, les règles du jeu changent un peu : l'objectif est de propulser au moins une des équipes vers le sommet. Il est vital de clarifier ses objectifs car ils déterminent et structurent la nature de l'expédition :

• Le sommet est-il enneigé ?

Ci-dessus et ci-dessous *La préparation et le choix de l'équipement sont essentiels pour les expéditions.*

• Rend-t-il nécessaire des techniques alpines/mixtes ?
• À quelle altitude se situent les difficultés ?
• Jusqu'où pouvez-vous aller en voiture ?
• S'agit-il d'une première ou la voie est-elle déjà tracée ?
• Aurez-vous besoin d'installer des camps ?
• Quels sont les dangers (glaciers, crevasses, avalanches, roches déchaussées) ?
• Quelles sont les tendances climatiques dominantes ?
• Quelle est la période de l'année la plus favorable ?
• Quel est le nombre d'équipiers idéal ?
• Aurez-vous besoin de porteurs, et si oui, seront-ils disponibles ?
• Quel sera le coût global de l'expédition ?
• Il faut choisir un objectif en fonction des compétences techniques de votre équipe et des effets du climat. La durée estimée est également importante car l'expérience montre que les expéditions sont toujours plus longues que prévu.
• La zone d'escalade est essentielle. On trouve de bons terrains d'escalade dans l'Himalaya, le Karakorum (Pakistan), à Pamir (Asie centrale), en Alaska, en Patagonie et d'autres régions des Andes, en Russie, dans le Groenland, l'Antarctique et la région subantarctique, le sud de la Géorgie, l'Afrique et la Nouvelle-Zélande.

LES PRÉPARATIFS

L'organisation d'une expédition d'envergure nécessite de veiller à une multitude de détails, comme s'assurer que les membres ont suffisamment de lacets de chaussure ou réserver les billets d'avion. Quelques éléments sont à prendre en considération :

• **Le style d'escalade :** s'agit-il d'une expédition complète, qui requiert des cordes fixes, des camps, des porteurs, ou d'une escalade alpine moins lourde ? Dans le premier cas, il faut adopter une approche pyramidale.

• **La nourriture :** la clef consiste à miser sur la variété. Manger la nourriture locale pendant la marche d'approche rend l'alimentation préemballée plus appétissante le moment venu. Le régime de base de la plupart des expéditions est un mélange composé de 50 % d'hydrates de carbone, 30 % de graisse et 20 % de protéines. Évitez de vous surcharger par mauvais temps ou lorsque l'ascension se trouve retardée. La nourriture doit durer.

• **L'eau :** elle n'est pas potable partout. Un bon filtre peut vous sauver la vie. Faire bouillir l'eau ne constitue pas une garantie suffisante, surtout en altitude où l'eau bout à une si basse température que la plupart des bactéries nuisibles survivent à ce traitement. Le chlore et l'iode sont de bons antibactériens bien que certains micro-organismes leur résistent. La meilleure solution consiste à faire bouillir l'eau, à la traiter puis à la filtrer.

• **Carburant et réchaud :** les réchauds à gaz constituent la solution la plus adaptée. Un mélange butane-propane fonctionne parfaitement avec la plupart des modèles courants à très haute altitude. Cependant, les recharges ne sont pas disponibles partout.

Pour les camps de base, les réchauds classiques au kérosène et à la paraffine, quasi indestructibles, sont fiables et faciles à transporter. Le carburant se trouve facilement dans le monde entier ou presque.

Les réchauds multicarburants qui peuvent fonctionner avec de la benzine, du pétrole ou presque tout autre carburant conviennent pour les camps avancés ou plus. Néanmoins, ils ont tendance à se bloquer et peuvent être difficiles à manier. Les réchauds à gaz se montrent plus adaptés. Emportez aussi un filtre à gaz et un filtre à carburant.

• **L'équipement collectif :** il est nécessaire de se munir d'un ensemble de matériaux spécialisés ou non pour entreprendre toute expédition majeure. Voici quelques conseils utiles.

Les défaillances existent. Prévoyez un équipement de réparation complet incluant des outils comme des tenailles, des pinces et des tournevis et une bonne réserve de sangles, qui permettent de tenir à peu près n'importe quoi en place, du câble métallique et de la corde en Nylon solide d'environ 4 mm d'épaisseur. Emportez aussi de quoi coudre les tentes ou effectuer d'autres réparations, des montants de tente (ou des piquets de réserve), des réchauds et des crampons de rechange, des pièces pour les matelas gonflables et des boucles supplémentaires pour les sacs à dos.

• **L'entraînement :** l'équipe doit être entraînée individuellement et, si possible, collectivement. Le meilleur entraînement consiste à grimper et à marcher longuement pour développer le système cardio-vasculaire. Avant une expédition, les objectifs doivent normalement dépasser la normale car la durée du voyage et le stress dû à l'altitude peuvent entamer vos réserves.

La préparation psychologique est essentielle et peut consister à faire grimper ensemble toute l'équipe, surtout sur des voies difficiles et éprouvantes.

L'EXPÉDITION : L'ASCENSION

Dans l'hypothèse où votre expédition vous entraîne en haute altitude, soyez conscient du phénomène de l'acclimatement, lequel doit être lent et planifié.

La marche dans le camp de base peut suffire à résoudre ce problème si on laisse à son corps le temps nécessaire pour s'adapter. Celui-ci a en effet besoin d'entraînement en haute altitude pour s'acclimater mais a aussi besoin de repos en basse altitude.

Au-dessus de 6 000 m, l'état général se détériore quel que soit votre entraînement, ce phénomène s'accroît à mesure que vous montez. Essayez d'écourter le temps passé en haute altitude.

Tant l'escalade alpine que l'ascension en diagonale doivent être soigneusement planifiées ; les réserves de nourriture et l'équipement sur une voie doivent être prévus de façon logique et systématique.

Un organisateur sensé ne se fie pas à sa seule mémoire et couche tout sur le papier. Il est utile de nommer un chef qui reste au camp de base. Il n'est pas soumis à la haute altitude et peut donc garder la tête froide pour se charger de la logistique.

CHRIS BONINGTON

Sir Chris Bonington est un grand nom de l'escalade et un écrivain qui a popularisé les expéditions en montagne.

Il a commencé à grimper à 16 ans en solo sur les collines de Wicklow Hills en Irlande. Il s'est vraiment mis à l'escalade sportive à 17 ans en regardant des grimpeurs à l'œuvre lors d'un voyage au pays de Galles. Son premier terrain d'essais fut les falaises granitiques de Harrison, situées au sud de Londres.

La liste de ses premières ascensions est remarquable. Elle comprend le pilier central du Frêney, Changabang et Brammah, au Cachemire. Il atteint la célébrité quand il réalise la première ascension britannique de la face nord de l'Eiger, puis en 1970 avec la face sud de l'Annapurna. Il a aussi tenté, d'abord vainement, puis avec succès, l'ascension de la face sud-ouest de l'Everest en 1972, puis en 1975.

Sir Chris Bonington n'a jamais abandonné la partie. Il fut le premier à vaincre l'Everest à l'âge de 50 ans et continue à grimper en s'attaquant à des défis aussi impressionnants et aussi lointains que l'Antarctique ou l'Himalaya.

LE RETOUR

Certains grimpeurs croient que l'ascension se termine lorsqu'ils ont atteint un sommet. En fait, l'expédition s'achève lorsque tous les membres de l'expédition sont redescendus sains et saufs. Le danger d'aller trop loin uniquement pour atteindre un objectif est encore plus grand en altitude où la faculté de raisonnement se trouve sérieusement diminuée.

L'objectif d'une expédition consiste à repousser ses propres limites et à se tester soi et les autres dans des situations extrêmes. Cependant, chaque individu doit pouvoir décider jusqu'où il souhaite prendre des risques et s'engager. Aucun sommet ne mérite qu'on lui sacrifie sa vie.

Il est parfois difficile de se mettre d'accord sur des délais, mais lorsque l'équipe trouve un terrain d'entente, tous les membres doivent être parfaitement informés. Après tout, comme disait Reinhold Messner : « L'objectif essentiel de l'alpinisme est de revenir pour en parler. »

Traversée de crevasses pour l'ascension de l'Everest.

NOTIONS D'ORIENTATION

À un moment ou à un autre, tout grimpeur ou alpiniste se trouve confronté à un terrain inconnu. Il est indispensable de se sentir sûr de soi et parfaitement compétent pour lire une carte et utiliser une boussole. Se fier à une boussole et à son propre flair lorsque la visibilité diminue en raison du brouillard, de la neige ou dans la nuit n'a rien d'aisé. Beaucoup d'expéditions se sont trouvées en difficulté en raison de leur incapacité à utiliser les instruments d'orientation de base. Voici quelques notions d'orientation brièvement développées.

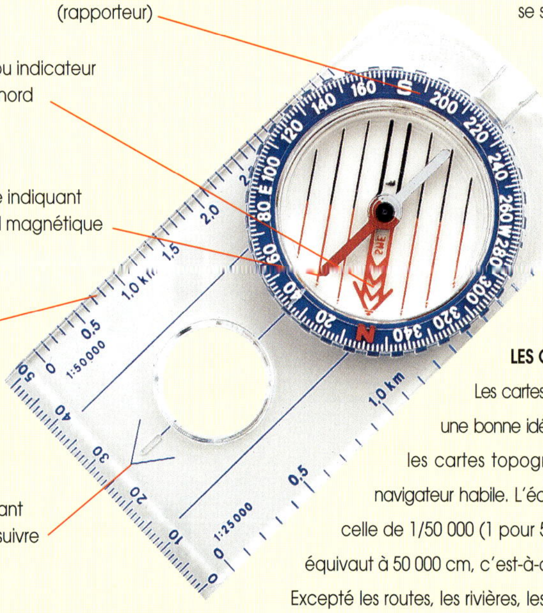

LES CARTES

Les cartes simples du relief donnent une bonne idée du terrain. Cependant, les cartes topographiques suffisent à un navigateur habile. L'échelle la plus courante est celle de 1/50 000 (1 pour 50 000), sur laquelle 1 cm équivaut à 50 000 cm, c'est-à-dire 500 m.

Excepté les routes, les rivières, les bâtiments et la végétation, l'élément clef est le relief sur les cartes topographiques. Chaque ligne représente une élévation constante et particulière. Le contour intervalle est l'élévation verticale représentée par chaque ligne successive, qui mesure de 10 à 20 m. Les plus importantes sont représentées en couleur plus foncée et leur hauteur est précisée ainsi que leur largeur. Plus les lignes de relief sont rapprochées, plus la pente est raide.

Un conseil : conservez les cartes sous plastique. En effet, si le papier se froisse et se mouille, la carte ne vous sera plus très utile...

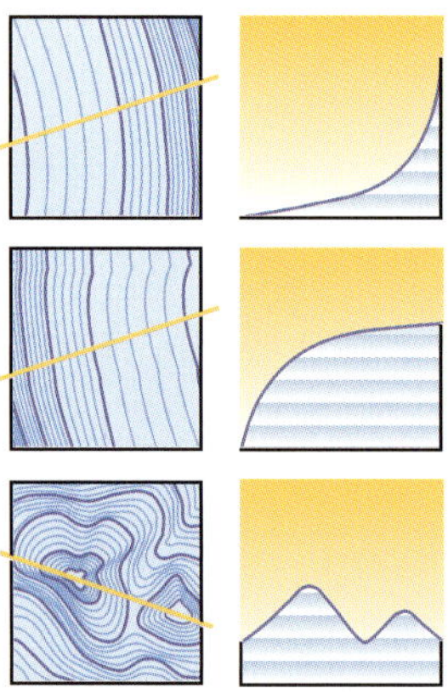

VUE EN COUPE DU RELIEF
(De haut en bas) Pente concave ; pente convexe et deux sommets séparés par un col.

S'orienter à l'aide d'une carte

La plupart du temps, on se dirige sans boussole. La carte est en effet orientée en fonction de la boussole (voir les schémas **A** et **B**, page 147), ensuite elle est posée sur le sol dans la bonne position. En général, cette méthode est suffisante. Vous aurez peut-être également besoin de procéder à quelques vérifications à l'aide de la boussole sur la carte pour confirmation.

Notez que beaucoup de cartes indiquent le nord magnétique et le nord géographique (reportez-vous au paragraphe consacré à la variation magnétique, page 147).

La carte doit être orientée vers le nord géographique et posée sur le sol. Elle peut cependant être alignée dans la même direction que l'aiguille d'une boussole en fonction du nord magnétique.

S'ORIENTER À L'AIDE D'UNE CARTE ET D'UNE BOUSSOLE

Dans des conditions extrêmes ou lorsque la visibilité est mauvaise, les indications de la carte peuvent devenir insuffisantes. Le grimpeur doit alors recourir à une boussole.

La boussole est un instrument très simple, mais l'une des erreurs les plus courantes est de croire qu'elle indique toujours le nord. Il est vrai que cela devrait être le cas. Cependant, cet instrument est soumis à l'attraction de tous les champs magnétiques et des objets métalliques. Attention donc aux objets en métal contenus dans vos poches, ou même aux montures de vos lunettes si vous employez une boussole à vue, aux lampes de poche et aux piles lorsque vous évoluez la nuit, aux montres, aux piolets et même à certaines zones où le métal est présent dans la croûte terrestre.

Les boussoles souffrent d'un défaut rarement reconnu appelé inclinaison magnétique (la variation magnétique, elle, est plus connue) qui affecte l'alignement horizontal de l'aiguille. L'aiguille d'une boussole attirée par le lointain hémisphère Nord peut rester à la base de la boussole près de l'équateur ou de l'hémisphère Sud, ce qui entraîne une mauvaise orientation. Vérifiez donc que vous possédez une boussole adaptée.

La boussole de navigation la plus utile est dotée d'un cadran rotatif placé sur un support de plastique transparent. Une flèche sur le cadran indique la direction de l'itinéraire. Ces boussoles possèdent généralement des graduations dessinées sur le support, appelées échelles de mesure, qui permettent de mesurer les distances sur les cartes. Beaucoup ont des graduations adaptées à différentes échelles de cartes.

Lorsque vous vous rendez d'un point à un autre, vous pouvez parfois suivre un cap simple, comme le nord, ou un cap plus complexe, comme l'ouest. Néanmoins, la navigation est rarement aussi simple, ce qui nécessite une précision extrême. Il en va ainsi lorsque vous vous dirigez dans un passage ou une gorge étroits, dans le brouillard et dans la nuit. De plus, dans ce type de circonstances, vous devrez également utiliser des relèvements ou positions.

Le cadran de la boussole se divise en 360 degrés. Le nord commence à 0°, l'est à 90°, le sud à 180° et l'ouest à 270°. Ces différents degrés sont appelés positions.

La boussole a deux usages. Elle sert d'abord à prendre des mesures (positions) et à repérer un point distant depuis une position fixe (par exemple, une montagne lointaine) ou à mesurer la distance séparant deux points situés sur la carte (voir les schémas **A** et **B**, page 147).

L'autre usage de la boussole consiste à planifier ou à suivre les mesures. Lorsque la boussole est fixée sur un point précis, soit en mesurant une distance dans l'espace, soit sur une carte, cette distance se mesure sur le sol ou sur une carte en fonction du point recherché (voir les schémas **C** et **E**).

LES POSITIONS SUR LA CARTE

La boussole n'est utilisée dans ce cas que comme un simple rapporteur puisque l'aiguille n'est pas prise en compte (la carte n'a pas non plus besoin d'être orientée vers le nord). Les mesures des voies éloignées des points évidents peuvent être prises avant l'expédition en utilisant la carte et la boussole comme rapporteur.

Pour prendre une mesure d'un point X à un point Y

• Placez la boussole sur la carte de sorte que la partie la plus longue de l'aiguille se trouve entre les deux points (voir schéma **C**).

• Vérifiez que l'aiguille indiquant la direction à prendre est placée sur le point Y.

• Tournez l'axe rotatif de sorte que la ligne sud-nord soit parallèle à la véritable ligne sud-nord (voir schéma **D**).

• Lisez le chiffre indiqué par l'aiguille qui marque la direction de l'expédition, vous obtenez ainsi la mesure entre un point X et un point Y (dans cet exemple, elle est de 340°) (voir schéma **E**).

Comment prendre les mesures sur le sol ?

Vous vous trouvez à un point X, dans le noir, et souhaitez atteindre un point Y. Si vous orientez votre boussole à 340° dans la direction choisie, vous ne pourrez pas l'atteindre en raison de la déclinaison magnétique. En effet, le nord magnétique et le vrai pôle Nord ne coïncident pas. Autour du pôle Nord, la Terre tourne sur son axe. Selon l'endroit où vous vous trouvez sur terre, l'aiguille est placée un degré plus près ou un degré plus loin que le pôle. Le chiffre indiqué sur la carte subit donc une variation magnétique.

À gauche de la ligne 0° (méridien de Greenwich), le chiffre est par exemple de - 10°. Ce chiffre est soustrait des 340° que nous avons obtenus plus haut. Pour aller de X à Y, vous devrez donc marcher à 330°. Si vous vous trouvez à droite de cette ligne et que le chiffre est + 10°, cette variation sera additionnée aux 340°, soit 350°. Vérifiez les informations sur la carte. Vous trouverez par exemple 15° E, ce qui veut dire qu'il vous faut aller plus à l'est et que vous devez ajouter 15°. Si elle indique 15° W, vous devrez soustraire 15°, c'est-à-dire aller plus à l'ouest.

POUR SUIVRE UNE DIRECTION SUR LE SOL

• Préparez la carte comme indiqué ci-dessus, en tenant compte de la variation magnétique. Par exemple :

340° + (ou –) 15° de variation = 355° (ou 325°)

Le cadran rotatif doit se trouver à 355° (ou 325°) dans la direction de la flèche indiquant le lieu souhaité.

• Tenez la boussole en face de vous et pivotez sur vous-même jusqu'à ce que l'aiguille indiquant le nord s'aligne avec l'aiguille du cadran rotatif (voir schéma **E**).

• L'aiguille indiquant le lieu choisi marque maintenant la direction à suivre.

AUTRES UTILISATIONS DE LA BOUSSOLE ET DE LA CARTE

Dans de mauvaises conditions, il est facile de se perdre même avec une carte et une boussole. Pour garder le cap, il faut observer la voie et identifier ses caractéristiques, par exemple un gros rocher. Si le terrain n'offre pas de traits caractéristiques, envoyez un grimpeur en reconnaissance, puis alignez votre équipe et envoyez un autre grimpeur. Cette méthode prend généralement beaucoup de temps, il est donc souvent préférable de continuer à vérifier la bonne direction à l'aide de la boussole du mieux que vous pouvez. Il faut faire confiance à la boussole.

Il peut être utile de conserver une trace de la distance déjà parcourue. En mesurant la distance entre le point X et le point Y sur la carte, vous pouvez alors utiliser l'échelle pour mesurer la distance sur le sol.

Par exemple, si la distance de X à Y = 2,5 cm sur la carte qui a une échelle de 1/20 000, la distance est égale à :

2,5 X 20 000 = 50 000 cm : 100

(100 cm = 1 m) = 500 m

Si vous savez à quelle allure vous marchez, vous pouvez alors calculer le nombre de pas (souvent deux pas = 1 m sur terrain difficile). Vous pouvez également marcher dans le même temps ; une équipe moyenne sur terrain difficile marche à environ 3 km/h = 3 000 m/60 min = 50 m par minute. Ainsi, 500 m sont parcourus en dix minutes environ. Cela vous donne une idée du moment où vous allez atteindre votre objectif.

Si après dix minutes vous n'êtes pas à bon port, vous devez supposer que vous avez fait une erreur dans vos calculs et devez retracer le parcours depuis le point X ou un autre point évident avant de vous retrouver totalement perdu.

S'ORIENTER À L'AIDE D'UNE BOUSSOLE

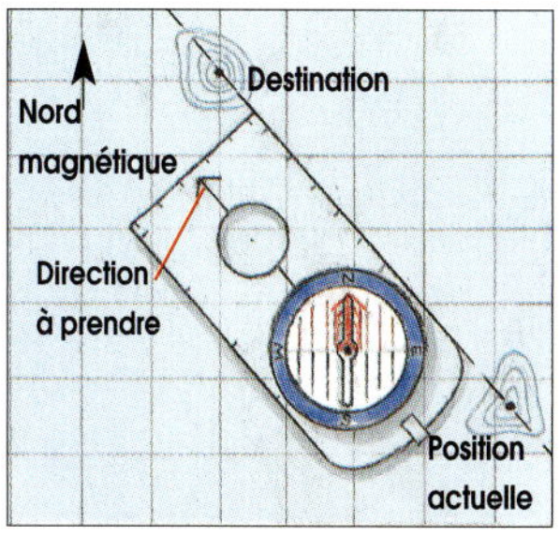

A S'orienter sur la carte

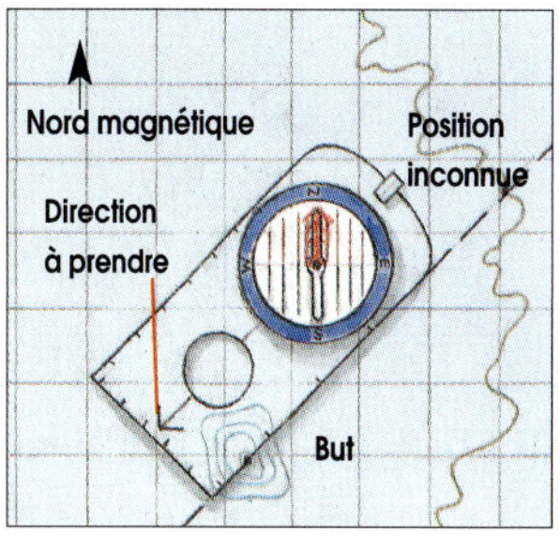

B Trouver une direction

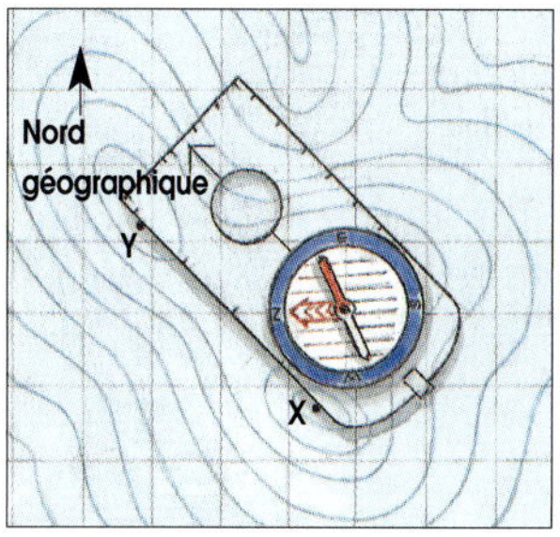

C Placer la boussole pour prendre les mesures

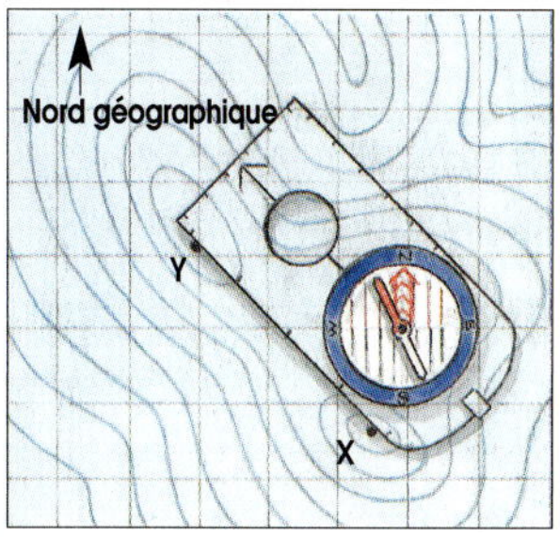

D Orienter le cadran pour trouver le nord

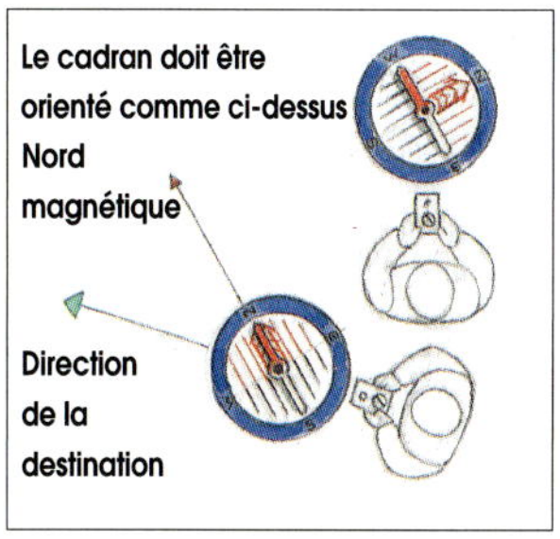

E Tournez la boussole et pivotez sur vous-même jusqu'à ce que l'aiguille s'aligne avec le nord du cadran

PREMIERS SECOURS ET SAUVETAGE

Ce qui suit n'est qu'un survol des procédures d'urgence. Il est recommandé aux grimpeurs de suivre des cours de secourisme et de s'assurer qu'ils sont suffisamment équipés pour faire face à des situations d'urgence.

En cas d'accident dû à une chute, à une chute de pierres ou à une avalanche, vous devez vérifier la respiration de la victime, son pouls et vous assurer qu'elle ne saigne pas.

Le système respiratoire – Vérifiez que la bouche et la gorge ne sont pas obstruées. Si la personne est capable de respirer mais inconsciente, placez-la dans une position qui la fasse revenir à elle, allongée sur le côté, la tête tournée sur le même côté. Cela permet au patient de vomir sans bloquer le passage de l'air. Avant de bouger le patient, vérifiez qu'il n'est pas blessé à la tête, au cou ou dans le dos.

La respiration – Si le malade ne respire pas bien que l'appareil respiratoire soit dégagé, faites-lui du bouche-à-bouche jusqu'à ce qu'il recommence à respirer ou soit déclaré mort. Plusieurs minutes peuvent s'écouler avant qu'il retrouve sa respiration.

La circulation – Le pouls bat-il encore ? Si ce n'est pas le cas, vérifiez soigneusement que la victime n'a pas de traumatisme au cou, dans le dos puis retournez-la sur le dos et commencez un massage cardiaque. Continuez jusqu'à ce que le patient soit hors de danger.

Blessure sanglante – Si la victime saigne abondamment de ses blessures, faites-lui un garrot avec un large morceau de tissu maintenu, par exemple, par les lanières de votre sac à dos. Dans ce cas, les plus petites blessures peuvent être négligées.

L'hypothermie

Très fréquent en montagne, ce phénomène très grave est souvent sous-estimé.

En cas d'hypothermie, la température interne du corps diminue et passe en dessous de 37°. Ce phénomène peut être dû à des vêtements inadaptés aux conditions climatiques, à l'épuisement ou encore à une mauvaise alimentation. Le corps ne parvient plus à trouver l'énergie suffisante pour maintenir une température normale et bloque la circulation vers les membres pour préserver les organes vitaux.

À un stade précoce, l'hypothermie est difficile à déceler. Le grimpeur peut sembler plus maladroit que d'habitude, de mauvaise humeur ou peu sociable ou, à l'inverse, soudainement excité. Cependant, ces comportements peuvent ne pas différer du comportement habituel de votre compagnon. C'est ainsi que le premier stade de la maladie peut vous échapper !

À un stade plus avancé, le patient est déjà en danger. Il ne tient plus debout, parle de façon désordonnée et tremble sans pouvoir se contrôler. Il doit être immédiatement réchauffé et nourri avec une alimentation très énergétique et boire, si c'est possible. Le réchauffement implique que le malade soit isolé du vent (dans un abri pratiqué dans la neige, une grotte, un sac de couchage ou une tente) et qu'on lui retire ses vêtements mouillés. Il doit ensuite être immédiatement rhabillé avec des vêtements chauds et secs ou placé avec quelqu'un pour le réchauffer dans un sac de couchage.

À un stade critique, le corps « se ferme » complètement et le malade peut sombrer dans le coma ou même sembler mort. Il existe de nombreux exemples de personnes déclarées mortes par un médecin et qui ont repris connaissance après un réchauffement graduel. Une évacuation rapide suivie d'un réchauffement graduel et médicalement surveillé peut rendre à la vie des personnes apparemment gelées.

L'hypothermie peut généralement être évitée si vous portez des vêtements adaptés, si vous vous couvrez dès que vous commencez à avoir froid, si vous buvez et mangez suffisamment. Surtout, surveillez vos compagnons. Rappelez-vous que les personnes petites ou minces et les enfants peuvent être plus fragiles.

Sauvetage en hélicoptère

De nos jours, avec les radios et les téléphones portables, il est assez facile dans de nombreux pays d'organiser les secours. Dans les Alpes et les zones d'alpinisme aux États-Unis, des équipes de secours bien entraînées et organisées sont sur le qui-vive vingt-quatre heures sur vingt-quatre et disposent de traîneaux, de chiens et d'hélicoptères. Une partie des secours financés par les autorités locales est assurée par des volontaires. Dans d'autres régions, les secours sont à la charge du blessé. Avec l'accroissement de la fréquence des sauvetages, cette solution doit en effet être préconisée car ces opérations sont souvent très onéreuses.

Les grimpeurs peuvent communiquer avec l'hélicoptère en utilisant des symboles internationaux, qu'on forme à l'aide de rochers,

POINTS D'ATTERRISSAGE POSSIBLES POUR UN SECOURS EN MONTAGNE

ATTENTION

Hyperthermie : résultat d'un effort intensif par forte chaleur pouvant conduire à l'épuisement ou à un coup de chaleur, qui peut se produire même par temps froid en portant trop de vêtements.

Épuisement dû à la chaleur : moins dangereux, ce phénomène est dû a la déshydratation par forte chaleur. Il faut cesser tout exercice physique et rafraîchir le patient, le placer à l'ombre si possible, défaire ses vêtements et lui donner à boire.

Coup de chaleur : beaucoup plus grave, il indique une défaillance de la régulation de la température corporelle qui atteint 40 °C. Le corps subit un choc dû à la chaleur qui conduit à l'évanouissement et à la mort si le malade n'est pas traité. Les causes et le traitement sont les mêmes que pour l'épuisement dû à la chaleur. Cependant, le malade doit, si possible, être mis sous perfusion.

MEILLEURS LIEUX D'ATTERRISSAGE
POUR L'HÉLICOPTÈRE PAR VENT FORT

ou de tout objet disponible. Ces signes, qui peuvent être assez grands, sont les suivants :

- **LL** Tout va bien
- **I** On a besoin d'un médecin
- **II** On a besoin de moyens médicaux
- **F** On a besoin d'eau et de nourriture
- **X** Impossible de continuer
- **<—** Nous allons dans cette direction
- **K** Montrez-moi où aller
- **JL** Je ne comprends pas
- **Y** Oui
- **N** Non
- **V** Atterrissez ici

On peut dire « Nous n'avons pas besoin d'aide » en levant les bras ; si on lève les deux bras, c'est un SOS (ce qui correspond en morse à trois points, trois tirets, trois points). Un drapeau rouge, un cercle blanc sur un fond rouge ou éteindre et allumer alternativement une lampe ou encore bouger un miroir correspondent également à des signes de détresse.

En cas de sauvetage par hélicoptère, attachez tous les objets (chapeaux, tapis, petits sacs, etc.), baissez-vous et ne bougez plus jusqu'à nouvel ordre. Rappelez-vous que sur une paroi les pales de l'hélicoptère peuvent se trouver dangereusement basses sur les côtés d'une colline et les hélices peuvent tourner si vite que vous pouvez ne pas les voir. N'approchez l'engin que par le devant, d'où vous êtes visible par le pilote.

Il est conseillé de se baisser tant qu'on ne vous appelle pas. Protégez vos yeux et votre visage ainsi que ceux du blessé.

Vous pouvez indiquer les manœuvres au pilote à l'aide de balises de détresse, mais le vent ne doit pas dépasser 50 km/h. Plus l'altitude est élevée, moins l'air est dense et moins l'hélicoptère est manœuvrable. Pour montrer une zone d'atterrissage, il faut indiquer trois coins marqués par des objets bien attachés ou vous placer dos au vent en tendant vos deux bras en face de vous. N'oubliez pas que le pilote préfère atterrir et décoller dans le vent et larguer loin en bas des parois.

Autosecours

Si le sauvetage se révèle impossible dans certaines zones ou lorsque la blessure est légère, l'équipe peut descendre pour se mettre en sûreté sans aucune aide. Des techniques utiles dans ce cas requièrent par exemple l'utilisation d'une corde et d'un sac pour fabriquer des sièges improvisés. Sur des distances plus longues, on peut traîner le blessé sur une pente enneigée dans une position assise. D'autres techniques d'autosecours sont évoquées dans le chapitre consacré au sauvetage en crevasse et dans le chapitre sur l'escalade de rocher.

PRINCIPAUX MAUX

Les expéditions vous mènent loin du confort et des avantages de la civilisation. Les membres d'une expédition doivent donc s'assurer qu'ils connaissent les gestes de premiers secours et sont capables de faire face à une situation d'urgence, y compris des accidents ou un traumatisme. En l'absence de médecin au sein de l'expédition, certains doivent être capables de faire une injection ou d'installer une perfusion.

Vous devez emporter une trousse de secours complète, incluant des perfusions, des antibiotiques, des analgésiques assez forts, des

LE GRIMPEUR RÉCLAME DE L'AIDE

Le signe du SOS.

Le grimpeur lance
un signal de détresse.

Nous n'avons
pas besoin d'aide.

Une jambe cassée n'est pas une mince affaire en montagne. Ici, on a fabriqué une attelle improvisée à l'aide d'un matelas gonflable.

Chortens, monuments bouddhistes dans la région de l'Everest.

antidiarrhéiques, des laxatifs et une bonne provision de décongestionnants et de sirop contre la toux. Les membres de l'expédition seront considérés par la population locale comme des « sorciers » ; l'aspirine et le chocolat régleront la plupart des problèmes mineurs. L'expédition risque d'épuiser des provisions médicales essentielles en la distribuant à la population locale pendant la marche d'approche. Il faut donc que les membres se préparent à être inflexibles.

Mis à part les blessures et les problèmes de digestion dus à la contamination de l'eau ou de la nourriture, les risques médicaux sont les suivants : coup de soleil, épuisement dû à la chaleur, aveuglement dû à la réverbération de la neige et problèmes liés à l'altitude.

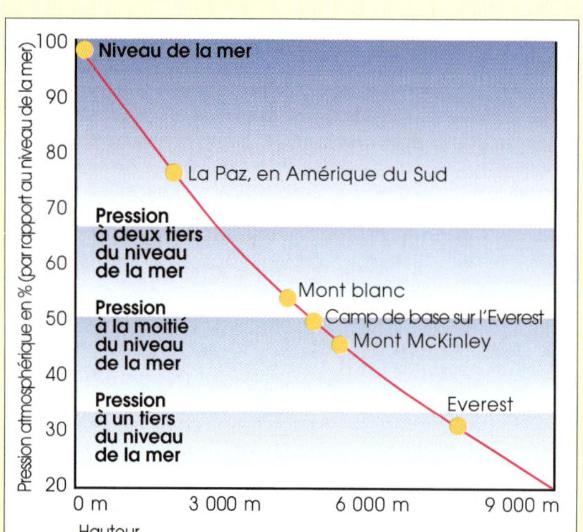

SCHÉMA MONTRANT LA DIMINUTION DE LA PRESSION DE L'AIR AVEC L'AUGMENTATION DE L'ALTITUDE

LA HAUTE ALTITUDE

Trois maux peuvent survenir et se combiner.

• **Le mal aigu des montagnes (MAM)** se développe à une altitude élevée et affecte presque tout le monde à des degrés différents. Il se caractérise par un malaise général, des maux de tête suivis de nausée, apathie, étourdissements, palpitations, un état d'essoufflement et de somnolence. Si vous n'êtes pas correctement acclimaté, cela peut devenir assez invalidant.

Selon certaines théories, tout le monde peut s'acclimater en prenant le temps suffisant. D'autres prétendent que la physiologie de certains individus ne leur permet pas de s'acclimater correctement.

Certains médicaments (ainsi que certains remèdes naturels, comme le maté, boisson populaire des régions andines) semblent réduire les symptômes de ce mal, probablement parce qu'ils permettent une meilleure utilisation de l'oxygène du sang et du métabolisme.

Néanmoins, la meilleure solution et la seule valable est de descendre à une altitude moins élevée pour se rétablir, puis de remonter de nouveau. Le mal des montagnes peut être l'indicateur d'une autre affection plus sérieuse et ne doit pas être négligé.

• **L'œdème aigu pulmonaire de haute altitude (OAPHA)** se produit lorsque le plasma sanguin traverse les parois des alvéoles et inonde les poumons, ce qui réduit les capacités d'échange de l'oxygène. Le grimpeur est « noyé » littéralement.

Les symptômes, qui apparaissent progressivement, sont : essoufflement, nausées, vomissements, accélération du pouls (plus de 120 battements par minute), respiration bruyante produisant des « craquements », cyanose des lèvres et du visage et toux qui produit une expectoration mousseuse parfois teintée de sang. Sans traitement, le malade sombre dans le coma et meurt.

Le traitement comprend l'administration d'oxygène et la redescente la plus rapide possible à une altitude plus basse.

• **L'œdème cérébral de haute altitude (OCHA)** se produit lorsque les œdèmes s'accumulent dans les parties molles du corps, en particulier le cerveau.

Les symptômes débutent par de violents maux de tête incessants liés à l'augmentation de la pression intracrânienne. Puis la coordination des mouvements se détériore, des difficultés d'élocution surviennent, des troubles du comportement, une perte de connaissance puis le décès de la victime. Le traitement est identique à celui de l'œdème aigu.

La guérison des malades atteints d'OAPHA et d'OCHA peut prendre plusieurs jours, voire plusieurs semaines. Même après un repos prolongé à une altitude inférieure, une éventuelle réascension doit être minutieusement réfléchie.

Des grimpeurs qui tentent de se réchauffer, sur l'Alpamayo, au Pérou. Bien se vêtir et boire des boissons chaudes est le meilleur moyen de prévenir les gelures.

LES GELURES

Il s'agit littéralement du gel des tissus. La réduction de l'oxygène dans les tissus (en raison de l'altitude élevée) combinée au froid rend les extrémités plus sensibles au gel.

Une gelure est due au fait qu'un membre perd de la chaleur plus vite qu'il n'en produit, souvent en raison d'une déficience de la circulation sanguine, d'une exposition au vent et/ou à un froid extrême. À mesure que les extrémités se refroidissent, la circulation diminue pour préserver la température interne du corps. Cela aggrave la situation, car la mauvaise circulation signifie que les zones affectées ne produisent plus d'énergie.

Les pieds peuvent geler s'ils sont mouillés, car l'humidité éloigne rapidement la chaleur de la peau et réduit le pouvoir isolant des chaussettes et des chaussures. Lorsque l'eau gèle, elle se dilate et forme des cristaux. En conséquence, les cellules affectées gonflent tandis que les cristaux de l'eau brisent les membranes des cellules. Si la gelure n'est pas trop profonde, la peau peut être réchauffée par le simple contact d'une autre personne ou par de l'eau tiède (37 à 40 °C).

Après ce réchauffement, le membre est soigné comme s'il avait été meurtri et ne doit pas être comprimé. Entourez la zone traitée avec du coton ou un tissu doux. Si les tissus ont été sévèrement gelés et ne peuvent être correctement réchauffés, mieux vaut laisser les lésions en l'état jusqu'à l'arrivée des secours. Il est possible de marcher avec les pieds gelés, bien que maladroitement. En revanche, une fois réchauffés, les pieds doivent être immobilisés pendant une longue période, sinon les lésions risquent de s'aggraver.

On peut éviter les gelures en s'habillant correctement et en prenant quelques précautions. Emportez des gants et des chaussettes supplémentaires et vérifiez que chaque membre de l'équipe porte bien des gants et un passe-montagne quand c'est nécessaire.

Rappelez-vous que, en haute altitude, vous risquez de faire des choses déraisonnables, comme ne pas mettre vos gants ou les enlever. Il faut donc surveiller vos compagnons.

ATTENTION

Frotter ou masser de façon excessive des tissus gelés provoque la rupture des cellules par les cristaux de glace. Il faut donc traiter les gelures avec précaution pour éviter des dommages supplémentaires. Ne jamais tenter de réchauffer rapidement un membre gelé près d'une flamme ou d'un réchaud.

ANNEXE QUATRE – SYSTÈME DE COTATION EN ALPINISME

UIAA	FRANCE	ÉTATS-UNIS	GRANDE-BRETAGNE (TECHNICITÉ)	GRANDE-BRETAGNE (DIFFICULTÉ)	AUSTRALIE	ALLEMAGNE
I	1	5.2		modéré	9	I
II	2	5		difficile	10	II
III	3	5.4		très difficile	11	III
IV	4	5.5	4a	sévère	12	IV
V-					13	V
V		5.6	4b	très sévère	14	VI
V+	5	5.7	4c		15	VIIa
VI-		5.8	5a		16/17	VIIb
VI	6a	5.9		E1	18	
VI+	6a+	5.1a/b	5b		19	VIIc
VII-	6b	5.1c/d		E2	20	VIIIa
VII	6b+	5.11a	5c		21	VIIIb
VII+	6c	5.11b		E3	22	VIIIc
VIII-	6c+	5.11c	6a		23	IXa
VIII	7a/7a+	5.11d		E4	25	IXb
VIII+	7b	5.12a/b	6b		26	IXc
IX-	7b+/7c	5.12c		E5	27	Xa
IX	7c+	5.12d			28	Xb
IX+	8a	5.13a	6c		29	Xc
X-	8a+	5.13b		E6	30	
X	8b	5.13c/d	7a		31	
X+	8b+	5.14a		E7	32	
XI-	8c	5.14b	7b		33	
XI	8c+	5.14c	7c	E8/9	34	

Remarque : tous les degrés sont très subjectifs. Ainsi la comparaison d'une voie avec une autre et celle d'un système de cotation avec un autre sont vouées à l'inexactitude et à la controverse. Tous les systèmes de graduation sont des systèmes ouverts, les niveaux les plus élevés correspondent aux difficultés les plus grandes rencontrées à un moment donné.

La cotation alpine

Les voies mixtes (de glace, de neige et de roche) dans les Alpes occidentales. On attribue une cotation générale (F facile ; PD peu difficile ; AD assez difficile ; D difficile ; TD très difficile ; ED extrêmement difficile, ABO abominable).

La cotation en escalade de neige et de glace

Les conditions peuvent varier considérablement. Le système écossais est couramment utilisé pour l'escalade de glace. C'est une échelle qui va de I à VI, où I correspond à une zone pénible tandis que VI désigne un terrain mixte assez difficile de neige et de roche et plutôt technique.

L'escalade artificielle

Les voies techniques vont de A1 à A5 (A0 signifie simplement qu'on a installé du matériel). A1 : les prises sont faciles à poser ; A5 : les placements sont précaires, ne supportent que le poids du corps et le risque de chute est important en cas de problème.

L'escalade de bloc

Les degrés en escalade de bloc proviennent essentiellement de l'échelle française de Fontainebleau et de l'échelle américaine Vermin.

ASSOCIATIONS INTERNATIONALES D'ALPINISME

ALLEMAGNE
Deutscher Alpenverein
Von-Kahr-Strasse 2-4
80997 München

BELGIQUE
Club Alpin Belge-Belgische Alpenclub
Fédération nationale
Avenue de la Couronne, 313
Boîte 20
1050 Bruxelles

ESPAGNE
Federacion Española de Deportes de Montaña y Escalada
Floridablanca 75, entlo 2
08015 Barcelona

FRANCE
Fédération française de la Montagne et de l'Escalade
8-10, quai de la Marne
75019 Paris

GRANDE-BRETAGNE
British Mountaineering Council
177-179 Burton Road
Manchester M20 2BB

ITALIE
Club Alpino Italiano
Via E. Petrella, 19
20124 Milano

Federazione Arrampicata Sportiva Italiana (F.A.S.I)
Via San Secondo, 92
10128 Torino

SUISSE
Club Alpin Suisse
Schweizer Alpen-Club SAC
Monbijoustrasse 61/Postfach
3000 Berne 23

COMITÉS RÉGIONAUX DE LA FFME (FÉDÉRATION FRANÇAISE DE MONTAGNE ET D'ESCALADE)

Alsace : 21, rue Neuf Brisach, 68127 Sainte-Croix-en-Plaine.
Aquitaine : 7, place de Jaca, 64400 Oloron-Sainte-Marie.
Auvergne : 22 ter, impasse Bonnabaud, 63000 Clermont-Ferrand.
Basse-Normandie : 12, cour Georges Brassens, 61600 La Ferté-Macé.
Bourgogne : Aux Combards-Broye, 71190 Étang-sur-Arroux.
Bretagne : 32, rue de la Marbaudais, 35700 Rennes.
Centre : Tranzault, 36230 Tranzault.
Champagne-Ardennes :11, chemin des Pelletières, 10000 Troyes.
Corse : Parc Fiorella bât.B, Résidence Santa Lina, 20000 Ajaccio.
Dauphiné-Savoie : 16, avenue de Constantine, 38100 Grenoble.
Franche-Comté : BP 84-142, 25116 Baume-les-Dames cedex.
Haute-Normandie : 545, rue de Vauchel, 76380 Montigny.
Ile-de-France : 149, rue Yves Le Coz, 78000 Versailles.
Languedoc-Roussillon : Maison des Sports, 200, avenue du Père Soulas, 34094 Montpellier
Limousin : 31, rue Lafayette, 19100 Brive.
Lorraine : 8, rue Besonfausse, 88000 Épinal.
Lyonnais : C.P.E.A, 1, chemin des Vergers, 69120 Vaux-en-Velin.
Alpes-Méridionnales : C.D.O.S, 326, route de Turin, 06300 Nice.
Midi-Pyrénées : CROS Midi-Pyrénées, 7, rue André Citroën, 31130 Balma.
Nord–Pas-de-Calais : 4, rue Salengro, 62223 Anzin-Saint-Aubin
Pays-de-la-Loire : 44, rue Romain Rolland, BP 90132, 44103 Nantes cedex 4.
Picardie : 58, résidence de de la Dhuys, 02400 Nesles-la-Montagne.
Poitou-Charentes : 20, rue Camille Demarçay, 86440 Migné-Auxances.
Provence : Les Cormes, Qt Croix-Saint-Pierre, 13500 Martigues.

GLOSSAIRE

Acclimatation Adaptation progressive du corps humain à la diminution de la pression atmosphérique en altitude.

Alpinisme Escalade qui, traditionnellement, implique d'aborder des glaciers ou un parcours enneigé, des montagnes élevées ou l'ascension d'un sommet. Généralement, l'escalade alpine signifie autonomie et rapidité du grimpeur.

Altimètre Baromètre qui permet de calculer une altitude et s'utilise pour prévoir le temps.

Arête Rive étroite d'un rocher, d'un monticule neigeux ou glacé. Sur une colline plus petite, ce terme désigne un endroit étroit et raide.

Ascension flash Gravir une voie à vue sans se reposer ni tomber mais en ayant une connaissance préalable des prises les plus importantes.

Assurer Action de relier la corde au grimpeur, généralement par le harnais.

Balancier Mouvement d'escalade effectué sans prise ferme dans lequel l'adhérence à la roche est assurée surtout par les pieds.

Baudrier Sangle dorsale utilisée pour porter le matériel de protection pendant l'escalade.

Becquet Rocher assez large, protubérant et arrondi (généralement granitique) qui peut être utilisé comme prise ou point d'ancrage.

Big Wall Parcours long et techniquement exigeant nécessitant plusieurs jours d'ascension.

Bivouac Permet de passer la nuit en plein air pendant une ascension ou en montagne. Est appelé bivouac forcé lorsqu'il n'était pas prévu.

Bloc Escalade sans corde pratiquée sur toute petite surface rocheuse, y compris un mur ou un bâtiment.

Broche à glace Broche métallique qu'on enfonce ou qu'on visse dans la glace pour installer des points d'assurage ou des relais.

Câble métallique double Un embout de métal est inséré à l'extrémité de deux câbles métalliques de façon à les réunir, ce qui forme une boucle très résistante.

CE Norme de sécurité européenne obligatoire pour le nouveau matériel de protection.

Chaussons d'escalade Chaussons légers et étroits dotés de semelles en caoutchouc procurant une forte adhérence et spécialement conçus pour l'escalade.

Coincement Mouvement de torsion du matériel, ou d'une partie du corps du grimpeur de façon qu'il reste coincé dans une fissure.

Coinceur Coin métallique conçu pour assurer la protection du grimpeur.

Coinceur mécanique Système de protection doté d'un ressort et de cames en métal qui se loge et se maintient plus solidement dans la fissure d'un rocher et résiste mieux à la pression.

Corde accessoire Corde fine (généralement de 4 à 8 mm de diamètre) utilisée pour les sangles de rappel, les nœuds de Prussik, etc.

Corniche Amoncellement de neige conséquent formé sous l'action du vent situé sur l'arête d'une montagne.

Corps mort Plateau métallique qu'on enterre dans la neige pour s'en servir comme point d'assurage.

Cotation Échelle des difficultés d'une voie élaborée par consensus entre les pratiquants.

Couloir Large ravin.

Crampons Cadre métallique comportant des pointes à l'avant et en dessous qui s'adapte aux chaussures de montagne pour les passages difficiles sur la neige dure ou la glace.

Crevasse Énorme fissure située dans un glacier, souvent cachée sous un pont de neige.

Crochet à gouttes d'eau ou Skyhook Crochet métallique de petite taille et recourbé utilisé en escalade artificielle et comme descendeur dans des situations désespérées.

Crux Partie la plus délicate d'une escalade.

Dalle Portion de rocher verticale de taille imposante qu'on doit parfois franchir en pendule.

Danger objectif Événement qui ne peut être maîtrisé par le grimpeur. Il peut s'agir de chutes de pierres, d'avalanches ou d'orages.

Dégaine Équipement d'escalade fait de deux mousquetons et d'une sangle cousue.

Descendeur Système permettant d'accroître le frottement exercé sur la corde tout en laissant celle-ci se mouvoir pendant une descente en rappel (par exemple, descendeur en huit).

Dièdre Fissure formant un livre ouvert permettant le recours à une technique impliquant les mains et les pieds.

Du mou Appel d'escalade qui signifie que le grimpeur réclame de la corde.

École d'escalade Groupe de rochers comportant souvent des voies d'une ou deux longueurs.

Enchaînement en libre Style de grimpe (généralement adoptée seulement en escalade sportive) permettant une préparation préalable de la voie mais excluant tout recours aux points d'ancrage.

Équipement naturel Équipement de protection (sangles, coinceurs) placé par le premier de cordée et enlevé par le second (ne comprend pas les spits ou les pitons).

Escalade à vue Mener une escalade sur une voie sans défaillance dès la première fois sans la connaître.

Escalade artificielle Escalade reposant sur l'usage de pitons, coinceurs et autres équipements de protection.

Escalade classique Désigne des voies d'escalade considérées comme importantes en raison de leur situation géographique, de leur histoire ou de leur élégance. Elle peut concerner tous les niveaux de difficulté.

Escalade en solo (ou solitaire) Grimper seul. Pratiquée sans corde, cette technique devient de l'escalade libre.

Escalade technique Escalade complexe exigeant des prises difficiles et planifiées et une très grande maîtrise technique.

Exposée Voie ou mouvement d'escalade rendant toute retraite difficile, voire impossible.

Feuillet Fine roche affleurante qu'on peut utiliser comme prise ou pour y installer une sangle pour s'assurer.

Glissade Descente en glissade contrôlée sur une pente enneigée qui s'effectue souvent en position debout.

Grande course Longue voie alpine classique.

Hypothermie due au vent Conséquence du vent qui diminue la chaleur du corps humain pour lui faire atteindre une température en dessous de la température de l'air.

Jumar Marque qui a fabriqué les premiers dispositifs métalliques qui adhèrent à la corde, et a depuis lors donné son nom à une technique.

Longueur Section d'une voie de rocher, de glace ou de neige située entre deux points d'ancrage du relais. Elle s'arrête souvent à un endroit convenant à l'installation d'un relais ou à un point d'ancrage.

Mal aigu des montagnes (MAM) Conséquence d'une mauvaise acclimatation, qui peut provoquer la mort s'il n'est pas soigné.

Matériel Terme générique désignant l'équipement d'escalade mais généralement utilisé pour l'équipement de protection.

Moulinette Monter une voie sans premier de cordée. La corde est attachée en haut de la voie.

Mur Large paroi montagneuse.

Nez Masse de rochers formant une protubérance.

Niche Petit renforcement logé dans la roche.

Nœuds de Prussik Corde fine avec laquelle on a fait une série de tours autour d'une corde et qui sert d'autobloquant.

Panne Tête large et aiguisée d'un piolet à glace.

Parcours mixte Désigne généralement une voie où l'on trouve des rochers et de la glace et/ou de la neige.

Pierre encastrée Pierre logée dans une fissure ou une cheminée.

Piton Objet métallique doté d'une partie supérieure trouée pour le mousquetonnage. Il est enfoncé dans les fissures et sert de point d'assurage.

Point d'ancrage Point d'attache des cordes ou des sangles à la roche ; il peut être naturel (pic rocheux, feuillet, arbre) ou artificiel (piton, coinceur ou autre).

Point d'assurage Il est élaboré avec des sangles en Nylon ou des objets en métal (coinceurs, coins, descendeurs) placés dans la roche et utilisés pour retenir la chute du grimpeur et pour assurer les grimpeurs ou relier la corde aux points d'assurage du relais.

Porte-matériel Contient l'équipement de protection d'escalade.

Position Direction de la boussole utilisée pour atteindre un objectif.

Progression en Dülfer Technique de progression qui consiste à agripper la roche fortement tout en poussant avec les pieds.

Ramonage Technique d'escalade pénible utilisée dans les cheminées peu praticables.

Rampe Dalle située en diagonale le long d'une paroi.

Rappel Moyen de descendre sur une corde en toute sécurité de façon contrôlée. La vitesse est maîtrisée grâce au frottement qu'exerce la corde autour du corps ou en passant par un descendeur.

Refuge Abri de montagne pour passer la nuit. Il peut être gardé ou non.

Relais dynamique Technique de relais généralement admise qui consiste à laisser un peu de corde glisser dans le dispositif de relais de façon à réduire la pression exercée sur le grimpeur et le point d'ancrage en cas de chute.

Relief Ligne sur une carte rejoignant des points d'égale hauteur au-dessus du niveau de la mer.

Rimaye Dernière grande crevasse au sommet d'un glacier, qui se situe généralement à l'endroit où le mur rocheux commence et où le glacier devient plus raide.

Sangle de rappel Sangle utilisée pour maintenir la corde du rappel. Elle est généralement placée de façon à faciliter le retrait de la corde lorsqu'elle est tirée d'en bas.

Second de cordée Grimpeur qui escalade derrière le premier de cordée.

Sérac Bloc de glace situé sur des glaciers. Ce bloc est potentiellement dangereux car il peut se détacher.

Spit Vis à expansion métallique qu'on colle ou qu'on visse dans un trou pratiqué dans la roche, utilisée pour le relais ou comme protection.

Toit Long surplomb horizontal.

Topo Schéma composé d'indications permettant de décrire une voie.

UIAA Union internationale des associations d'alpinisme.

UIAGM Union internationale des associations des guides de haute montagne.

Via Ferrata Voie spectaculaire équipée d'échelles et de câbles.

Voie « Itinéraire » dans la montagne qui peut suivre un parcours connu et cartographié ou constituer un parcours non répertorié et encore vierge.

Voie technique Voie de très grande difficulté.

INDEX

BIBLIOGRAPHIE

BALLU (Yves), *Les alpinistes*, 1997, Glénat.
BONINGTON (Chris), *Deux siècles d'histoire de l'alpinisme*, 1992, Delachaux&Niestlé.
BONINGTON (Chris), *Les plus belles ascensions dans le monde*, 1995, Arthaud.
DESMAISON (René), *La montagne à mains nues*, 1971, Flammarion.
DESTIVELLE (Catherine), *Annapurna*, 1994, Arthaud.
FRACHON (Jean-Pierre), *8 848 m de bonheur.* Disponible auprès de l'auteur (Atalante Auvergne).
FRISON-ROCHE (Roger), *Premier de cordée*, Arthaud.
HERZOG (Maurice), *Annapurna, premier 8000*, 1995, Arthaud.
HERZOG (Maurice), *L'autre Annapurna*, 1998, Laffont.
HILLARY (Edmund), *Au sommet de l'Everest*, 1996, Hoëbecke.
HUNT (John Dixon), *Victoire sur l'Everest*, 1996, Actes Sud.
KRAKAUER (Jon), *Rêves de montagnes*, 1999, Presses de la Cité.
KRAKAUER (Jon), *Tragédie à l'Everest*, 1998, Presses de la Cité.
MESSNER (Reinhold), *Le 7e degré*, 1987, Arthaud.
MESSNER (Reinhold), *Maître des cimes*, 1994, Arthaud.
MESSNER (Reinhold), *Une vie d'alpiniste*, 1992, Arthaud.
RÉBUFFAT (Gaston), *Étoiles et tempêtes*, 1999, Hoëbecke.
RÉBUFFAT (Gaston), *Le massif des Écrins*, 1974, Denoël.
RÉBUFFAT (Gaston), *Le massif du Mont-Blanc*, 1995, Denoël.
RÉBUFFAT (Gaston), *Mont blanc, jardin féérique*, 1999, Guérin.
TERRAY (Lionel), *Les conquérants de l'inutile*, Gallimard.
UNSWORTH (Walt), *L'Everest*, 1985, Denoël.

REMERCIEMENTS

L'éditeur remercie Simon Larsen de Ram Mountaineering (de chez Black Diamond Equipment et New England Ropes), Geoff, Jeanne et Derek Ward de Outwars Venture (DMM, Wild Country, Marlow Ropes, LaSportiva et MSR) pour leur disponibilité, leur bonne humeur et leur matériel photographique. Il remercie également Jeanne O'Brien (Black Diamond Equipment) et Paul Simkiss (DMM) pour leur aide et pour leurs photographies. Nos derniers mots iront à tous les grimpeurs qui ont donné de leur temps et apporté leurs connaissances, en particulier Maarten Turkstra et Leonard Rust.

CRÉDITS PHOTOGRAPHIQUES

Black Diamond Equipment: 49 (en haut à gauche), 59, 67 (en haut à droite), 81 (à droite), 96 (en haut), 96 (en haut), 98 (en haut et en bas à gauche), 99 (en bas à gauche et à droite), 108 (en haut), 109 (à droite), 110 (en bas à droite), 112 (en haut et en bas à gauche), 113 (en haut), 115; **Simon Carter**: 2, 21, 26, 38 (en haut, deuxième cliché en partant de la gauche), 44-45, 63, 64-65, 77 (en bas à gauche), 93, 104, 105; **Collection Cathy O'Dowd** : 43 (à droite), 50, 68 (en haut à gauche), 74 (en bas), 92 (en bas à gauche), 110 (en bas à gauche), 111 (en bas à droite), 128 (en haut à gauche), 137 (à gauche), 142-143, 145 (en bas), 150; **Bibliothèque de Chris Bonington/Chris Bonington**: 14, 87 (à droite); **Bibliothèque de Chris Bonington/Sigi Hupfauer** 6; **Bibliothèque de Chris Bonington/Robin Walker**: 145 (en haut); **Ska Cilliers:** 69 (en haut à gauche), 74 (en haut à droite), 95, 137 (à droite); **Dave Davies**: 38 (en haut à gauche), 46 (à droite), 96 (en bas), 100 (à gauche), 103 (à droite), 108 (en bas), 136 (à l'extrême gauche, en bas à gauche et à droite), 141 (à droite), 149, 151; **Grant Dixon**: 4-5, 28-29, 39 (en haut à droite), 118 (en haut), 135 (en bas à gauche); **DMM**: 116 (en bas à droite); **Greg Epperson:** 7, 18-19, 19 (en bas), 27 (à droite), 42-43, 60 (à droite), 68 (en haut au centre), 69 (en bas à gauche), 77 (en bas à droite), 78-79, 84, 96-97, 97 (à droite), 100-101, 106, 108-109, 116-117, 125, 126, 159, 160; **J. Fisher:** 83, 88; **Nic Good**: 8-9, 34, 35, 52, 53, 69 (à gauche au milieu), 72, 78 (en bas), 82, 103 (à gauche), 114, 122; **Malcolm Gowans**: 85, 127; **Stewart M. Green**: 12-13, 60 (en bas à gauche), 69 (en haut à droite); **Garth Hattingh**: 15 (à droite), 19 (en haut), 41, 47 (en haut à gauche), 54-55, 60 (en haut à gauche), 62, 70 (en haut), 90, 91, 94, 118 (en bas), 121, 128 (en bas), 129, 136 (en haut), 138 (en haut), 141 (à gauche), 144 (en haut, au milieu et en bas); **Fran Hunziker**: 20 (en haut à droite et en bas à droite), 22 (à droite), 36-37, 51 (à gauche et à droite), 74 (en haut à gauche), 76 (en haut et en bas), 77 (en haut), 107 (à gauche et à droite); **Jerry Moffat**: 71; **Fondation pour le mont Everest:** 24-25; **Bibliothèque d'images New Holland/Shaen Adey:** 39 (en haut à gauche); **C. Paterson-Jones**: 28 (en haut), 29 (en bas); **Photo Access/E. Streichan**: 38 (en haut au milieu); **Royal Geographical Society**: 12, 17; **Royal Geographical Society/A. Gregory**: 15 (à gauche), 16, 132 (en haut); **Royal Geographical Society/E. Hillary**: 13; **Royal Geographical Society/Roger Mear**: 30; **Royal Geographical Society/Steve Razetti**: 40, 132-133; **M. Scott:** couverture extérieure, 38 (en haut à droite); **Ross Suter**: 1, 25, 69 (à droite au milieu), 131; **Maarten Turkstra**: 20 (en haut à gauche et en bas à gauche), 21 (en haut à gauche et à droite), 65 (à droite), 68 (en haut à droite et en bas), 69 (au centre, en bas à droite, à l'extrême droite en bas et en haut), 75 (à gauche et à droite), 87 (à gauche); **Brian Valentine**: 118-119, 123 (à gauche et à droite), 128 (en haut et à droite), 133 (à droite), 134, 138-139.